万物皆媒，人人皆媒

U0695725

传统媒体的短视频

发展路径探析

王韵 著

中国广播影视出版社

图书在版编目（CIP）数据

传统媒体的短视频发展路径探析 / 王韵著. -- 北京：
中国广播影视出版社，2022.3（2024.3重印）
ISBN 978-7-5043-8812-4

Ⅰ. ①传… Ⅱ. ①王… Ⅲ. ①传播媒介－网络营销－
研究－中国 Ⅳ. ①G219.2

中国版本图书馆CIP数据核字(2022)第047288号

传统媒体的短视频发展路径探析

王韵　著

责任编辑	吴茜茜	
装帧设计	元泰书装	
责任校对	张　哲	
出版发行	中国广播影视出版社	
电　　话	010－86093580　　010－86093583	
社　　址	北京市西城区真武庙二条9号	
邮　　编	100045	
网　　址	www.crtp.com.cn	
电子信箱	crtp8@sina.com	
经　　销	全国各地新华书店	
印　　刷	三河市同力彩印有限公司	
开　　本	710 毫米 ×1000 毫米　　1/16	
字　　数	285（千）字	
印　　张	18.5	
版　　次	2022 年 3 月第 1 版　　2024 年 3 月第 2 次印刷	
书　　号	ISBN 978-7-5043-8812-4	
定　　价	58.00 元	

目 录

绪　论

第一节　研究背景

　　党的十八大以来，以习近平同志为核心的党中央深刻把握时代发展大势和信息技术发展趋势，作出了传统媒体与新媒体融合发展的系列战略部署。习近平总书记发表了《加快推动媒体融合发展　构建全媒体传播格局》等系列重要讲话，为我国媒体发展指明了方向。2013年8月19日，习近平总书记在全国宣传思想工作会议上强调，要做好宣传思想工作，重点抓好理念创新、手段创新，要加快传统媒体和新兴媒体融合发展，充分运用新技术新应用创新媒体传播方式，占领信息传播制高点。[①]2014年8月18日，中央全面深化改革领导小组（后改为中央全面深化改革委员会）第四次会议审议通过《关于推动传统媒体和新兴媒体融合发展的指导意见》。《意见》指出，推动融合发展要强化互联网思维，坚持传统媒体和新兴媒体优势互补、一体发展，着力打造一批形态多样、手段先进、具有竞争力的新型主流媒体。[②]2019年1月25日，习近平总书记在十九届中央政治局第十二次集体学习时提出了"四全媒体"的概念，即全程媒体、全息媒体、全员媒体、全效媒体，并进一步强调"建设全媒体成为我们面临的一项紧迫课题。要运用信息革命成果，推动媒体融合向纵深发展，做大做强

　　[①] 中共中央文献研究室编：《习近平关于全面深化改革论述摘编》，中央文献出版社，2014，第94、95页。

　　[②] 新闻联播：《中央全面深化改革领导小组第四次会议审议通过〈关于推动传统媒体和新兴媒体融合发展的指导意见〉》，央视网，http://tv.cctv.com/2014/08/20/VIDE1408534330110643.shtml，2014年8月20日。

主流舆论，巩固全党全国人民团结奋斗的共同思想基础"。①2020 年 9 月 26 日，中共中央办公厅、国务院办公厅印发《关于加快推进媒体深度融合发展的意见》，再次指出要尽快建成一批具有强大影响力和竞争力的新型主流媒体，要推动主力军全面挺进主战场，以互联网思维优化资源配置，把更多优质内容、先进技术、专业人才、项目资金向互联网主阵地汇集、向移动端倾斜，让分散在网下的力量尽快进军网上、深入网上，做大做强网络平台，占领新兴传播阵地。②面对连续出台的国家重大战略方针和传统媒体转型发展的迫切需求，研究者在丰富而复杂的国内外媒体融合实践基础上进行理论创新，为我国媒体融合实践提供强有力的理论支撑是时代赋予的使命任务。

万物皆媒，人人皆媒，新媒体的发展带来短视频的异军突起。中国互联网络信息中心（CNNIC）发布的第 48 次《中国互联网络发展状况统计报告》显示，截至 2021 年 6 月，我国手机网民规模达 10.07 亿，网民使用手机上网的比例为 99.6%。其中，我国短视频独立用户数已达 8.88 亿，占网民整体的 87.8%，65% 的用户安装了 2 个及以上短视频 App。③短视频突破了新媒体与传统媒体之间的界限，以短、平、快的表达方式开启了信息传播、内容创作的新时代。随着新技术发展，具有可视、移动、碎片、轻量等特点的短视频将成为互联网市场红利的主要增长入口和重要经济增长点。

在我国众多短视频应用中，抖音和快手位于第一梯队，两者活跃用户规模约占整体规模的 56.7%；西瓜视频、抖音火山版、微视以及好看视频目前处于第二梯队，其活跃用户规模占整体规模的 24.9%；爱奇艺随刻、波波视频、快手极速版、刷宝等短视频 App 处于第三梯队，其活跃用户

---

① 新华社：《习近平主持中共中央政治局第十二次集体学习并发表重要讲话》，中国政府网，http://www.gov.cn/xinwen/2019-01/25/content_5361197.htm，2019 年 1 月 25 日。

② 新华社：《关于加快推进媒体深度融合发展的意见》，中国政府网，http://www.gov.cn/zhengce/2020-09/26/content_5547310.htm，2020 年 9 月 26 日。

③ 中国互联网络信息中心：《第 48 次中国互联网络发展状况统计报告》，中国互联网络信息中心（CNNIC），http://www.cnnic.net.cn/hlwfzyj/hlwxzbg/hlwtjbg/202109/t20210915_71543.htm，2021 年 9 月 15 日。

规模占整体规模的 12.4%。^①2020 年中国短视频市场规模已达 1408.3 亿元，继续保持高增长态势。^② 市场红利下，以优酷、爱奇艺、腾讯、芒果 TV 为代表的头部平台和 BAT（百度、阿里巴巴、腾讯）等各大互联网巨头都在加码布局短视频领域，第二、三梯队的短视频平台分别寻找自身独特定位，制定发展战略，它们或主打知识分享，或侧重情感体验，或建立奖励机制，从而形成各不相同的发展方向，努力在新媒体平台中突出重围。

在短视频快速发展的浪潮下，我国诸多传统报纸媒体和广播电视媒体把握媒体融合规律，创新内容样态，搭建传播矩阵，逐步完成传统媒体在互联网生态的延伸。人民日报于 2018 年入驻抖音平台展开短视频新闻的传播，截至 2021 年年底，"人民日报"抖音账号"粉丝"数已超 1.4 亿，成为抖音中唯一关注量破亿的传统纸媒账号。"光明日报"抖音号朝"教育、科技、文化"方向发展，力争打造其独家媒体 IP，2021 年底在抖音平台已有 2800 余万"粉丝"，成为主流纸媒抖音号中的特色典范。^③ 除入驻商业短视频平台外，传统纸媒还着力搭建自主可控的自建平台，推动媒体融合向纵深发展。2018 年，人民网与腾讯网、歌华有线合作，共同发力直播和短视频领域，打造具有深度融合力的"人民视频"客户端。2019 年，人民日报社与快手进行内容合作，依托新技术开拓内容传播新方式，以"人民问政"等特色功能打造"人民日报 +"短视频聚合平台。传统主流纸媒把短视频作为媒体融合的重要突破口，巩固新的传播阵地，将媒体融合由"提升传播力与影响力"逐步推向"融为一体、合而为一"的深度融合阶段。

对广播电视媒体而言，短视频打破了传统制播渠道的固有时空限制，使得广电内容全天候、宽口径、随时随地触达目标受众成为可能。2019 年 8 月，中央广播电视总台《新闻联播》正式入驻抖音、快手，入驻当天

---

① 周煜媛：《〈2020 中国网络视听发展研究报告〉发布，如何解读行业现状及趋势》，《中国广播影视》2020 年第 21 期。

② 艾媒大文娱产业研究中心：《2020—2021 年中国短视频头部市场竞争状况专题研究报告》，艾媒网，https://www.iimedia.cn/c400/76654.html，2021 年 1 月 23 日。

③ 杜一娜：《内容是船 运营是桨》，中国新闻出版广电网，https://www.chinaxwcb.com/info/569413，2021 年 2 月 3 日。

的抖音号"粉丝"数达 1500 万,快手号"粉丝"数达 1200 余万。①《新闻联播》在短视频平台上推出《主播说联播》子栏目,以竖屏形式与极具网感的话语风格传递主流声音,使"居庙堂之高"的资讯内容"飞入寻常百姓家"。总台还开设了"央视新闻""央视网"等短视频官方账号,截至 2021 年年底,"央视新闻"抖音官方账号"粉丝"数已突破 1.3 亿。广电媒体入驻头部短视频平台的同时也着力推进自身平台建设,打造央媒短视频品牌。2019 年 11 月 20 日,中央级广电媒体打造的 5G 新媒体平台"央视频"成功上线,该平台依托"5G+4K/8K+AI"等新技术,集聚全国"有品质的短视频内容",标志着中央级广电媒体融合迈出关键性一步。② 省级广电媒体也身处转型升级的重要关口,与中央级广电媒体共同肩负推动融媒发展的使命与责任。CTR 媒体融合研究院的短视频监测显示,2020 年广电机构中的河南广播电视台和湖南广播电视台在短视频平台的传播力仅次于中央广播电视总台。截至 2020 年年底,省级广电机构中,湖南广播电视台共有 30 个百万级及以上"粉丝"量的头肩部账号。③ 四川广播电视台的"四川观察"成为省级广电机构中"粉丝"量最高的抖音号,截至 2021 年 8 月 31 日,其"粉丝"总量超过 4800 万。中央、省级媒体充分利用自身资源优势合理布局短视频领域,融媒传播的"最后一公里"逐渐畅通。

---

① 陆晔、赖楚谣:《短视频平台上的职业可见性:以抖音为个案》,《国际新闻界》2020 年第 42 期。

② 新闻联播:《"央视频"5G 新媒体平台正式上线》,央广网,https://baijiahao.baidu.com/s?id=1650764321989937733&wfr=spider&for=pc,2019 年 11 月 21 日。

③ CTR 媒体融合研究院:《2020 年主流媒体融合传播效果年度报告》,央视网,http://news.cctv.com/2020/06/04/ARTIk8EWTDyNJEeo1znbsWVc200604.shtml,2020 年 6 月 4 日。

第二节　研究意义

一、理论意义

第一，当前，面对纷繁多变的媒介环境，传统媒体转型升级迫在眉睫。伴随媒体融合的深入发展，以短视频为代表的新型媒介传播手段和传播技术已经深度介入媒体变革实践并打通了传播的"最后一公里"，传统报纸媒体与广电媒体的短视频发展亟须理论创新。本研究以期进一步拓展传统媒体转型发展的相关理论，为相关研究者提供有益借鉴。

第二，丰富传统媒体短视频发展的内涵和外延，探索面向全媒体时代的传统媒体短视频发展路径，对于解决当下主流报纸媒体与广电媒体引导力不足、传播力不足、影响力不足等问题，以及更好地建设具有强大影响力和竞争力的"四全媒体"，既有理论意义，又有实践价值。

第三，充实传统媒体短视频发展的研究资料，聚焦传统媒体与新媒体深度融合发展的现实需求，结合政治学、管理学、社会学、新闻传播学、广播电视艺术学、营销学等相关理论，对传统纸媒与广电媒体的短视频生产、运营与传播规律等进行学理层面的探究，进一步拓宽媒体融合与传播创新的理论内涵和学术视野。

二、实践意义

第一，当今，新技术的更迭催生新兴传播手段，不仅改变了传统的媒体传播格局，还影响至政治、经济、文化等领域，使得我国传统媒体的舆论工作面临着巨大挑战。我国传统报纸媒体与广电媒体的短视频实践虽已陆续开启并取得了一些成绩，但总体还处于起步阶段。本研究致力于厘清其内容生产、运营、传播和管理等方面的问题，帮助传统媒体融合发展突破局限，完成转型升级。

第二，随着新媒体井喷式发展，社会环境、消费需求和媒体格局都发生了深刻变化，在国家推动媒体深度融合的政策导向下，传统媒体纷纷布局短视频领域，以建设自身特色平台、入驻头部短视频平台等多种方式推进短视频发展战略。基于对我国报纸媒体与广电媒体短视频发展现状的系统分析，借鉴域外国家传统媒体短视频发展的实践和经验，提出我国传统媒体短视频发展的动因与进路，有助于进一步推动我国传媒产业整体发展。

第三，结合报纸媒体与广电媒体的发展现状，对融媒体时代传统媒体短视频建设进行针对性探讨，有利于国家宣传管理部门、新闻出版与广电管理机构制定政策，指导、调动传统媒体及其新媒体机构规划、制作、传播短视频内容，助力实现传统主流媒体传播效果的最大化。

第三节　文献综述

作为一种新型传播方式，短视频凭借叙事生活化、场景多元化、类型多样化等传播优势，迅速成为移动互联网时代碎片化阅读的典型影像实践。虽然短视频相关的产业实践已比较丰富，但学界对短视频的概念尚无统一定义。

在内容呈现形式上，研究者将短视频视作一种将文字、图画、音频融合的新型视频形式，并着重从时间维度对其概念进行界定。虽然部分研究者认为短视频特指时长 15 秒以内的极短视频（王晓红、包圆圆、吕强，2015；李菁，2019），但不同于他们以"秒"为尺度的界定标准，大部分研究者认为短视频的时长应在 5 分钟以内（殷乐、高慧敏，2018；华金香，2018；晏青、张佳欣，2019）。随着短视频产业实践的推进，"短"的尺度被逐渐拉"长"，一些研究者将短视频的时长延展至 20 分钟（常江、田浩，2018；张志安、冉桢，2019；王影、黄利瑶，2019）。

在生产及传播特性上，学界普遍将短视频定义为新近兴起的基于移动智能终端的全新社交应用（张梓轩、汤嫣、王海，2015；冯帆、马睿姗，2018；王影、黄利瑶，2019）。作为一种伴随移动终端的普及而兴起的内容传播方式（陈绍玲，2019），短视频跨越了高高在上的摄制和传播门槛（方方，2016），允许普通用户将手机等智能终端作为视听表达的载体（张梓轩、汤嫣、王海，2015），通过手机等自带的美化和编辑工具，实现随拍随传（王晓红、包圆圆、吕强，2015；赵如涵、吴心悦，2017；华金香，2018）。可以说，凭借天然的社会属性和生活化叙事优势，短视频创造了移动互联网时代兼具资讯传播、情感分享与社交互动的全新视听样式（常江、田浩，2018；张志安、冉桢，2019；晏青、张佳欣，2019）。

通过以上梳理，笔者发现，研究者们关于短视频的定义还主要涉及内容呈现形式和生产及传播特征方面。总体而言，学界对短视频的定义有的过分求全，追求面面俱到，有的侧重局部，容易导致定义失焦。从媒介发展的角度看，短视频不仅代表了一种全新的媒介呈现方式，更承载着一种未来媒介社会形态。

本研究认为，短视频指时长在20分钟以内，基于移动互联网平台，融合了文字、图像、音频等多种视听元素，可以实现快速摄制及美化编辑，能够满足用户的沟通、展示及分享诉求的新型视听样式。

以"读秀学术搜索"数据库和"超星电子图书"数据库为检索来源，查询到标题中含有"短视频"的相关著作共计195部（截至2021年年底，下同）；以WOS核心合集（Web of Science Core Collection）数据库中的SSCI（Social Sciences Citation Index）来源期刊为检索对象，以"Short Video"为主题词，查询到相关英文学术论文2973篇；以中国学术期刊网络出版总库（CNKI）数据库为检索来源，查询到以"短视频"为主题词的论文文献共计23766篇。

经统计分析，"读秀学术搜索"数据库和"超星电子图书"数据库最早收录的短视频相关专著是2013年孔昭林主编的《微电影的创作与传播》（同心出版社）一书，该书主要探讨了微电影诞生、特点、创意、制作、传播、发展等基本问题。在知网数据库，我国学术期刊上有关"短视频"的论文可以追溯到2007年杨显锋、尹亚光、袁敏在《电视技术》上发表的《基于隐含马尔可夫模型网络的视频识别方法》，该研究提出了一种基于镜头和统计模型的短视频序列内容描述及识别方法，从技术层面探讨了短视频架构和识别的可能性。如图0-1所示，2009年以前，该领域年均发文量很低。自2012年起，研究成果数量呈现持续上升趋势。2016年至2021年研究成果数量增长显著，其中2016年发文量为301篇，2020年发文量则达到了7327篇，五年之间跃升23倍。由于本研究知网数据检索时间为2021年12月，当年度论文尚未收录完整，但2021年的发文数量已再创新高达8730篇。

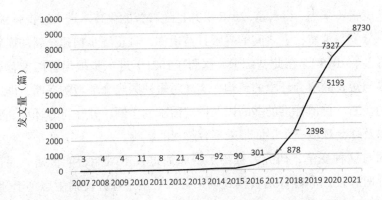

图 0-1　我国学术期刊"短视频"主题论文发表数量年度变化

　　由此看出，短视频已成为学界关注的热点议题，有价值的研究成果不断出现。有关短视频的研究不仅涉及短视频的发展现状、问题及趋势，还涵盖短视频的生产、制作、传播与运营管理等内容。相关研究主要集中在以下五个方面。

一、短视频对媒介生态和社会文化的影响研究

（一）短视频带来的媒介变革

　　研究者着重探讨媒介融合背景下短视频带来的媒介变革。当前，各种各样的技术和媒介形式都汇集到一起（尼葛洛庞帝，1997），并且随着新媒体平台的不断扩大及内容生产的多元化，短视频融合进程进入深化阶段（黄楚新，2017）。一方面，研究者从表达方式角度对短视频展开研究。作为一种具有高黏度的视频内容产品，随着短视频行业逐步由井喷式增长阶段过渡到平稳增长阶段，其对人们日常生活的影响程度正不断深化，并且逐渐成为一种常态化的表达形式（张志安、冉桢，2019）。有研究通过对抖音账号的案例分析，提出新媒体的表达特点、新媒体受众的特点，以及媒体市场的竞争，都促成了传统媒体在向新媒体转型中内容表达方式的转变（任志祥、肖苹宁，2020）。

　　另一方面，研究者们从短视频内容生态角度展开研究，认为社交化的视听场景消费、细分化的情感消费和定制化的精准消费构成了短视频发展

的内部逻辑（朱杰、崔永鹏，2018），并且随着智能化技术进入短视频领域，生产、分发与消费三者之间的界限日益模糊，且正逐步构建全新的内容生态（彭兰，2018）。在此基础上，匡野（2021）进一步提出智能推荐算法技术参与短视频媒介环境的建构，实现对短视频媒介环境的垄断，即内容生产的垄断、价值标准的垄断以及用户需求的垄断，并在符号环境、感知环境以及社会环境三个层面带来不容忽视的影响。

面对这种变革，研究者提出短视频通过技术赋能智能传播、混合载体媒介时移使用和碎片消费模式场景营销重塑了媒介传播生态（李金宝、顾理平，2021）。如今短视频在互联网环境下产生的新媒介产品早已不只是一种用户相互沟通的工具，其已然向社会各层面进一步融合延伸，并且深层次地影响着全社会的传播网络，革新了新媒介生态，带来了新一轮的变革（李淼，2019）。短视频作为一种流行于互联网上的新型视听媒介，其崛起在媒介史上具有革命性的意义。短视频的"新媒体赋权"比其他自媒体更为彻底，绝大多数人都可以通过短视频记录自己、记录他人。短视频将互联网时代的"自媒体革命"推进到一个新的阶段（潘祥辉，2020）。从 4G 时代开始，短视频为普罗大众赋能赋权，将社会话语的表达权给了越来越多的普通人，每一个人都可以用短视频这种简要、直观的形式与他人和社会分享内容，这是一种具有革命性意义的改变（快手研究院，2019）。随着 5G 技术的发展和普及，短视频将成为主流传播以及人们社会性认知的最重要的媒介表达形式（喻国明，2019）。综上所述，媒体融合背景下的短视频重塑了媒介生态，并深度融入社会各层面的传播网络中。

（二）短视频对文化传播的影响

短视频技术的发展和短视频平台的兴起给文化传播环境带来了一系列冲击与影响。

一方面，研究者针对互联网土味文化及"乡村"独特草根文化展开深入研究。随着我国社会经济的不断发展，大量乡村用户涌入短视频平台，短视频的到来为乡土文化的传播提供了契机、带动了乡村经济的振兴，乡村短视频已然成为乡土文化传播的主体（涂晓华、王杰，2021）。在此背景下，短视频平台已经成为展现乡村文化的主要窗口（林桃千，2021）。有研究者从发展传播学的视野出发，通过梳理农民用户以拍摄短视频的形式参与大众传播的过程及传播机制，指出"乡村"短视频的火热，意味着农民拥有了自主进行乡村叙事的权利与能力，进而带动了乡村经济的振兴（段鹏，2021）。同时，还有研究者具体探讨了乡村文化作为一种亚文化的呈现与建构，提出"乡村"已然成为一个涵盖社会经济和精神文化内涵的指涉对象（刘娜，2018）。还有研究者认为，这种以短视频为主要平台形成的"乡村"独特的草根文化，实则是互联网土味文化的一种表现形式。互联网土味文化是消费社会的一种特殊文本，它迎合了网民的"审丑"和猎奇心理，在某种程度上满足了草根人群的心理需求（杨萍，2019）。此外，乡村空间大体上经历了土味实验、空间生产、媒介认同三个阶段的重构，在这种媒介生态下，乡村自媒体人成为乡村振兴战略的重要注脚（刘汉波，2020）。

另一方面，从中国传统文化传播角度看，中华优秀传统文化短视频传承中华文化基因，蕴含着巨大的转化势能，部分案例在世界范围内取得了良好的传播效果。研究者从媒介生态学、经济学、社会学、管理学等多维度视角出发，将短视频与传统文化结合起来分析，并且深入探讨了传统文化短视频的视听意象、传播模式及文化内涵等方面的具体内容。在新媒体与文化融合时代，短视频以其独特的优势，在促进中国优秀传统文化的传承与发展方面发挥着重要作用（Meng，2020）。有研究者基于用户消费行为分析（Sympathize Identify Participate Share & Spread，SIPS）模式，提出中华优秀传统文化短视频具有丰富的文化内涵和鲜明的族群认同符号特征（刘秀梅、董洪哲、韦雨生，2020）。同时，研究者提出中华优秀传统文化短视频具有数字化动态传播、生活化情境传播、伴随式社交传播、实用性整合传播等特点（张师迅，2021）。通过以上这些特点可以在传播主体和传播渠道等方面对优秀传统文化短视频进行整合传播（宁海林，2018），以此来实现传统文化的创造性转化与创新性发展，进而彰显中华传统文化自信，并且深化中华优秀传统文化的全球化传播（刘佳，2021）。

越来越多的国内外研究者关注短视频叙事的"中国现象"，有关李子柒、Papi 酱及抖音、微博的实证案例研究多次出现，其中对于李子柒短视频案例的相关研究相对较多，研究者从传播内容、传播方式与传播理念等方面入手，分析其走红海外的原因，提出李子柒短视频传媒内容标签化、传播方式低语境编码化、传播理念底层化的特点（李海敏，2021）。同时，还有研究者从短视频叙事与中华文化国际传播角度入手，提出李子柒短视频契合新时期传播语境的变化，多维度多层次地传播了中华文化，推动了中国传统文化更深层的传扬，在当下国际传播环境中，为媒体工作者更好地利用短视频传播传统文化提供了借鉴（李小华、华凯纯，2020），向用户尤其是国外网民展示了多维度的中国故事（张明、吴佳玲，2020）。因此，中华文化国际传播在发挥"表层文化"的强渗透、广传播优点的同时，也要蕴含"深层文化"的中国价值观，让世界各地的人在潜移默化的影响下受到中华传统文化的熏陶（潘皓、王悦来，2020）。综上所述，短视频文化叙事的"中国现象"受到国内外研究者的关注，不但表明中华优秀传统文化短视频具有传承中华文化基因的巨大潜力，而且凸显了这些"中国现象"在全球范围内所具有的深厚文化意涵和文明镜鉴意义。因此，激发传统文化短视频的生产与传播，有助于中华文化的国际传播。

二、短视频内容生产与传播策略研究

在短视频内容与传播策略方面，国内外研究者从短视频内容生产、传播策略以及营销模式三个主要维度展开了深入探讨。

（一）短视频内容生产

在内容生产层面，国内外研究者通过对短视频发展历史的梳理，提出我国短视频各阶段演变背后，技术逻辑、内容逻辑发挥着影响，其中，技术逻辑研究重在探讨技术对短视频这一媒介的影响，内容逻辑研究关注短视频内容生产形式、手段等如何影响网络视频的内容形态（谢新洲、朱垚颖，2020）。

在技术逻辑方面，新兴技术的快速发展使短视频生产力得到全面释放，技术赋能为短视频内容拓展提供了良好环境。通信技术、智能技术、制作技术及大数据技术的进步赋能短视频平台，是驱动短视频发展的动力（张鹤炀，2021）。特别是 H5、VR、AR 等技术以全新的视听语言和表达方式改变了短视频模式，使观众的感知能力得到扩展，提供了全新的叙述模式和视角，极大地提升了传播力和吸引力（Tang，2020）。也有研究者关注由于技术过快发展带来的风险，提出网络社区运行中自由与风险并重，虚拟技术带来的风险表现为网络空间在提高人们情感交流效率的同时，也面临着技术的政治化和商业化风险（迟帅，2021）。同时，研究者从短视频文本生产角度分析认为当下短视频文本生产存在技术性偏向现象，并指出导致这一现象的原因是，短视频文本生产主体为了获取更多流量与关注度，依赖于平台算法推荐，所带来的结果是短视频本应具有的内容价值让渡于传播价值与社交价值（匡野，2021）。

在内容逻辑方面，新媒体时代，移动互联网技术的成熟与终端的普及，使视频新闻形成了有别于传统电视新闻的全新形态，其呈现形式和叙事模式都发生了新变化。研究者通过优秀案例创作解析，深入剖析各类短视频的特征以及创作方法，展示了短视频创作的丰富类型和实操要点（王威，2020）。短视频的内容生产在快速发展的同时呈现垂直化、专业化、多样化、智能化等新动向，逐渐向既有经济价值，又有艺术审美价值，更有社会价值的优质视频内容生产过渡，展现出融入更复杂传播场域、与直播协同传播的生产趋势（尼罗拜尔·艾尔提、郑亮，2021）。虽然短视频内容生产方式转变带来了短视频产业井喷式发展，但也造成了短视频内容生产的结构性矛盾（关琼严、魏骊臻，2020）。这种矛盾主要表现为短视频内容生产的融合困境，在新闻内容生产方面尤为突出（刘秀梅、朱清，2020）。新闻短视频在内容生产上的融合困境主要体现在内容选择、制作和呈现三个方面，应从媒体融合与用户建立深度联系和关系的目的出发探讨突围之路（刘秀梅、朱清，2020）。新媒体时代，移动互联网技术的成熟与终端的普及，使短视频新闻形成了有别于传统电视新闻的全新形态，其呈现形式和叙事模式都发生了新变化（常江、王晓培，2017）。有研究者通过对媒体融合背景下国内外新闻机构的最新案例研究，提出短视频可以利用其视听合一、双重运动、非线性组接的动态性语言特性，提升新闻报道的现场感和震撼力（张梓轩、汤嫣、王海，2015）。还有研究者结合实证研究方法，对全媒体背景下我国移动短视频新闻的内容生产进行全面解析，为我国的短视频新闻运作创新实践拓展了方向与路径，指出从优质内容的角度出发打造忠实的用户群体，才是我国新闻类短视频发展的根本途径，即新闻类短视频通过生产优质的新闻内容吸引用户，逐渐形成用户黏性，不断扩大忠实用户的规模和水准（杨嘉媚，2019）。

（二）短视频的传播策略

随着社交媒体的迅速发展，短视频应用的出现为用户社交开辟了新途径，这种新的社会互动方式进一步促进了信息的交互传播。短视频的涌现不但改变了媒体的形式，还在媒体功能、传播方式、传播关系等方面都带来了巨大的变化（Sun、Dennis，2021）。当前短视频的海外传播主要通过国外平台"借船出海"、国内平台向海外延伸、中外合作平台三条路径，机遇与风险并存，面临着中外文化阻隔、审核机制有缺陷和内容类型单一等现实困境（于春生、常淳，2021）。因此，促进短视频的发展还需进一步提高对其生产规律和传播效果等方面的认识。如王晓红、包圆圆、吕强（2015）通过对市场占有率较高的短视频应用分析，提出了未来我国工具性短视频功能开发的发展路径。同时，也有研究者通过研究抖音和其海外版 TikTok 两个平台在中外不同生态系统中的生存策略，提出不同于之前社交媒体平台主要采用的区域化战略，抖音和 TikTok 的共同进化是一种新的全球平台扩张范式（Kaye et al.，2021）。总之，我国媒体可借鉴国外媒体的成熟模式以及成功经验，从打造短视频的个性差异化定位、增强短视频内容的文化价值以及丰富短视频的交互创意等方面着手，在不断变化的媒体融合生态环境中进行本土化的融合发展（何子杰、唐佳梅，2021）。

通过实证分析，一些研究者深入探讨了短视频的传播机理。如宁海林（2019）基于用户行为消费（Sense Interest&Interactive Connect& Communicate Action Share，SICAS）模型，从公众与媒体机构的交互感知、基于兴趣的互动生成、联结与沟通融合、生产及分享驱动力等方面揭示了短视频在智能互联时代的传播机理，并且进一步通过"启发－系统模型"对短视频传播效果展开研究，提出环境因素影响作用显著，生产能力、"粉丝"数、微博影响力与短视频的传播效果相关性较强，技巧因素对传播效果的影响作用高于内容因素（宁海林、羊晚成，2021）。还有研究者对短视频影响因素模型进行实证分析，提出短视频的标题句型、背景音乐情感类型、制作类别、内容主题以及信息类型 5 个因素对其传播及互动效果有显著影响（高晓晶等，2021）。

（三）短视频营销与盈利模式

凭借制作简单、内容生动有趣、可视化的表现形式以及多元化的移动使用场景等突出优势，短视频成为新媒体时代的叙事潮流，其带来的传播范式变革，深刻影响着营销行业（张静、王敬丹，2020）。相关研究主要集中在短视频营销的驱动力、短视频营销的策略以及短视频自身的盈利模式三个方面。

首先，在短视频营销的驱动力方面，近年来，短视频营销的市场规模增长迅猛，随着互联网巨头注资力度的增强，短视频营销的发展具备充足的资本支撑（景义新、韩庆鑫，2020）。就外部环境来看，5G 时代的到来，为短视频的发展提供了机遇，使之不但可以满足人们的娱乐需求，还能够助益企业营销（Cheredar、Tom，2013）。全民视频化表达与媒介化消费为用户的联结创设了天然条件，"弱逻辑、强情绪"的叙述特征成为短视频营销突破的重要窗口（陆朦朦、范彬彬，2021）。就技术条件看，大数据、人工智能、机器学习等新媒体技术影响下的短视频运营不断深化，并渗透到产业链的各个环节。具体运营策略涵盖内容的个性定制、信息的智能推广、产品的精准营销与分析，以及平台的跨界整合与融合等（王璇、李磊，2019）。从产业发展实践看，2018 年以来，企业在广告预算方面的投入明显向短视频营销倾斜（宋晓洁、周洁如，2020），头部企业在吸引用户、内容补贴和营销推广环节配置了大量短视频营销资金（陈政，2020）。除了受到企业关注以外，受众对短视频广告和营销的关注度也越来越高（Yuan，2020），短视频的叙事方式能够有效传递品牌态度，减少个人对广告的抵触情绪，并为他们提供一种身临其境的体验（Cao et al.，2021）。

其次，在短视频的营销策略方面，如何利用庞大的流量为平台盈利服务，成为短视频持续发展的关键。自媒体短视频以其精准的市场定位、得力的营销策略，迅速俘获了亿万拥趸（陈元贵，2019）。各平台积极探索多元营销策略，包括广告营销、关键意见领袖（Key Opinion Leader，简称 KOL）引流营销、整合营销等，推动平台的一体化运作。就广告营销来看，短视频盈利的核心模式沿用社交平台的方式，即广告变现，一般包括开屏、贴片、信息流等方式的硬广投放和内容定制，以及"网红"活动等方式的软广植入（宋晓洁、周洁如，2020）。就关键意见领袖引流而言，研究者主要围绕短视频 KOL 营销模式展开探讨，KOL 具备特定的群众基础，通过发布具有号召力的评价与推荐内容影响其他用户的购买决策过程进而产生营销价值（刘毅、曾佳欣，2020）。此外 KOL 还能打破传播的群体边界，加上群体成员对营销信息的二次传播，短视频的营销价值更容易受到市场认可（钟瑞贞、谭天，2021）。就整合营销而言，其在短视频领域的主要应用优势是可以结合多个平台多个账号，搭建营销矩阵，实现联动效应（陆朦朦、范彬彬，2021）。在移动互联网的新传播环境中，依托传播技术变革实现跨平台整合营销已然成为营销推广的必然路径（刘毅、曾佳欣，2020）。研究者提出企业要注重创意性内容的制作和流量的引入，并且巧妙利用短视频平台这一营销渠道，建立营销矩阵（高燕，2019），将微博、微信及微视、秒拍等社交媒体平台整合起来，产生整合营销传播的立体效果（谢征，2014）。平台通过整合互联网资源，对短视频进行多渠道分发和联合推广，以此来提升营销效益（陈矩弘，2019）。

最后，在短视频盈利模式方面，现有短视频的变现模式主要有两个维度：一个是流量变现——主要针对分发平台型的短视频企业；一个是内容变现——主要针对内容主导型的短视频企业，本质都是通过内容获取大量流量，再将流量引流到广告、电商或其他地方（廖秉宜、金奇慧、李淑芳，2019）。流量变现的关键在于推广方式和用户黏性（司若、许婉钰、刘鸿彦，2018）。通过构建"引流 + 变现"的一体化商业模式，短视频平台得以突破流量变现的瓶颈，实现价值共创（姚林青、顾恩澍，2021）。这使得平台能够为广告主提供更加详细丰富的用户研究、营销策略、广告创意、营销效果评估等服务，进而吸引更多广告客户（匡野，2020）。在内容变现方面，如今短视频内容生产更为垂直细分，用户参与互动的体验更佳，并在变现模式上有全新突破（黄楚新、郑智文，2020）。有研究者提出电商是平台内容流量变现的一种方式，为用户提供短视频内容服务的同时提供商品售卖渠道（姚林青、顾恩澍，2021）。电商短视频能够加速推动上游内容与下游消费无缝对接，打通内容与消费行为之间的壁垒，大幅提升内容型电商的转化率，将潜在消费动机转化为真实的消费行为，实现"短视频+"电商平台的高度融合与导流变现（王璇、李磊，2019）。此外，有研究者提出，目前短视频平台主要依靠植入广告来盈利，或者通过局部的流量变现以获得补贴和收入，商业变现能力较弱，难以长时间维持用户的黏性。并且，流量变现也存在一些问题和局限，如运营和内容审核成本较高导致平台在流量转化和用户体验提升方面资源配置不足（陈政，2020）。"媒体产品的消费"是商业变现的第一步，接下来的精准营销是短视频生产继续生存要解决的问题（荀瑶、杨永环，2019）。我国传媒业态的演化，对短视频运营理念与模式的创新提出新的要求，我们需预判并把握短视频内容生态演化方向、合理解决相关问题，引导并推动短视频内容生态、科学、规范地发展（严三九、刘峰，2020）。未来优质短视频产能继续增强，将突出利用短视频场景营销，发挥用户体验价值，创新"短视频+"的新生态方式，助推短视频营销向跨平台方向发展（景义新、韩庆鑫，2020）。

三、短视频治理研究

随着移动互联网技术的发展，短视频迎来爆发期，也伴生了一系列行业乱象，滋生了诸多治理风险。结合案例，有研究者探讨了目前短视频平台中存在的低俗内容屡禁不止、过度强调感官刺激、过度复制模仿、营造沉浸上瘾环境等一系列现实问题（谢新洲、朱垚颖，2019），有研究者提出部分短视频生产者为了"博眼球""出奇制胜"，无视法律规范，冲破道德底线，进一步削弱了用户的主体性，传播一些包括暴力、色情、虚假信息等在内的不良内容，带来了短视频生产的意义缺失（周宣辰、程倩，2021）。

面对中国视频业态的新变化，需建立与之相适应的发展和治理理念，才能更好地发挥新一代视频产业对经济发展、社会进步的赋能与带动效应（喻国明，2021）。通过分析问题背后的产生原因，有研究者提出推动短视频健康发展的建议，即政府、市场以及短视频平台三方之间应加强协同配合，共同推进短视频生态的优化升级（李修齐，2017）。还有研究者提出建立行政、行业、司法、社会组织"四位一体"的协同治理机制，以期调整和平衡原创者、传媒平台、社会公众等各方利益（王丽莉，2021）。短视频行业的快速发展凸显了治理主体的多元化与核心价值导向的紧迫性。解决当下短视频监管问题的核心在于如何从多方把关主体的层面入手，全面提升各方主体的主观能动性（匡文波、邓颖，2021）。

首先，从政府与行业角度，有研究者指出，目前针对短视频的规制政策稍显迟滞，需设定针对短视频平台规制的合理边界，发挥政府规制的管理和激励功能，进而促进短视频行业的健康发展（姬德强、杜学志，2017）。还有研究者指出目前我国司法治理和行政治理分别因适用范围有限、难以建立长效机制而无法从根本上冲出侵权短视频泛滥的治理困境（冯晓青、许耀乘，2020）。我国短视频作品的合理使用也面临着复杂的网络环境和各种新型侵权手段的挑战，短视频版权保护的范围持续拓展，但侵权疆域亦不断延伸（张伯娜，2019）。就短视频著作权管理问题而言，刘佳（2019）提出，具有独创性的短视频可以作为"类电作品"享有著作权，不具有独创性的短视频作为录像制品享有著作邻接权中的录像制作者权。郑玄和吴玮琦（2021）等研究者提出应该加快完善短视频行业版权管理细则、建立多元协同的版权管理和开发模式、加快推进智能版权管理系统的开发应用等优化策略。司法手段使得短视频版权保护中的法律问题更加明确，行政保护能够精准、及时制止短视频侵权，短视频的版权治理需政府、行业、企业、公众共同努力（刘立新、王晓花，2020）。政府应建立短视频行业内容规范，提高监管效率和处罚力度，与平台、用户之间建立好合作共治的长效机制（高宏存、马亚敏，2018）。

其次，从短视频平台角度，近年来，短视频产业实现井喷式增长，平台成为产业发展的驱动力量。然而，组织形式较为松散的平台结构也引发了严重的内容失范问题（任天浩、刘伟亚、刘子娜，2021）。有研究者指出短视频平台上出现的内容失范问题主要包括短视频内容传播中存在的虚假信息横行、低俗信息泛滥等伦理失范问题（赵玉文，2020）。短视频平台为吸引用户流量，与政府管控"打时间差"，企图在被政府管控之前尽其所能地吸引关注度（吕鹏、王明漩，2018），严重扰乱了行业生态。平台为迎合用户审美及喜好，在内容创意、界面设计、场景设置、语言风格，甚至音效特效使用等方面都与"爆款"短视频高度相似，加上缺乏对内容的把关（艾尔提、郑亮，2021），使内容创作迎合低级审美趣味，不利于短视频内容市场的繁荣发展。针对以上问题，有研究者提出短视频平台应当做到守土尽责，积极践行行业自律，通过净化和择优两种手段，删除处理劣质、侵权内容，识别鼓励优质原创内容（陈政，2020），并且引入投诉和其他负面评价机制，以期进一步净化网络空间（赵辰玮、刘韬、都海虹，2019）。

再次，从内容生产者角度，隋岩和刘梦琪（2018）提出内容生产者是传播中的核心元素，海量庞杂的短视频内容在政府和平台现有的监管机制下难以全方位覆盖，这需要政府、平台和个体转变监管治理的理念，发动个人在手机端或者电脑端协助监管，设立合理完善的举报机制，让网民参与到内容监管中。赵如涵和吴心悦（2017）指出短视频内容生产应根据不同社群文化需求进行适度的策略调整。还有研究者提出有必要通过"价值引领""理性嵌入"和"文化参与"的方式，有效解决短视频生产的隐患问题（周宣辰、程倩，2021）。任天浩、刘伟亚和刘子娜（2021）总结了短视频平台内容治理的四大实现机制：在创作者层面，通过实名验证对创作者进行把关和控制；在创作过程层面，通过知识传递、工具支持和规范检验规范视频创作过程，实现过程控制；在创作结果层面，通过以算法为代表的奖惩机制对视频创作进行结果控制；在平台层面，通过构建平台中的价值共识，促使创作者自觉规范其创作行为，进而实现关系控制。可以说，以上四类机制构成了从短视频生产到传播的全过程治理体系。

最后，从用户角度，匡文波和邓颖（2021）指出，除了政府、平台与相关监管部门以外，用户也应当在短视频内容把关与监管过程中扮演重要的角色，提升理性处理网络信息的意识与能力，对信息保持基本的判断能力及批判性思考能力。用户还需加强自我管理、相互监督以及完善社群及组织内的自我管理，需积极参与各类网络素养培训以增强对违法违规视频内容的识别能力和抵制能力（关萍萍，2019）。此外，用户还应该具备足够的权利意识，警惕算法对个人数据的获取，自觉抵制侵犯隐私和版权等行为（廖秉宜、张慧慧，2021）。

四、短视频受众研究

关于短视频受众研究的学术成果总体数量不多，相关研究具有鲜明的实证主义特征。社交媒体时代，不同的用户通过短视频和直播的形式传达自身的价值观、人生观，构建了多元化的网络生态和圈层化的传播生态（王洋、段晓薇，2020）。

关于用户观看、使用行为，有研究者基于索福瑞短视频用户价值调研数据，通过分析短视频用户画像、用户行为、内容偏好、平台使用等维度的现状与变化，解读当下短视频用户生态，挖掘用户价值（丁迈、张天莉、罗佳，2021）。还有不少研究者从不同维度对短视频用户使用行为的影响因素进行了探究。如有研究者通过半结构化访谈，提出个人信息需求是用户使用知识类移动短视频的根本原因所在，个人价值需求是用户使用移动短视频的核心，个人情感需求是用户使用移动短视频的基础，成本及准入条件是用户使用移动短视频的保障（关升亮、李文乔，2020）。还有研究者发现个性化推荐系统因长于分析视频特征和用户行为，能够帮助用户快速找到感兴趣的短视频，因此得到了广泛应用（Li，2020）。研究者还提出了短视频 App 用户沉浸式阅读体验（心流体验）的关键因素是算法技术水平、内容质量、社会责任履行、时间付出、用户隐私滥用和价值期望，其形成机制是"短视频平台服务"的价值共创机制、"用户使用成本"最小化的理性人决策机制和"用户价值期望"的心理调节与期望确认机制（熊开容、刘超、甘子美，2021）。从使用意向的相反方向，有研究者探讨了短视频平台部分内容对用户不持续使用意向的作用机制，提出除内容低俗外，广告干扰、模棱两可和谣言泛滥会延缓用户心流体验的产生，并且这四种消极信息因素均会引发短视频用户的社交媒体倦怠，进而产生不持续使用意向行为（张大伟、王梓，2021）。

在短视频使用上，研究者们还十分关注用户情绪偏好效应的影响。有研究者基于互动仪式理论，分析了情感动员的规律，认为情感是短视频传播的根本动因（李菁，2019），情绪传播的核心是共鸣与认同，短视频传播平台为情绪传播提供了新场域，网民群体可表达情绪、沟通连接、获取反馈（田维钢、张仕成，2021）。由用户所形成的不同情感的反馈，会进一步影响用户持续使用的意愿（张敏等，2020）。以新冠肺炎疫情为例，研究者提出媒体在报道中，不仅需要运用诉诸理性的短视频来传达严肃的信息，同时还会运用诉诸感性的方式，以此来推动大众负面情感的净化，强化大众抗"疫"的坚定信心与必胜决心（李天语、张焱、王成志，2020）。

关于用户参与内容生产的影响因素研究，有研究者提出短视频用户生产内容的用户需求模型，指出信息质量仍然是用户最看重的指标。二级指标中，易用性、信息内容的易理解性和反馈服务的及时性是用户最在意的指标（刘鸣筝、张鹏霞，2021）。亦有研究者认为，信息沟通、经济效益、情绪控制和自我表达是影响短视频创作者行为的主要动机（Bi、Tang，2020）。还有研究者提出，感知有用性和感知娱乐性都能正向影响用户对短视频内容生产行为的评价，但在行为意向方面，感知有用性比感知娱乐性的影响更为显著（刘琳琳、黄河，2019）。基于对审美体验的追求，还有研究者提出青年群体通过表演的方式生产短视频作品，并以此为中介，在短视频平台通过观演、点赞、评论、私聊等方式建立众多弱联系（张钧涵，2019）。

五、传统媒体的短视频研究

传统媒体的短视频是本书的主要研究对象。通过文献梳理发现，研究者们普遍认为在社交化、智能化、视频化的时代浪潮下，短视频是传统媒体转型升级新的驱动力。传统媒体应把移动短视频作为媒体融合的重要突破口，在实践中不断与短视频消费用户、短视频消费场景、短视频制播分发技术进行融合（张收鹏、李明德，2019）。虽然短视频对传统媒体传播力的提升带来了新机遇，但是与此同时也带来了系列问题。目前传统媒体短视频存在的主要问题有：传统媒体在推动内容建设创新发展的同时，存在传播内容同质化和缺乏深度挖掘、技术人才队伍建设不足（黄楚新、曹曦予，2020），以及时限与内容完整性难以平衡、内容分发模式不够成熟、个人隐私安全堪忧等问题（殷乐、高慧敏，2018）。还有研究者提出泛化弱化传播主体消解了传统媒体传播的控制作用、碎片化传播内容解构了传统传播内容、裂变传播效应遮蔽了传统传播信息真相等新问题（赵志勋，2020）。

针对以上问题，研究者针对传统媒体短视频的生产、传播等方面展开了对策性研究。在内容层面，针对传统媒体转型的路径，研究者提出需加快短视频内容的布局，充分发挥其特有的内容优势，尽快发力短视频内容制作（汪文斌，2017）。有研究者认为，传统媒体要在专业化资讯短视频上培育新的视觉生产力，优化短视频要素配置、凝练移动平台上的微观叙事模式、培育硬核新闻等优质种子（彭兰，2019）。传统媒体短视频需通过高效的生产机制、立体的视觉表达、丰富的情感调控等创新策略，增强用户群体的价值认同与情感归属（田维钢、温莫寒，2020）。还有研究者认为及时采取热点追踪、信息前置、精细化设计、强互动、规模化等方式方法，确保短视频的长期精细化运营和优质内容持续供给，有利于传统媒体提升在新兴传播领域的传播力与影响力（匡野，2019）。针对报纸媒体的短视频，有研究者基于《人民日报》短视频实践，提出内容层面要以用户为中心，传递情感共鸣；平实视角，还原生活真实；创意为骨，融入价值共识的灵魂；把有"意义"主题讲得有"意思"（张意轩、王坎，2019）。针对广电媒体短视频实践创新，有研究者认为中央广播电视总台时政类短视频是时政报道中一种有效的新型融合传播探索，是提升时政报道传播力和影响力的途径之一（王晓东、史伟，2017）。其短视频产品《主播说联播》试图嵌入新的传播网络节点维持其社会影响力，使国家主流价值的声音通过主持人个性化的表达在新传播网络中产生强大影响力（何顺民、裴梦茹，2020）。

在传播层面，有研究者提出，技术应用既要"借力"也要"自力"，平台探索既要"强点"也要"扩面"（张意轩、王坎，2019）。要实现短视频驱动传统媒体融合转型，需要利用平台化发展思维，强化算法与主流价值的统一性，才能提升网络传播力、引导力、影响力、公信力（孙振虎、何慧敏，2020）。

综上可见，国内外关于短视频的研究主要从短视频对社会文化和传播生态的影响，短视频内容生产、传播与营销，短视频治理，短视频用户观看、使用与生产动机四大层面进行了诸多有价值的研讨。从宏观层面对短视频带来的社会变革的思考，到中观与微观层面对国内外以短视频为代表的新媒体实践的多维度考察，再到对媒介融合背景下短视频发展的前瞻，产生了一批涉及新闻与传播学、影视艺术学、社会学、营销学、管理学、心理学、伦理学等跨学科理论的相关成果，兼具理论性与实践性。伴随国内外短视频实践的深入发展，研究者围绕传统媒体的短视频建设和传播进行了开创性研究，但在整体上尚缺乏系统性。我国传统媒体短视频实践中仍存在诸多现实问题，研究的深度和广度还有待进一步拓展，研究的理论视野和现实关照仍需进一步聚焦。

第一章

短视频的发展历程与盈利模式

自 2013 年起，我国短视频平台呈现持续发展态势，陆续诞生了快手、微视、西瓜视频、抖音等商业平台，并在内容生产、平台运营、智能化传播等方面不断完善，融入了更为复杂的传播场景和多元化的内容类型。随着用户规模的急剧扩张，短视频的商业价值日益凸显，通过广告植入、电商、直播带货等多种形式，行业变现能力极大增强。本章将从短视频的发展历程、短视频的主要类型以及短视频的盈利模式三个方面，分析短视频在当下的新内容、新业务及其呈现的新特点。

第一节　短视频的发展历程

一、短视频的发展脉络

目前国内研究者对短视频的定义尚未形成共识。如绪论部分在对相关文献梳理后提出的，本书对短视频的定义是：时长在 20 分钟以内，基于移动互联网平台，融合了文字、音频、图像等各类视听元素，可以进行快速摄制及美化编辑，能够实现用户沟通、展示及分享的新型视听样式。基于此定义和研究范围，本节将短视频的发展梳理为以下三个发展阶段。

（一）萌芽发展期

伴随着国外社交网站的兴起，短视频这一形态最早起源于美国的

YouTube、Viddy、Instagram 等社交网络平台。YouTube 于 2005 年 2 月推出用户原创内容（User Generated Content，UGC）平台，强调上传、观看与分享三个核心功能，即最早的短视频平台，随后以用户原创内容为主的生产模式开始向全球辐射，也使得短视频这一媒介形态逐渐受到我国互联网企业的关注。2011 年 4 月，Viddy 发布了移动短视频社交类应用产品，该产品亦支持即时拍摄、快速生成以及便捷分享等多种视听摄制及社交功能，同时与 Facebook、Twitter、YouTube 等社交平台实时对接，从支持用户之间互发图文和语音逐步拓展到支持互发视频。①2012 年 4 月，社交资讯类短视频应用 Now This News 上线，用户可在该平台发布关于日常生活趣事或热点新闻话题的各类短视频内容。此后，各社交平台纷纷入局短视频领域，2013 年 Twitter 推出社交类短视频应用 Vine，支持用户拍摄时长在 6 秒以内的短视频内容，并可一键分享至 Twitter 平台。虽然该产品无滤镜、特效等功能，但其较强的社交属性方便了用户间互动，凭借其优质的垂直内容，培养了一批忠实用户。同年，图片分享类社交应用 Instagram 上线时长 15 秒内的视频拍摄功能，在特效和剪辑方面的功能更加强大，除基本的滤镜功能外，平台还在视频拍摄方面进行了升级，包括延时拍摄和防抖拍摄等功能。除此之外，国外的其他短视频平台还包括美国的 Threadlife、加拿大的 Keek，以及日本即时通讯应用 Line 上线的"微片"等。

在国内，2006 年年初，由胡戈剪辑的针对电影《无极》的网络恶搞短片《一个馒头引发的血案》掀起了互联网平台的娱乐狂欢。在优酷、搜狐视频、土豆网等众多平台的力推下，诸多知名导演、影视剧演员进入微电影领域，普通用户也拿起 DV、手机等移动设备拍摄和制作短片。受限于当时 3G 网络及移动终端不发达，早期国内短视频的市场价值并未被全面发掘。直到 2011 年，快手推出一个用来制作、分享 GIF 格式图片的简易应用"GIF 快手"，用户可以将制作的 GIF 格式图分享到微博、QQ 等第三方平台。但该应用无法留存用户，快手于 2012 年 11 月宣布将其从原本的工具型应用转型为短视频社交产品，并于 2013 年彻底摆脱了工具化的制约，满足用户记录并分享生活的需求。同年，工具类视频软件"小影"

---

① 艾瑞咨询：《2016 年中国短视频行业研究报告》，艾瑞网，https://report.iresearch.cn/report_pdf.aspx?id=2643，2016 年 9 月 18 日。

上线，作为最早的短视频创作工具，"小影"具备视频剪辑、特效添加、语音提取等功能，并为网友提供了丰富的滤镜和素材。与此同时，秒拍与微博达成合作伙伴关系，短视频平台进一步深化与社交平台的合作。

此后，各大互联网公司开始布局短视频领域，腾讯于 2013 年 12 月推出了短视频创作与分享平台微视（于 2017 年 4 月 10 日关闭后于 2018 年 8 月重新上线），微信在 2014 年 10 月更新的 6.0 版本中加入了 10 秒内短视频上传功能，可以在聊天及朋友圈中发布。美图也于 2014 年推出了以美颜为主打功能的美拍 App，美拍拥有强大的图像美化和视频剪辑功能，并添加了滤镜、音乐、特效等各类素材，秉持让用户体验专业水准的理念，软件上线后仅一天时间即登 App Store 免费榜榜首。[1] 之后，腾讯微视、美拍及秒拍发起"冰桶挑战"等活动，引发全网关注，助推短视频成为社交媒体"新秀"。2015 年，"陌陌"开通短视频功能，"小咖秀"等产品也陆续上线，短视频的竞争赛道吸引了越来越多平台的加入。

（二）爆发增长期

自 2016 年起，短视频呈现强劲发展势头。4G 网络及移动设备的普及为短视频的发展提供了强有力的技术支持，2016 年 9 月，北京字节跳动科技有限公司上线抖音 App，强势抢占短视频市场。抖音的早期定位为音乐类短视频平台，与秒拍、微视、快手等平台相比，平台属性更为明确，内容也更加垂直化，用户可以选择配乐拍摄时长 15 秒以内的音乐短视频内容。字节跳动旗下的今日头条也于 2016 年 5 月和 2017 年 6 月分别推出了时长为 1~15 分钟的中短视频平台西瓜视频和时长 15 秒以内短视频平台火山小视频。2016 年，腾讯启动"芒种计划"，对旗下短视频平台资源进行整合，加强补贴，扩展分发渠道。内容创作者在发布内容时可以通过企鹅媒体平台在天天快报、腾讯新闻客户端、微信新闻插件和手机 QQ 新闻插件等渠道进行一键分发，实现优质内容的更多、更具针对性的曝光。[2]

---

① 驱动中国：《"视频界美图秀秀"美拍上线一天即登 App Store 榜首》，驱动中国 http://app.techweb.com.cn/ios/2014-05-12/2034894.shtml，2014 年 5 月 12 日。

② 腾讯新闻：《腾讯发布芒种计划，打造媒体共赢生态圈》，腾讯网，https://news.qq.com/a/20160301/047256.htm，2016 年 3 月 1 日。

一方面平台出台的诸多措施为内容创作者提供了福音，另一方面资本方对短视频的投资也由原本的平台端扩展为对短视频产业链的整体关注，更大程度地促进了内容生产力的释放。易观发布的《中国短视频市场专题研究报告》显示，2016 年 3 月，中国短视频市场活跃用户规模为 3119 万，相比 2014 年同期增长 66.6%。[①] 2017 年百度投资的人人视频、好看视频上线。我国各大互联网巨头纷纷入局短视频行业，形成了字节跳动系、腾讯系、阿里系、百度系、B 站系、新浪系、美图系、网易系等多个派系，在移动互联网时代掀起一场短视频热潮。

同时，各短视频平台相继布局直播及电商领域。2016 年 1 月，美拍直播功能公测，同年 4 月快手直播功能公测，同年 5 月，微博与一下科技联合推出直播产品"一直播"，淘宝、蘑菇街、京东等传统电商平台也均于 2016 年上线直播功能，并陆续扩展短视频业务。作为销售运营的新渠道，商家通过短视频与直播电商拓展营销渠道。为了方便商家更好地销售产品，这类直播与短视频内容主要放在相关产品的简介页面，通过产品的短视频介绍，让消费者更加了解产品的属性，刺激消费需求，进而达到宣传产品、增加销售额的目的。专业用户生产内容（Professional Generated Content，PGC）及多频道网络（Multi-Channel Network，MCN）机构也纷纷入局短视频领域，如新京报的"我们视频"、南方周末的"南瓜视业"、界面的"箭厂"、澎湃新闻原团队打造的"梨视频"。

这一阶段，短视频市场更加细分化，由泛娱乐化内容细分至各垂直领域，也涌现出更多的优质平台与内容创作者。2018 年中国短视频用户规模达到 5.01 亿，处于短视频平台第一梯队的抖音和快手活跃用户数量维持在 2 亿左右，[②] 可见短视频发展速度之快。

（三）成熟稳定期

近年来，短视频平台不断发掘自身优势，探索多元化内容生产，寻求

---

① 易观：《中国短视频市场专题研究报告 2016》，易观，https://www.analysys.cn/article/detail/1000134，2016 年 7 月 1 日。

② 艾媒大文娱产业研究中心：《2018—2019 中国短视频行业专题调查分析报告》，艾媒网，https://www.iimedia.cn/c1061/65156.html，2019 年 2 月 3 日。

品牌特色化发展，逐步迈入成熟稳定的发展阶段。在我国目前的短视频市场中，头部平台主要包括抖音、快手、西瓜视频、火山小视频、微视等，其中，抖音和快手强势领跑市场，占据了社交类短视频平台头部赛道，市场份额过半，占比 54.4%。① 第 48 次《中国互联网络发展状况统计报告》数据显示，截至 2021 年 6 月，我国短视频用户规模达 8.88 亿，较 2020 年 12 月增长 1440 万，占网民整体的 87.8%。② 2020 年以来，短视频行业发展相对平缓，抖音、快手两强格局稳定，二、三梯队洗牌，③ 新兴平台进入市场的难度逐渐加大，而头部平台的规模优势日益显现，呈现以抖音、快手为第一梯队，西瓜视频、微视为第二梯队的鲜明格局，行业竞争形势分明。

抖音与快手作为两大头部平台，在用户基础、内容丰富性及商业化探索方面处于行业领先地位，平台优势显著。艾媒咨询《2020—2021 年中国短视频头部市场竞争状况专题研究报告》显示，2020 年中国短视频用户最常使用的短视频平台排名中，抖音以 45.2% 的占比位列第一，快手占比 17.9%，排名第二，④ 两大头部平台占据短视频市场大半壁江山。

2020 年 2 月，微信正式上线视频号功能，作为其视频化发展布局的重要一环，虽尚处于商业化早期发展阶段，但依托微信的庞大用户群体，打造"社交＋视频"的内容生态战略仍具有较大商业潜力。视频号聚焦"被看见是一种力量"和"记录真实生活"的平台定位，试图打造低创作门槛、去中心化和平等开放的内容生态。同时，视频号依托熟人社交网络，深度融入朋友圈等微信生态。相较于其他短视频平台，微信视频具有天然的社交属性，通过展示微信好友对视频内容的点赞和评论状态，视频号内容更

① 中国网络视听节目服务协会：《2021 年中国网络视听发展研究报告》，中国网络视听节目服务协会，http://www.cnsa.cn/uploads/20210708/9040a5f9bc56e6fd690005818e087551.pdf，2021 年 6 月 2 日。

② 中国互联网络信息中心（CNNIC）：《第 48 次中国互联网络发展状况统计报告》，中国互联网络信息中心，http://www.cnnic.net.cn/hlwfzyj/hlwxzbg/hlwtjbg/202109/P020210915523670981527.pdf，2021 年 8 月 27 日。

③ 中国网络视听节目服务协会：《2021 年中国网络视听发展研究报告》，中国网络视听节目服务协会，http://www.cnsa.cn/uploads/20210708/9040a5f9bc56e6fd690005818e087551.pdf，2021 年 6 月 2 日。

④ 艾媒咨询：《2020—2021 年中国短视频头部市场竞争状况专题研究报告》，艾媒网，https://www.iimedia.cn/c400/76654.html，2021 年 1 月 23 日。

容易在不同圈层之间传播和扩散，能够实现对私域流量的高效转化。

面对短视频这一巨大市场，资本和大厂勇争产业上游，纷纷推出具有针对性的短视频内容开发工具。2019年5月手机视频编辑应用"剪映"上线，并于2021年2月起支持在手机移动端、Pad端、电脑端全终端使用。2020年微信上线"秒剪"App，快手收购在线视频创作平台OnVideo，2021年哔哩哔哩推出"必剪"，① 这些应用平台集剪辑与发布为一体，进一步增强了创作者使用App的黏性，能够更好地留住用户。工具类剪辑软件极大程度地降低了视频创作门槛，进一步激发了大众的创作欲望。凭借一键添加动效、变速、滤镜、动漫、音效和网红贴纸等各类剪辑功能，能够轻松创作出贴合网络用户审美趣味的短视频作品，实现普通用户的个性化创作。创作工具端的各项功能丰富了短视频的形态，也促进了短视频的全民普及。工具类剪辑软件大幅增加了普通用户拍摄、上传短视频的便利性和可及性，也促进了整个短视频产业的升级。

二、代表性短视频平台

（一）YouTube：高质量多形式服务，全球头部综合视频平台

源自美国影音分享网站的YouTube是目前全球最大的视频搜索和分享平台，支持用户上传、观看、分享及评论视频等功能。2005年2月，YouTube由查得·贺利（Chad Hurley）、贾德·卡林姆（Jawed Karim）和中国台湾人陈士骏（Steve Chen）共同创立。其最初的创办口号为"传播自己"（Broadcast Yourself），主要是为方便用户自由下载、观看及分享视频，以及方便朋友间传输并分享视频片段，后来，网站的功能定位逐渐调整为用户生产内容。2005年4月，卡林姆在YouTube上发布了第一条名为"我在动物园"（*Me at the Zoo*）的时长19秒的短视频，这标志着YouTube的正式启用。② 2006年10月，Google公司以16.5亿美元收购

---

① 中国网络视听节目服务协会：《2021中国网络视听发展研究报告》，中国网络视听节目服务协会，http://www.cnsa.cn/uploads/20210708/9040a5f9bc56e6fd690005818e087551.pdf，2021年6月2日。

② YouTube. Me at the zoo. https://www.youtube.com/watch?v=jNQXAC9lVRw. Apr.24,2005.

YouTube，并将其作为一家子公司来经营。自 2006 年起，YouTube 网站开始蓬勃发展，每天吸引上百万人浏览，在成立后的短短 15 个月内，就超越 MSN Video 与 Google Video 等竞争对手，成为美国成长速度最快的头部视频分享网站。2007 年 6 月，YouTube 宣布开始拓展全球化服务，首先推出 9 种语言版本，截至 2021 年年底，YouTube 可提供 83 种语言，已经在 107 个国家和地区上线。

　　YouTube 在 2005 年创站时并没有限制视频长度，但由于大量未经授权而上传的影视内容出现，自 2006 年 3 月起将视频时长限制调整为 10 分钟，后又于 2010 年 7 月放宽视频时长限制至 60 分钟。但随着 Hulu 视频网站的出现与强势发展，YouTube 为了提高竞争力也开始加强与广播电视媒体的合作，拓展电影、电视剧集和节目等长视频业务。2010 年，YouTube 开始从事互联网电影点播业务，以付费点播收看的方式向用户提供美国环球、索尼和华纳兄弟等电影公司的影片。① 除了大众媒体提供的专业内容外，YouTube 上还有海量的用户生产内容，共同构成其完整的内容生态。

　　YouTube 的垂直短视频业务始于 2020 年 9 月"Shorts"功能页面的上线。② 用户只需要完成"注册账号—选择音乐—录制视频—编辑时间—上传和分享"五个步骤便可以直接在 YouTube 上创建、编辑和分享短视频。后又陆续上线了添加字幕、上传手机视频、挑选滤镜等新功能。为更好地鼓励用户创作和分享短视频，YouTube 在 2021 年 5 月 11 日推出了短视频基金项目，筹集 1 亿美元资助优质短视频创作者，计划在 2021—2022 年期间，每月挑选出获得最高参与度和最多观看次数的短视频创作者发放奖励资金。YouTube 称，此计划是为短视频构建完整盈利模式的第一步，未来将持续积极致力于完善平台短视频发展的长期计划。③

（二）Instagram：立足青年社交圈，主打视觉传达

Instagram，简称 IG，是一款提供在线图片及视频分享的社交网络应

---

① 李宇：《YouTube 的发展策略及对传统电视的影响》，《传媒》2016 年第 3 期。

② YouTube Creators. *Introducing the shorter side of YouTube*. https://www.youtube.com/creators/shorts/. 2021.

③ Amy Singer. *Introducing the YouTube Shorts Fund*. YouTube Official Blog. https://blog.youtube/news-and-events/introducing-youtube-shorts-fund/. May.11,2021.

用软件，于 2010 年 10 月 6 日创建。2012 年 4 月 9 日，社交网站服务公司 Meta（原名 Facebook）宣布以 10 亿美元的价格收购 Instagram[①]。Instagram 软件设计之初仅支持图片分享。作为一款工具型应用，Instagram 为用户提供了不同滤镜美化功能，用户在创建 Instagram 账户之后便可发布照片，发布内容会显示在用户个人资料中，该用户的关注者将在用户的简介中看到发布内容。同样，用户可以关注 Instagram 上的其他用户并进行评论、喜欢（点亮爱心）、标记（tag）和发送私信等互动。

2013 年 6 月，受当时流行的短视频应用 Vine 启发，Instagram 开始向视频领域进军，在其应用内开设时长 15 秒内的短视频录制及分享功能。2016 年 8 月，Instagram 推出限时动态功能 Instagram Stories，意在为创作者提供随时随地分享自身生活故事的途径，允许用户上传一系列短视频，这些短视频将在发布 24 小时后被删除。2016 年 11 月，Instagram 推出直播功能。2018 年 6 月 21 日，Instagram 向长视频领域拓展，推出 IGTV 竖屏长视频功能，视频不再受 1 分钟的时长限制，每个视频时长最长可达 1 小时。用户无须搜索即可观看已在 Instagram 上关注的和算法推荐的可能感兴趣的内容，用户可通过向上滑动，在"为您推荐""关注""热门""继续观看"之间切换。在 IGTV 里，创作者就是频道，用户可以在应用程序或网络上上传自己的 IGTV 视频，以创建专属频道。[②]

2020 年 8 月，Instagram 推出 Instagram Reels（卷轴），一种在 Instagram 上创建和发现短视频的新功能，以进一步抢占短视频市场。用户可使用音频、效果和视频创意工具录制和编辑时长 15 秒至 60 秒的短视频，并将 Reel 视频分享给他人或 Stories，开放的"Reels in Explore"为所有人提供了成为 Instagram 创作者并在全球舞台上吸引新观众的机会。[③]2021 年 12 月 11 日，Instagram 宣布推出 Reels Visual Replies 功能，即用户可以用视频回复他人发布的视频，这一视觉回复功能与 TikTok 视频回复功能类

① Joanna Stern. *Facebook Buys Instagram for $1 Billion*. ABC News, https://abcnews.go.com/blogs/technology/2012/04/facebook-buys-instagram-for-1-billion/.Apr.9,2012.

② Kevin Systrom. *Welcome to IGTV, our New Video App*. Instagram, https://about.instagram.com/blog/announcements/welcome-to-igtv.Jun.20,2018.

③ Instagram. *Introducing Instagram Reels*. https://about.instagram.com/blog/announcements/introducing-instagram-reels-announcement.Aug.5,2020.

似。立足青年社交圈，主打视觉传达，成为 Instagram 打造自身核心竞争力的关键定位。据统计，全球有 10 亿月活跃用户（Monthly Active User）访问 Instagram 应用程序，有 5 亿日活跃用户（Daily Active User）访问 Instagram 应用程序。①

（三）抖音：扶持头部用户，打造意见领袖

抖音自 2016 年 9 月上线以来，历经 4 年多时间，凭借字节跳动的强大算法推荐技术及出色的运营手段，成为短视频行业的佼佼者。2020 年 9 月，抖音日活跃用户数突破 6 亿，日均视频搜索次数突破 4 亿。②

根据飞瓜数据整理出的抖音头部账号榜单，可概括出 2021 年 11 月抖音平台排名前 20 名的账号名称与类别，如表 1-1 所示，榜单排名依照"飞瓜指数"（抖音号近期运营数据的综合价值评分）排列，数值越大，说明账号内容越优质，"粉丝"黏性越强。通过进一步分析可以看出，抖音平台排名前 20 的注册账号中，娱乐搞笑类账号占比最高，达 55%；日常记录类账号占比第二，达 20%；新闻资讯类账号占比第三，为 15%。其中，新闻资讯类账号为"人民网""央视新闻""人民日报"传统媒体官方账号。

表 1-1　抖音平台 2021 年 11 月飞瓜指数前 20 名账号

排名	播主昵称	类别	认证	飞瓜指数	"粉丝"量（万）	平均点赞量（万）
1	刘德华	娱乐搞笑类	演员、歌手	1,528.76	6,998.0	396.9
2	陈赫	娱乐搞笑类	演员陈赫	1,502.58	7,030.4	60.3
3	疯狂小杨哥	日常记录类	（无）	1,472.88	6,117.8	190.5
4	陈翔六点半	娱乐搞笑类	陈翔六点半栏目官方账号	1,450.18	6,490.0	31.4
5	毒舌电影	娱乐搞笑类	优质影视自媒体、抖音影评团成员	1,430.76	6,068.3	49.7
6	疯产姐妹	日常记录类	（无）	1,369.80	4,299.9	189.9
7	一条小团团OvO	娱乐搞笑类	游戏主播	1,343.94	4,357.8	50.9

① Brian Dean. *Instagram Demographic Statistics*: How Many People Use Instagram in 2021? Backlinko, https://backlinko.com/instagram-users. Sep.10, 2021.

② 抖音：《2020 抖音数据报告》，抖音，https://v.douyin.com/dFFsnmT/，2021 年 1 月 22 日。

续表

排名	播主昵称	类别	认证	飞瓜指数	"粉丝"量（万）	平均点赞量（万）
8	GEM 邓紫棋	娱乐搞笑类	歌手、作词家、作曲家	1,338.51	4,184.0	49.9
9	一禅小和尚	娱乐搞笑类	动漫自媒体	1,336.15	4,694.4	31.0
10	朱两只吖	日常记录类	优质视频创作者	1,330.98	3,711.8	134.8
11	猴哥说车	生活服务类	资深车评人	1,326.64	3,909.3	59.0
12	我是田姥姥	日常记录类	（无）	1,317.25	3,540.0	96.5
13	人民网	新闻资讯类	人民网官方账号	1,313.92	5,286.2	18.2
14	关晓彤	娱乐搞笑类	演员	1,311.67	3,463.8	106.1
15	央视新闻	新闻资讯类	央视新闻官方抖音号	1,310.07	12,997.7	104.3
16	彭十六 elf	娱乐搞笑类	抖音音乐人	1,306.12	3,659.2	65.3
17	张大仙	娱乐搞笑类	游戏博主 游戏视频自媒体	1,302.97	4,374.0	27.9
18	AG 超玩会梦泪	娱乐搞笑类	电竞职业选手	1,287.57	3,401.2	64.0
19	虎哥说车	生活服务类	主持人	1,284.59	3,177.9	55.8
20	人民日报	新闻资讯类	人民日报官方账号	1,280.66	14,277.5	116.0

（数据来源：飞瓜数据，统计时间：2021 年 11 月）

抖音以"记录美好生活"为口号，聚焦都市年轻人，在内容运营上充分利用头部用户的话语权及影响力，发挥意见领袖的引导作用，避免互联网环境"去中心化"带来的信息泛滥及用户注意力分散等问题，在碎片化环境中实现向受众精准化传播。在此平台定位下，抖音在市场推广初期就邀请了大量明星和兴趣达人作为关键意见领袖入驻，并引入高校学生对产品调性及社区氛围进行引导。如 2017 年抖音曾邀请相声演员岳云鹏在微博转发带有抖音水印的视频，将抖音带入公众视野。随后抖音继续采用"明星战术"，相继邀请胡彦斌、鹿晗、赵丽颖、杨幂等明星入驻，通过明星影响力和热门综艺如 2017 年热播的网络综艺节目《中国有嘻哈》《偶像来了》以及《快乐大本营》等，扩大宣传范围。抖音也邀请了大禹、洋葱、贝壳等国内头部 MCN 机构入驻平台，这些 MCN 机构能够提供优质的视频内容。随着抖音平台用户数量的持续增长和 MCN 机构内容制作水平的不断提升，抖音红人内容生态也在逐步完善。

2018 年 7 月，抖音推出品牌广告对接官方平台"星图"，为平台内明星及达人提供视频广告交易服务，并于 2019 年推出了电商小程序、线上快闪店、Dou+ 推广等功能，综合线上和线下的双向推广，店铺可通过设置公里范围、优惠活动、用户年龄等条件，进行付费推广，平台商业化步伐不断加快。2020 年，抖音与火山小视频达成合作，进行品牌升级，将火山小视频更名为"抖音火山版"。2020 年春节期间，抖音与多家卫视春晚合作，借助春晚的传播优势将产品推向更多受众。

抖音也十分重视对头部内容创作者的培养与扶持，提供签约、合制内容等服务，并会在内容分发上给予更多流量倾斜。自 2021 年 12 月 1 日起，抖音电商推出"超新星计划"，为符合条件并参与活动的主播提供专业机构的货盘对接、账号诊断及运营方案。参与活动的主播也可以享受专业机构运营服务及平台流量投放资源，抖音以此扶持具有较高潜力的电商达人。在这种分发机制下，优质内容生产者特别是有带货潜力的内容生产者便会得到更多的平台推荐，获取可观的曝光量，进而得到更大经济收益，实现与平台双赢。

此外，抖音依托明星及网红，也建立起众多趣缘社群，传播趣缘文化，调动受众的互动热情，增强用户黏性。如在短视频制作过程中，用户上传视频时会被引导带上各类话题及标签，例如明星专属话题、热门活动挑战等，这类话题及标签实则为用户设置拍摄主题提供了思路，也吸引了对该主题感兴趣的用户自发观看。各类挑战及话题互动在短视频场景中形成了圈层的社区氛围，再通过人工智能、大数据算法进行精准分发与推荐，实现社群范围的进一步扩大。

（四）快手：聚焦普通人群，构建"去中心化"生态

2011 年，快手作为一个制作并分享 GIF 格式图片的平台上线，成为我国短视频行业的先驱，并于 2013 年至 2016 年逐渐发展为较成熟的短视频平台。以"拥抱每一种生活"为口号，快手早期聚焦于三四线城市受众，面向易被忽略的长尾市场和草根群体。自 2018 年以来，快手开始加强商

业化运作，发展电商业务，不断扩大目标受众群体。

　　快手凭借其内容创造力，获得巨大流量，实现用户数量的迅速增长。《2020 快手年度内容报告》显示，截至 2020 年 9 月 30 日，平台内容创作者占平均月活跃用户的比例约 26%，日活跃用户的日均使用时长超 86 分钟，日均访问快手应用超 10 次。[①]（见图 1-1）

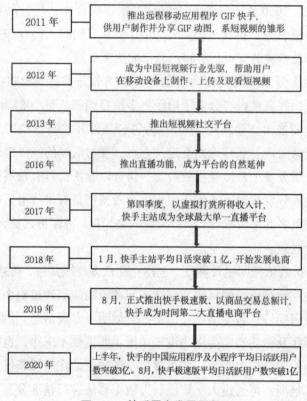

图 1-1　快手平台发展历程

［信息来源：快手官网（https://www.kuaishou.com/about/）］

　　根据飞瓜数据整理出的快手头部账号榜单，可概括出 2021 年 11 月快手平台排名前 20 的账号名称与类别，如表 1-2 所示，榜单排名依照"飞

---

　　① 快手：《2021 快手创作者生态报告》，快手，https://www.kuaishou.com/short-video/3xap8pu znz4tqvi?authorId=3xmp5b98zybuzd4&streamSource=profile&area=profilexxnull，2021 年 4 月 21 日。

瓜指数"。对该表做进一步分析，快手平台排名前 20 的注册账号中，娱乐搞笑类账号占比最高，达 60%；新闻资讯类账号占比第二，达 20%；生活服务类账号占比第三，为 15%。与抖音相比，快手平台的头部账号中，娱乐搞笑类及新闻资讯类账号占比略高。同时，在账号认证分布中，自媒体账号占比 75%，超过抖音平台的自媒体账号占比，且明星账号占比相对更小。

可以看出，在运营方面，与抖音依托明星、扶持头部内容创作者的方式不同，快手签约的明星、网红及主播相对较少，赋予普通用户平等展现生活的机会，形成了以"草根"网红 UGC 作为主体的"去中心化"生产模式。该模式凸显了互联网的典型特征，秉持"平等赋权"的原则，使每个人都可以成为话语传播的中心，提升了普通用户的参与积极性。

表 1-2　快手平台 2021 年 11 月飞瓜指数前 20 名账号

排名	快手号名称	类别	认证	飞瓜指数	"粉丝"量(万)	平均点赞量(万)
1	（略）	娱乐搞笑类	快手音乐人	（略）	（略）	（略）
2	央视新闻	新闻资讯类	中央广播电视总台央视新闻官方账号	1,462.1	6,048.5	122.4
3	人民日报	新闻资讯类	人民日报官方账号	1,462.1	5,385.5	140.6
4	疯狂小杨哥	日常记录类	搞笑幽默领域创作者	1,366.1	4,273.5	164.6
5	新闻联播	新闻资讯类	新闻联播官方账号	1,328.4	4,075.1	65.1
6	白小白	娱乐搞笑类	歌手白小白、快手音乐人	1,307.8	5,079.8	12.8
7	牧童❤和平精英—童家堡	娱乐搞笑类	游戏领域创作者	1,299.5	4,257.1	19.2
8	开心锤锤	娱乐搞笑类	开心锤锤官方账号	1,299.4	3,422.9	63.7
9	Fz方丈	娱乐搞笑类	快手音乐人	1,250.0	3,128.6	20.6
10	（略）	生活服务类	美食领域创作者	（略）	（略）	（略）
11	浪子吴迪	娱乐搞笑类	快手音乐人	1,219.1	3,160.9	16.9
12	中国长安网	新闻资讯类	中国长安网官方账号	1,218.2	1,707.3	42.9
13	AG超玩会王者梦泪	娱乐搞笑类	王者荣耀项目职业选手	1,200.9	3,014.8	14.8

排名	快手号名称	类别	认证	飞瓜指数	"粉丝"量(万)	平均点赞量(万)
14	绝世的陈逗逗	娱乐搞笑类	音乐领域创作者、KSGirls 成员、快手音乐人	1,194.1	2,813.8	15.7
15	王者荣耀	娱乐搞笑类	王者荣耀官方账号	1,192.9	2,117.3	20.1
16	散打哥 1125 预约	生活服务类		1,191.9	5,097.4	3.1
17	难言 x 游戏解说	娱乐搞笑类	游戏领域创作者	1,189.8	1,338.2	86.3
18	韩兆导演（条子哥）	娱乐搞笑类	导演	1,183.2	1,684.9	34.9
19	王者荣耀王小贱·国服猴子	娱乐搞笑类	游戏领域创作者	1,181.9	1,892.7	23.6
20	蛋蛋 11 号决战12.12	生活服务类		1,179.9	4,266.5	3.9

（数据来源：飞瓜数据，统计时间：2021 年 11 月）

在内容推送方式上，快手引入人工智能技术，利用算法驱动模式实现精准化推送，但与抖音相比，快手的算法降低了点赞、评论、播放次数等权重，使视频播放量在达到一定阈值后，曝光机会开始下降，此时，通过加入"热度权重"指标可以为平台的视频推送起到"择新去旧"的效果。因此，在打开快手后，用户会发现虽然被推荐的视频大多数点赞数据较高，但一些点赞数较少的短视频也能够被推荐。此外，快手在标签设置上，并不刻意引导用户对内容和话题进行划分，且在创作者上传视频时，对标签数量的设置被限制为不超过 3 个，平台避免了对用户创作内容的人为束缚和干扰。但另一方面，自由的 UGC 创作环境和运营模式也使快手在内容的专业性和创作水准上存在明显短板，创作质量与 PGC 相比存在一定差距。

在两大头部平台的竞争中，快手开始调整商业策略，加快资本化发展道路，拓展直播电商业务。快手官网显示，快手于 2019 年成为全球第二大电商直播平台。2020 年春节期间，快手成为中央广播电视总台鼠年春晚的独家短视频合作伙伴，采用视频互动、线上拜年等方式，通过抢红包、看春晚等大小屏联动，为广大受众带来交互体验和情感联系。

（五）西瓜视频：依托头条资源，中长视频协同发展

目前，短视频行业内，两强格局稳定，二、三梯队洗牌，[①]行业内长尾效应凸显，二、三梯队平台背靠各自互联网资源，通过特色内容，瞄准细分市场，形成以多样主题或特定主体为定位的差异化市场格局。

西瓜视频作为字节跳动系的"专家生产内容"+"用户生产内容"（Professional Generated Content + User Generated Content，PUGC）视频平台，自2016年5月上线至今，累计用户数已超过3.5亿，日均视频播放量超过40亿，用户平均使用时长超过80分钟。[②]（见图1-2）

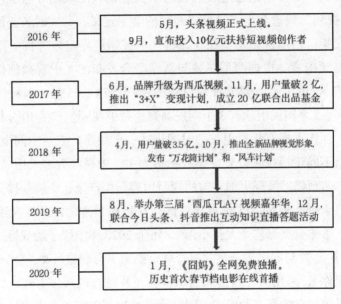

图1-2　西瓜视频发展历程

[信息来源：西瓜视频官网（https://www.ixigua.com/aboutus/）]

西瓜视频依托头条资源，聚焦各种垂类内容，涵盖影视、搞笑、三农、

---

① 中国网络视听节目服务协会：《2021年中国网络视听发展研究报告》，中国网络视听节目服务协会，http://www.cnsa.cn/uploads/20210708/9040a5f9bc56e6fd690005818e087551.pdf，2021年6月2日。

② 西瓜视频官网：《关于我们》，西瓜视频，https://www.ixigua.com/aboutus/。

美食、军事、健康等多个领域。自 2021 年 1 月以来，西瓜视频推出"国风发现计划"，掀起了平台内国风文化的热潮，其将国风文化与时尚内容结合，不仅涵盖了唢呐、钢琴、街舞、翻唱等多种艺术形式，还覆盖到刺绣、服饰、动画等兴趣圈层。平台用户通过各种趣味方式，对国风文化进行个性化解读，如"雁鸿 Aimee"在分享走马灯、三凤冠、头饰、黄金盔甲等原创手工制作的同时与原创妆容进行搭配；"青史说"用动画形式趣味化解读元宵节、春节等中国传统节日的习俗及脸谱、古代刑法等中华传统文化；"毒角 show"以幽默诙谐的街头采访呈现了在好莱坞街头弹琵琶的新奇观看体验，展示了外国人对国风文化的理解。

同时，西瓜视频也通过短视频与中长短视频的联动开启全新战略布局。"中视频"概念至今尚未形成明确的学术定义，其在时长方面与短视频存在交集。西瓜视频总裁任利锋将"中视频"界定为时长 1 分钟到 30 分钟的视频内容。根据西瓜视频与新榜联合发布的《中视频创作人职业发展报告》，近 1 年高频消费中视频的用户数达 6.05 亿，网民渗透率为 64%，即每 5 个网民中就有 3 个网民高频消费中视频。[1] 在 30 分钟之内的时长里，创作人拥有相对更长的时间讲述一个故事，表达空间更加宽裕。形式上，不同于短视频以竖屏模式拍摄为主，中视频大多采用横屏拍摄，以更宽广的画幅，呈现更加丰富的视听内容。生产上，中视频提升了创作门槛，追求创作质量，PGC 占比更高。在长视频方面，西瓜视频于 2019 年上线生活体验类综艺《大叔小馆》，还于 2020 年上线了游戏挑战类综艺《头号任务》，并与同属头条系的抖音联合推出了自制旅行类"慢"综艺《很高兴认识你》，采用抖音直播和西瓜视频正片结合的播出方式，打通短视频、长视频和直播等多种形式。同时，西瓜视频获得了中央广播电视总台《上线吧！华彩少年》和浙江卫视《中国好声音 2020》的独家网络播放权，并通过《上线吧！华彩少年》这一综艺 IP 与其他影视节目进行联动，如《我和我的家乡》在西瓜视频全网独播后，与该节目联合打造网络推广曲《谁不说俺家乡好》，在对传统文化的创新演绎中传递家国之美。长短视频的协同发展为西瓜视频平台内容生产带来了全新面貌。

---

① 翟子瑶：《20 亿补贴、中视频概念，西瓜视频将如何破局？》，网易新闻，https://dy.163.com/article/FPE TD1AC0519QIKK.html，2020 年 10 月 21 日。

（六）微视：微剧＋互动，探索新形式

微视于 2013 年上线，主打时长 8 秒的短视频创作，并在腾讯的推动下，组建了版权合作、平台运营、产品技术及客厅业务四个部门。但由于用户活跃度不高、企业内部人员变动等因素，腾讯微视于 2017 年 4 月 10 日关闭。2018 年 8 月，微视重新上线。作为腾讯旗下的短视频创作平台与分享社区，微视依托社交巨头腾讯的平台资源，不仅有来自 QQ 空间的流量支持和 QQ 音乐千万曲库支持，还邀请到黄子韬、刘昊然、张天爱等数位明星入驻平台。2018 年，微视对平台功能进行更新，推出视频跟拍、歌词字幕、一键美型三大功能，进一步完善产品设计及用户体验，并陆续上线了直播、电商等功能，实现了微视达人从生产内容到商业化变现的发展。

作为平台的差异化发展策略之一，微视推出的微剧内容包括《通灵妃》《通灵妃 2》《摩玉玄奇》等。2021 年春节期间，微视推出由《乡村爱情》演员主演的乡村偶像剧《铁锅爱炖糖葫芦》、改编自腾讯手游《天天爱消除》的治愈微剧《消除吧！烦恼》，以及改编自腾讯动漫同名 IP 的《如梦令》等多部微剧作品。

除微剧外，微视也十分注重对互动内容的打造。在腾讯视频推出的《创造营 2020》《明日之子》等综艺节目中，微视作为其独家短视频合作平台推出了"创造营助力"互动视频功能及"能量补给站""饭拍饭制"等一系列活动。微视用户可以为《创造营 2020》学员制作互动助力视频，其他用户在浏览此类视频时，不仅可借助助力贴纸等功能为学员点赞，还可以将视频分享至微博、微信、QQ 等各社交媒体平台。

第二节　短视频的主要类型

为避免同质化、变现困难等问题，各平台的内容创作从早期的横向扩张转变为垂直深耕，细分领域市场被进一步挖掘。基于用户的多样化需求，短视频平台从基本的衣食住行等领域进一步衍生出各类细分市场。如抖音依据题材类型对平台发布内容进行划分，包括娱乐、才艺、萌宠、搞笑、二次元、游戏、家居、美食、旅游、情感等多个品类；快手也将内容划分为游戏、明星娱乐、影视、音乐、颜值、情感、美食、运动八个分区，创作内容的精细划分不仅方便受众更快捷地找到相关视频，还有助于平台更加精准地锁定目标受众，实现互利共赢。本节将当下短视频平台中各垂类内容概括为新闻资讯类、知识分享类、娱乐搞笑类、日常记录类、生活服务类五大类型。

一、新闻资讯类短视频

新闻资讯类短视频区别于以往的图文新闻，以声画结合的形式传递具有时效性的资讯信息，给受众更为生动、直观的视听感受。该类短视频平台以今日头条、梨视频等为代表。

我国资讯类短视频平台大多采用 PGC 或 PUGC 的内容创作模式，将专业机构与拍客拍摄的新闻内容相结合，形成了生产主体多样化的平台特征。以梨视频为例，作为我国上线较早（2016 年 11 月 3 日上线）且极具代表性的资讯类平台，一方面，平台通过吸引人民网、现代快报等网络媒体或传统媒体入驻，关注热点话题，增强平台内容的权威性和影响力；另一方面，梨视频也在全球范围内建立了强大的拍客网络，征集非专业用户拍摄的视频，再由梨视频编辑对素材进行二次创作，既抓住自媒体创作门槛低的特点，广泛发动互联网时代的拍客力量，又经过专业编辑的把关审核，确保高质量的资讯信息能够迅速传播。

在创作手法上，梨视频发布的新闻大多是文字描述加视频画面的形式，文字部分对视频的核心内容进行提炼。这样的形式可以使用户快捷地获取信息，符合当下用户追求短、平、快的收看心理。在选题上，资讯类短视频的发展逐渐向"普通人"与"正能量"的方向转变。资讯类短视频在选题策划上逐步摆脱传统电视新闻的宏大叙事模式，挖掘普通人身上的非凡之处。如在 2020 年春节前夕，梨视频推出了 2019 年度"平凡之光"人物颁奖活动，其中包括乘车时身挂"勿需让座"胸牌的 76 岁大爷刘增盛，航班上吸尿救人的张红、肖占祥医生，15 年来出资 16 亿元帮助流浪汉回家的易雄等。这类身边"小人物"的鲜活故事经过短视频的传播报道，以情感为切入点，构建了温情的微观叙事模式，充分体现了新媒体时代独特的人文关怀，唤起受众共情，使资讯类短视频内容得以有效传播，起到了教化社会的功能。

近年来抖音、快手等头部综合性短视频平台也越发注重对主流价值观的引领，助力舆论引导、政务宣传。一方面，这展现出官方话语在新型舆论阵地的渗透；另一方面，也呈现出受众在主流内容生产和消费中的自发性与主动性。

在国家政策的有力推动下，我国各级报纸与广播电视主流媒体在自建新闻客户端发布新闻内容的同时，也纷纷入驻各大短视频平台进行全媒体布局。在抖音、快手账号中，不仅包括"人民日报""中国日报""湖北日报""新京报"等传统纸媒账号，还包括"央视新闻""湖北新闻""大象新闻"等中央和地方广电媒体账号。如中央广播电视总台在抖音、快手开设的账号既包括各广播电视频道如"央视新闻""央视财经"，还包括"新闻联播""央视新闻调查"等知名栏目账号。总台"新闻联播"短视频账号中推出的《主播说联播》子栏目，依托总台主播的专业能力和深厚的新闻采制经验，以接地气的话语表达方式，令时政新闻耳目一新。依托短视频平台的庞大用户群体，栏目中的大量热点话题得以在社交媒体上被广泛讨论并迅速传播，栏目推出之初，"今天追新闻联播了吗"一时间成为全网热点。

二、知识分享类短视频

（一）传统文化的多样化表达

近年来，为摆脱"泛娱乐化"标签，短视频平台在垂类内容拓展过程中越发注重对中华优秀传统文化及科学知识的传播。传统文化类短视频以其鲜活的表达方式，将距离人们久远的历史文化内容转化为视听形态，促进了中国优秀传统文化的大众化传播。如抖音与七大博物馆进行合作，推出"第一届文物戏精大会"主题短视频，结合快节奏的音乐、趣味性的特效，将唐三彩、兵马俑等文物通过短视频的方式更加个性化、拟人化地呈现在大众面前，同时配以丰富、形象的表情包以及或可爱、或傲娇、或机智的网红人设进行传播，生动地为受众展现了中华民族历史文化的深厚内涵。各短视频平台也积极开展各类非遗文化类活动，如快手推出了"快手非遗带头人计划"，抖音推出了"谁说京剧不抖音""粉末新声""我要笑出'国粹范'"等活动，依托扎根于民间的各类非遗传承人，带动更多年轻人了解非遗文化，感受中华优秀传统文化之魅力。

传统文化类短视频内容能够获得包括国际网民在内的用户广泛关注与喜爱，其原因也在于这些视频能够以唯美的视听语言呈现中国传统文化意境与民族地域色彩，令劳碌疲惫、缺失田园生活的当代受众得到审美愉悦感受与心灵慰藉。如李子柒的短视频，无论是山药、阿胶等菜品色彩的搭配，还是桃花、白雪等山间景象的选取，都为观众营造出了充满田园气息与古典韵味的审美意境，构建了一幅如诗如画的中式田园生活图景。抖音用户"油纸伞大师（奇人匠心）"是非遗油纸伞传承人，其视频运用了大量特写镜头、慢镜头，完整展示出油纸伞的制作过程，利用伞骨的质感、油纸的纹路及伞面的色彩渲染出汉族传统工艺品的美学意境。因纯真朴素笑容而意外走红的丁真，其短视频聚焦藏族高原人民的日常生活，通过雪山、草原、寺庙等具有浓厚地域风格的场景，为大众营造出神圣、宁静、世外桃源般的少数民族生活图景。

（二）科学知识的大众化表达

随着娱乐类 UGC 内容竞争呈现白热化特点，科普类内容成为各互联网大厂短视频生产的新赛道。B 站推出"知识分享官"计划，为知识创作者提供百万元奖金和上亿流量扶持。抖音于 2019 年推出了"DOU 知计划""向日葵计划""我的科学之 yeah""谁说科学不抖音"等活动，发起全民短视频科普竞赛，培养了"向波老师""只露声音的宫殿君""秋叶 Excel"等一批知识类网红。截至 2019 年 8 月月底，抖音上"粉丝"过万的知识类创作者超过 5.4 万个，累计发布超过 1280 万条知识类短视频，累计播放量超过 1.3 万亿。[①] 数据显示，2020 年新冠肺炎疫情期间，抖音共进行了 99 场一线专家直播，1601 万人在线学习防范疫情知识。[②] 同时，短视频平台还调动优质高校师资力量帮助提升广大青年的专业能力。如抖音开通了高校直播公开课平台，同步在线直播清华大学、北京大学、北京师范大学等一流高校的课程。类别多样的直播课程令学生们在疫情期间能够不出家门地进行学习，提升专业能力。

再如，《中华人民共和国民法典》颁布后，各短视频平台推出了一系列解说视频及互动话题，如"抖说民法典""民法典来了""民法典解读"，以更加通俗易懂的方式形象化地讲解法律知识，从百姓视角带领民众"走进"法典。人民视频也推出《"桃园三兄弟"用上民法典》作品，以大众熟知的"桃园三结义"故事展开对《民法典》的创意解读，其中包括"遇到吃'霸王餐'怎么办""遇高空坠物被砸伤如何处理""婚内单方举债算谁的"等多个民生法律话题，将历史与现实、法律与生活相结合，实现了《民法典》在短视频平台的"软着陆"。快手也联合国家卫健委、交通运输部、教育部等部门发起"快手政在播"活动，针对青少年保护、防震减灾知识宣传、弱势群体保护、未成年人保护等四个不同方向进行安全知识科

---

① 第一财经：《抖音：升级"DOU 知计划"全方位服务知识内容创作者》，中证网，https://www.yicai.com/brief/100325747.html，2019 年 9 月 9 日。

② 抖音：《2020 抖音数据报告》，抖音，https://v.douyin.com/dFFsnmT/，2021 年 1 月 22 日。

普，传授安全技能。

通过"硬"知识的"软"传播，短视频平台的内容创作日益主流化、专业化、系统化，各专业、各领域的知识通过短视频得以汇聚并传播，更好地实现了新媒体时代的知识共享。

三、娱乐搞笑类短视频

娱乐搞笑类视频作为短视频平台的"中流砥柱"，以有趣、新奇的内容打破大众日常生活的平淡，为受众带来解压、放松与快乐。此类短视频包括情感、剧情、动漫、游戏、宠物等多种细分题材，以用户原创内容为主。

"陈翔六点半"以制作1~7分钟的原创喜剧迷你剧为主要内容，根据社会热点、网络段子等素材进行视频创作，以夸张、幽默的方式讲述生活与工作中的酸甜苦辣，内容场景多样。该账号广泛入驻了微视、美拍、秒拍、抖音、快手等短视频平台，其抖音账号"粉丝"数超过6000万，快手账号"粉丝"量超过2000万，是两大平台的头部账号之一。账号"我是田姥姥"通过展现慈祥的田姥姥与调皮的外孙子之间的日常互动，塑造了具有辨识度的人物形象，亲切、市井化的视频风格，人物开朗乐观的生活态度，为观者带来诸多治愈感受。其抖音账号"粉丝"数超3500万，快手账号"粉丝"数超1100万。

为提升视频质量，满足不同受众的观看需求，由专业生产团队制作的微剧、微综艺也是近年来颇受关注的娱乐类短视频内容。微剧综内容生产成本可控，具有更可观的商业转化率。在之前"小打小闹"的个案式探索基础上，近年来微剧综正迈入主流化、成熟化和精品化发展阶段。2021年，快手推出"快手星芒短剧"计划，抖音推出短剧新番计划，扶持短剧创作者。微综艺方面，抖音出品的《归零》《每个我》《魔熙先生+》等以流量明星、网红为主体的代表性微综艺作品，展现了明星工作之外的个人故事。众多微综艺的创作将纪实拍摄手段和综艺风格进行融合，并采用竖屏拍摄方式，在拍摄取景、镜头剪辑等方面进行了突破性尝试。

四、日常记录类短视频

日常记录类短视频包括依托熟人或陌生人社交关系展示个人生活的社交分享类短视频，也包括记录普通人日常生活的微纪录片作品。这类短视频更加注重纪实性、个性化和社交化，在内容上注重通过某个话题或现象激发受众的好奇心与共鸣，从而引发模仿、分享和评论等行为。

（一）增强仪式感，注重私域表达

移动互联网环境下，年轻人已不再满足于利用文字、图片等单一形式进行生活分享和情感抒发，由此，产生了短视频互动的新型社交形式，创作者通过拍摄视频记录生活，如旅行、学习、生活、工作，全方位、立体化地将个人的心理感悟与日常状态加以展示，以影像代替单一的文字或照片记录。

带有社交属性的日常记录类短视频具有鲜明的特征。首先，内容创作具有强烈的个人化风格。作为记录个体情感与心理的工具，视频中的镜头语言和人物形象往往具有极强的个性化色彩，既实现了创作者展现自我的表达欲望，又满足了受众获得情感联系与归属感的需求。其次，内容创作满足了用户对生活仪式感的需求。创作者需要对拍摄和剪辑进行精良的构思与设计，将视听表现与日常生活等场景相配合。其中，场景的变换、人物行动乃至出镜物品都需要进行精心安排，不仅反映出创作者的生活态度，也迎合了现代年轻人的审美品位。为追求生活仪式感而去拍摄、发布作品也成为现代青年群体在面对快节奏的生活以及工作和家庭压力下，提升生活兴趣、追求生活质量的解压途径。如微博博主"杏仁帝君"以分享北漂、沪漂生活为主要内容，配以轻松舒缓的背景音乐，营造出闲适悠闲的生活场景，包括出租屋的独居生活、日常饮食、周末娱乐等，展现"95后"青年的生活状态。其视频更新频率为每周 2~3 次，每条时长为 2~3 分钟，包括回老家看望父母、独自过中秋及下班后的平常夜晚，从准备晚饭到刷剧等内容，画面风格呈暖色调，背景物品干净整洁，并配以"你过得还好吗""让自己变强大"等文案，体现出年轻人追求生活质感与坦然把握人生的乐观心态。再次，这类视频的创作场景聚焦私人生活空间。短视频的拍摄进入创作者的个体空间，如卧室、宿舍、厨房，模糊了私人生活与公共空间的界限。同时，基于短视频的消费属性，大量创作者也在视频内容中有意识地将私人空间展现出来，以满足受众的好奇心，吸引更多流量与关注。因此，当下日常记录类短视频也应该警惕视频记录带来的异化，以及大众传播对个人隐私的威胁。

（二）多元化互动，提升用户参与度

日常记录类短视频为受众营造出共同在场的虚拟空间。依托大数据的算法推荐分发模式，短视频为具有相同兴趣爱好的受众提供了社交平台，使受众成为讨论议题与社会热点的参与者，推动了受众与受众、受众与创作者、名人与普通人之间的"亲密"互动。短视频平台的常见互动方式主要包括点赞、评论、转发、分享以及弹幕等。日常记录类视频通过互动行为拉近与受众间的情感关系。此外，短视频平台也推出更加多元的互动形式。如抖音通过"道具跟拍、合拍"等形式建构出更为丰富的社交场景。用户可以与视频创作者或其他用户进行"合拍"或"翻拍""拍同款"等，以二次创作的方式丰富短视频的社交形态。再如，每年春节期间，抖音、快手、微视等平台都会推出各种带有春节传统习俗元素的活动，以抢红包的形式鼓励用户拍摄拜年短视频互送祝福，在拍摄、转发的过程中，用户也可以收集并交换过年"福卡"。此类活动的强互动性推动了短视频平台的用户进行分享。通过多元化的互动方式，具有相同兴趣的受众便可聚集在同一圈层进行信息分享，有效增强了平台用户的黏性。

（三）贴近真实生活，实现共情传播

除展示个人生活的社交分享类短视频外，日常记录类短视频也包括"一条""二更"等微纪录片作品。该类短视频内容关注人与人、人与社会以及人与自然之间的关系，体现了对现实主义题材的关注。这类短视频秉承纪录片的真实性原则，借助契合移动互联网环境的叙事技巧，突破了传统纪录片的叙事手法。

倡导生活美学的"一条"于2014年9月上线，可被理解为包裹着内容外衣的电商平台。作为具有短视频、电商、线下零售功能的综合类媒体，其旗下包括"一条"与"美食台"两个短视频平台，每条视频时长大多为3~5分钟，目前拥有超过3500万的线上订阅用户。"二更"诞生于2014年11月，作为纪实类短视频平台，在每晚"二更"时分推送一部原创纪实视频。自2017年起，"二更"开始打造"更城市"新媒体矩阵。

微纪录片主要呈现出以下特点：首先，在选题上，纪实短视频多聚焦小人物身上的闪光点，以平民化的视角，记录每个小人物背后的感人故事。如"二更"依托专业团队，微纪录片的前期策划、拍摄，以及后期包装，均由专业人员完成。其中，深受用户喜爱的"身边人"和"手艺人"两个栏目分别记录了社会中的身边人以及有着精湛手艺的工匠们，表现普通人的陪伴与坚守。抖音于2020年推出了《走丢的神仙们》《追影》《老手》三部非遗题材微纪录片，通过纪实的拍摄手法，以身处各地的非遗传承人为线索，讲述了非遗从业者在新媒体浪潮中面临的机遇与挑战，也展现了贵州银饰锻造、宫廷杭绣、陕西皮影等经典非遗文化的艺术底蕴。基于短视频的"短平快"、日常化属性，非遗题材微纪录片逐渐向年轻态、快节奏的方向发展，更容易被受众所接纳，也更便于受众参与和分享。新冠肺炎疫情期间，许多自媒体创作者纷纷结合抗疫主题，以平民化的叙事方式，记录奋斗在一线的医护人员、志愿者、普通市民、社区工作人员、外卖骑手等各行各业人们抗击疫情的真实故事。如武汉志愿者小林拍摄的《武汉日记2020》、日本导演竹内亮拍摄的《南京抗疫现场》《好久不见，武汉》等，不仅满足了受众了解抗疫进展的需求，还充分发挥了自媒体在突发公共事件中的优势。同时，聚焦个人故事的微观叙事视角也形成了对国家宏观叙事的有益补充，更加立体、丰满地展示出人们在危难时刻相互陪伴、齐心抗疫的社会全景。其次，这类视频在叙事视角上往往以第一人称的"内视角"展开故事。通过主人公自述个人故事，以及细节和片段的内容补充，使用户在整个观看过程中始终作为聆听者与旁观者，倾听他们讲述自己的经历。由于时长较短，该类纪录片往往无法呈现较为庞大的故事题材，往往由小见大、以点带面，因此，以内视角展开情节不仅成为该类纪录片碎片化叙事和塑造人物的最佳选择，也便于做到更自然的情感流露。从选题和叙事视角入手，这些微纪录片展现了社会温度与烟火气息，呈现出独特的生活质感。

五、生活服务类短视频

随着移动支付和网络购物成为大众惯用的消费手段，人们的消费行为逐渐由实体空间转移到网络空间。从微博、微信、豆瓣到抖音、快手、小红书等平台，社交媒体的迅猛发展使得短视频带货成为大众网络消费的新潮流，"安利种草""网红打卡"等现象屡见不鲜。生活服务类短视频，通过打造"种草"指南，引导人们"打卡"消费。短视频天然的"带货"属性使其在市场中享有"种草机"的称号。"种草""拔草""打卡"等都是当下流行的网络术语，其中"种草"主要指通过进行商品宣传刺激受众产生购买欲望，而"拔草"是指在"种草"之后最终完成了消费行为。

生活服务类短视频推荐的内容以商业产品、消费空间为主，主要可概括为：（1）探店、美食、生活分享；（2）旅行、摄影、学习、美妆；（3）服装、护肤、美发、烘焙，等等。此类短视频通过分享日常好物、护肤美妆等各种生活技能和探寻旅游景点等，使受众在观看的过程中不仅了解了各类生活服务信息，也提升了审美情趣，产生对相关产品的购买冲动，或到美食圣地、旅游景区的消费冲动。

社交媒体拓宽了大众消费的领域与空间，受众的消费场所不再仅限于城市景点、商业街、名胜古迹旅游区等，而是囊括了更多以饮食、娱乐为导向的类型丰富的"打卡地"，形成"商业地标""历史街巷""旅游名片""餐饮美食""休闲娱乐""特色小店""艺术场馆"等多种类型。许多年轻人通过短视频平台查询旅行目的地信息，进而制定消费攻略，做出消费决策。譬如主打年轻人生活方式的小红书 App 上便有大量"好物推荐""种草课代表""护肤分享"等关于产品宣传推荐的各类视频。同时，"打卡经济"也使得旅游短视频创作者提升了将其衣食住行游购娱的各方面经验呈现给受众的意愿，创作者以此来收获更多的流量和关注。这种良性的互动循环也促进了旅游类短视频在各大短视频平台上大放异彩。消费者通过"种草""打卡"行为体会到"仪式感"，获得心理上的愉悦满足。如此，短视频中的"打卡"现象延伸到线下，受众根据网红短视频推送的相关美食、地区等，到线下体验真实美食和美景。抖音发布的《2020 抖音数据报告》显示：2020 年抖音见证了全国旅游业的复苏，国庆期间全国景点日均打卡量超过春节期间 10 倍，武汉作为点赞量最高的城市，获得了超 83 亿次"赞"。[①]可以看出，短视频的宣传带动了一批网友在线下景区打卡，形成了独有的打卡圈层。

社交媒体平台覆盖的消费群体跨越各个社会阶层，其构建的新消费空间形成了"个性"与"从众"的综合体。一方面，"网红打卡"存在盲目追逐热点的跟风现象，各类网红明星可以快速吸引网友蜂拥而至，如张艺兴的老街、摩登兄弟的安东老街等；另一方面，各类特立独行、小众冷门的艺术打卡地也成为用户追求个人品位的必选项。因此，社交媒体的"打卡地"既体现出大众化的市井消费特点，又彰显出基于身份认同的小众需求。

---

① 抖音：《2020 抖音数据报告》，抖音，https://v.douyin.com/dFFsnmT/，2021 年 1 月 22 日。

第三节　短视频的盈利模式

5G 商用与内容的丰富使短视频用户数量近年来暴发式增长，如何将庞大的流量转化为平台盈利，成为短视频持续发展的关键。各平台积极探索多元盈利模式，包括广告模式、用户内容打赏和电商分成等，推动平台的一体化运作，实现多维度的商业变现。

一、广告收入

广告收入是大众媒体最普遍的变现方式，是指平台运营者或内容生产者通过展现品牌或商品信息获得盈利的商业模式。与长视频相比，短视频时长较短，无法采用长视频常用的贴片广告、口播＋标板等广告形式，因此，短视频在广告模式上探索出开屏广告、产品植入、信息流广告以及贴纸合作等多种形式，将各品牌或产品信息融入短视频中，并通过收取品牌方费用或与品牌方进行广告分成的方式，实现商业变现。

开屏广告即启动页广告，指在 App 启动页上展示静态图片、动图或者视频样式的广告素材，展示时长一般为 5～15 秒，内容展示完毕后即自动关闭并进入 App 主页面。该形式往往用于新品发布、平台活动及热门话题预热等广告内容。如华为 P20 系列在抖音平台投放开屏广告，并进行落地页引流，用户可以直接点击购买。由于开屏广告出现的时间是用户打开 App 的启动阶段，因此对用户在使用过程中的干扰相对较小。同时，开屏广告也包含静态开屏、动态开屏、扭动开屏、EyeMax 开屏等多种交互样式，可根据品牌的营销诉求选择差异化的表现形式。多元化的开屏方式强化了用户与广告主的联结，有利于提升点击通过率（Click-Through-Rate，CTR）等数据指标。如三星 GalaxyS10 系列采用动态开屏的方式在抖音平台投放，为受众带来更具观赏性的视觉体验。动态开屏形式与用户打开抖音观看短视频的心理预期相符，接受度更高。在素材投放方面，该三星广告采用动画形式，在有限的时长内，突出产品超强防抖的功能卖点，用趣味化的形式打造产品的特色品牌形象，拉近了产品与年轻用户之间的心理距离，增强了品牌活力。

产品植入即广告商会选择契合自身品牌风格及商品调性的明星或关键意见领袖为品牌或商品进行宣传推广，利用"明星效应"将广告信息传递给受众，提升品牌或产品的知名度。短视频平台在经过一段时期的发展后会积累一批头部账号，这些账号拥有大量"粉丝"群体，广告商通过与这些头部账号合作，能够获得用户对商品的更多关注，潜移默化地影响用户的消费行为。

信息流广告即借助算法推荐、标签设定等方式，通过图文、视频等形式进行定向投放，根据广告主需求选择推曝光、落地页或者应用下载等。这一广告形式往往具有流量庞大、体验感好以及定向精准等优势。如汽车品牌宝马 BMW X3 在上市推广过程中采用信息流广告的形式在抖音及微信朋友圈进行投放，根据抖音的平台属性，宝马 X3 搭载电影《神奇爸爸》的预告片以信息流广告形式在平台发布，该广告在 2018 年 6 月 15 日与 7 月 15 日两次霸屏抖音，总播放次数超过 2 亿次，带动主页访问 106 万次，收获点赞量共达 127.8 万，[①] 这一形式帮助品牌快速聚合了用户流量，令宝马 X3 "无处不担当"的品牌理念深入人心。

贴纸广告是指为指定品牌定制短视频贴纸，用户在拍摄时可在下方贴纸栏进行下载并使用，包括脸部挂件、前景贴纸等，这类贴纸广告由于形式生动，往往用户接受度高，能够激发用户主动传播行为，提升品牌好感度。2021 年春节期间，屈臣氏设计了具有特色的"态度宣言"贴纸以及魔性洗脑的专属背景音乐，获得年轻消费者的喜爱。诸多新鲜的广告形式

---

① 搜狐网：《宝马的广告，你学不来！》，搜狐网，https://www.sohu.com/a/242646416_487881，2018 年 7 月 22 日。

为短视频平台的商业变现提供了更多可能。

二、内容打赏收入

短视频平台在直播领域展现出巨大的发展潜力。除了传统的秀场、游戏直播外，短视频平台直播内容也包括综艺节目、体育赛事、二次元等泛娱乐直播以及新闻直播。截至 2021 年 6 月，我国网络直播用户规模达 6.38 亿，同比增长 7539 万，占网民整体的 63.1%。其中，电商直播用户规模为 3.84 亿。①

在短视频"引流＋变现"的商业模式带动下，快手和抖音的直播业务近两年来发展迅猛。快手在 2018 年直播收入超过 YY 直播，之后一路扩大领先优势，成为第一大网红直播打赏平台。② 直播内容上，短视频平台的直播主要以聊天互动、音乐演唱、舞蹈表演为主，主播通过直播引导用户打赏，或将受众导流至产品购买界面。抖音和快手等平台还推出直播同城榜、带货榜等榜单吸引普通用户关注，设置背包和礼物等道具，并为连续打赏的用户提供各类专属特效功能，增强用户在直播间的存在感，促进用户消费，提升观看黏性。针对明星主播，利用已有"粉丝"对于明星的认同心理，推动"粉丝"产生打赏行为，带来直接经济效益；对于非明星主播，一些网络主播也通过特色内容形成了较为稳定的核心观看群体。直播中用户打赏的虚拟货币可以在平台进行变现，主播与平台共享直播经济收益。

伴随着直播行业的爆发式发展，诸多传统媒体也加入直播阵营。如"央视新闻""央视网""人民日报"及"新闻联播"等均依托抖音、快手头部短视频平台的官方账号进行直播。如表 1-3 所示，截至 2021 年 9 月 10 日，快手平台"央视新闻"直播场次累计达 2050 场，"新闻联播"直播场次累计达 981 场，"央视网"直播场次累计达 509 场。快手平台中"央

① 中国互联网络信息中心（CNNIC）：《第 48 次中国互联网络发展状况统计报告》，中国互联网络信息中心，http://www.cnnic.net.cn/hlwfzyj/hlwxzbg/hlwtjbg/202109/P020210915523670981527. pdf，2021 年 8 月 27 日。

② 金投网：《2020 快手巨亏百亿，却估值 500 亿，融资 70 亿美元上市，目的何在？》，金投网，https://baijiahao.baidu.com/s?id=16898416591392771166&wfr=spider&for=pc，2021 年 1 月 25 日。

视新闻"通过直播打赏收入 318.24 万快币（约合 31.82 万元人民币），"央视网"通过直播收入 467.04 万快币（约 46.7 万元人民币）。直播用户打赏虽然不是主流媒体的主要收入来源，但在短视频平台引入直播，也为主流媒体带来了"引流＋变现"的新增收形式。

表 1-3 部分传统媒体快手直播数据统计

快手直播数据				
账号名称	直播总数	礼物总收入	平均单场直播时间	场均礼物收入
央视新闻	2050	318.24 万快币 （约合 31.82 万元）	1 小时 17 分 45 秒	2,120.19 快币 （约合 212.02 元）
新闻联播	981	4.63 万快币 （约合 4,627.5 元）	44 分 40 秒	71.41 快币 （约合 7.14 元）
央视网	509	467.04 万快币 （约合 46.7 万元）	12 小时 18 分 25 秒	1.16 万快币 （约合 1,158.91 元）
CCTV4	58	2559 快币 （约合 255.9 元）	6 小时 53 分 33 秒	51.18 快币 （约合 5.12 元）
央视文艺	46	634.04 万快币 （约合 63.4 万元）	3 小时 7 分 25 秒	17.14 万快币 （约合 1.71 万元）
央视社会与法	40	4 快币 （约合 0.4 元）	1 小时 59 分 13 秒	0.24 快币 （约合 0.02 元）

（数据来源：快手 App，统计时间：2021 年 9 月 10 日）

三、电商分成收入

自 2016 年直播电商拉开序幕起，淘宝、京东等平台率先入局，陆续上线直播、购物等功能。随后，2017 年抖音也上线了直播功能，并于 2018 年 12 月开放购物车功能。2018 年，快手上线快手小店作为快手 App 内上线的商家功能，将平台流量转化为经济收益，快手小店不仅为用户提供便捷的商品购买服务，还为商家提供了多元的网络售卖渠道。布局电商业务的平台既包括淘宝、京东、拼多多及蘑菇街等在内的传统电商平台，也包括快手、抖音、斗鱼、哔哩哔哩等利用其资源及流量优势逐渐新增电商业务的短视频平台。2020 年，淘宝直播商品交易总额（Gross Merchandise Volume，GMV）规模达到 4000 亿元，快手和抖音 GMV 规模分别达到 3812 亿元和 1700 亿元，淘宝直播、快手、抖音成为直播电商平台三大巨头。①

受电商带来的巨大红利吸引，大量资本进入短视频及直播电商领域，带动了电商产业生态不断升级。电商重塑了商品的营销模式，形成了由供应端、平台端和消费者共同构成的产业链。

供应端主要包括商品供应方，如商品厂商、经销商、品牌商等，以及内容创作方包括主播及 MCN 等；线上直播间所带来的流量，吸引了大量优质内容创作者的加盟，主播类型也不断丰富，其中包括知名头部网红主播、各类自带流量的明星名人、商家自建直播团队，以及洛天依、初音未来等深受二次元用户喜爱的虚拟主播。电商直播作为新兴的传媒产业，依托互联网的产业运作模式，不仅培养了一批优秀的业内主播，还吸引了大量业外名人参与。名人参与电商直播有两种形式：一种是以客串嘉宾身份进入头部网络主播直播间，以助演身份参与其中，既能由网络主播主导带货流程、确保专业性，又能发挥名人效应带来天然流量优势，提升商家品牌影响力，增加直播间的流量和曝光度。明星与主播之间的跨圈层互动也更容易吸引"粉丝"关注，甚至有些互动登上微博热搜。另一种形式为明星个人开通直播间或创办 MCN 公司或与 MCN 签约。如陈赫、杨颖、刘涛、贾乃亮等多位明星在抖音、快手、淘宝等平台进行电商直播。

平台端包括淘宝、京东、蘑菇街、拼多多等传统电商平台，以及抖音、快手等具有电商服务功能的短视频平台。供应端为电商平台提供货源，并对接相关 MCN 机构及主播，将产品引入直播平台，制定直播方案并进行内容输出。在此过程中，短视频平台通过分成的方式，将用户引流至淘宝、京东等传统电商平台，引导消费者在电商平台实现变现，也可自建平台，如抖音小店、快手小店、有赞平台，实现平台内部的变现转化。该类收益主要来自按照成交额的一定比例收取的佣金。采用电商直播形式可以更加全面地为观众展现产品信息，并增强消费者与主播的交流互动，提高购买转化率。

此外，电商直播所形成的"直播助农""短视频扶贫"等新模式也成

---

① 中国国际电子商务中心研究院：《2021 年中国直播电商产业研究报告》，中国国际电子商务中心研究院，https://ciecc.ec.com.cn，2021 年 7 月 21 日。

为我国推动消费、促进就业的扶贫新路径，其公益价值及社会意义不断凸显。如2020年4月中央广播电视总台发起"谢谢你为湖北拼单"直播活动，为湖北农产品带货，直播累计观看次数1.2亿，两个小时卖出4014万元的湖北农产品。①

四、其他收入

短视频的其他盈利模式还包括会员制付费、线下终端导流等。会员制付费即用户需要通过付费注册会员来观看某些平台内容。西瓜视频、哔哩哔哩等均推出了会员制度，但由于短视频自身的UGC内容生产属性，会员制的盈利模式发展存在局限。目前的会员制付费内容往往为平台内的长视频内容，如西瓜视频会员费为6元/月，付费内容主要集中于平台内的电影资源，哔哩哔哩的大会员费为25元/月，付费内容一般为平台自制综艺、纪录片节目及其他各类题材影视剧。而抖音、快手等平台尚未推出会员模式。

为线下终端导流也是短视频平台的盈利模式之一。平台通过线上短视频内容吸引潜在消费者，提升曝光量和影响力，与"粉丝"建立信任关系，并将"粉丝"转化为消费者，导流到线下的终端服务，完成流量的转换。如一条自2014年以来以原创短视频内容在平台上积累了大量订阅用户，在2016年上线电商平台后，又于2018年在上海开设了三家线下直营店，打通线上线下的零售系统。此后，一条又陆续在南京、济南、北京等多地开设线下店铺，持续推出店铺调整与优化策略。平台通过对线上电商与线下直销营销模式的整合，实现了从线上到线下的产业链拓展。

---

① 张璟：《助农直播为湖北农产品"带货"》，腾讯网，https://new.qq.com/omn/20200411/20200411A0BPDO00.html?pc，2020年4月11日。

我国报纸媒体短视频的建设与问题

新媒体的兴起，给以报纸为代表的传统媒体带来了史无前例的挑战。10 年来，我国报纸的阅读率急剧下降，2020 年我国成年人报纸阅读率为25.5%，[①] 而这一数字在 2011 年时为 66.8%。[②] 报纸媒体受众群体流失和老化，新媒体兴起导致广告分流，报业广告经营盈利空间丧失，广告经营渠道严重萎缩，报纸媒体高层出走，骨干力量流失严重等，[③] 使传统纸媒遭遇"寒冬"，不少报纸不得不以停刊或休刊的方式与读者告别。

2009 年 8 月 28 日，中国记协机关报《中华新闻报》因自身经营不善，宣布停刊，成为中国媒体市场化进程中首家出局的中央级媒体。近年来，我国报纸媒体的停刊浪潮进一步扩大，中国报业发展报告显示，2018 年53 家报纸停刊，2019 年 34 家报纸休停刊，仅在 2020 年 1 月 1 日当天宣布停刊的报纸就有 12 家。据《2020 年中国媒体融合发展报告》不完全统计，2020 年《城市快报》《武汉晨报》《成都晚报》《遵义晚报》等 30 余家报纸休刊或停刊。2021 年 7 月 30 日，《新京报》宣布，为进一步推动媒体深度转型融合，该报由日报（每日出版）改为一周五刊（周一至周五出版，周六、日休刊），逢国家法定节假日休刊。《新京报》报纸内部系统只剩下 7 个人，其余的已经全部转型新媒体。[④] 无论是停刊、削减发行期数，还是精简人员结构，都表明报纸媒体面临日益严峻的生存危机，亟待思考

---

① 中国新闻出版研究院：《第十八次全国国民阅读调查成果发布》，国家新闻出版总署，http://www.nppa.gov.cn/nppa/contents/280/75981.shtml，2021 年 04 月 25 日。

② 温璐、许心怡：《第九次全国国民阅读调查：图书阅读率为 53.9%》，人民网，http://culture.people.com.cn/n/2012/1025/c22219-19389186.html，2012 年 10 月 25 日。

③ 甘险峰、郭洁：《5G 与人工智能技术赋能下媒体融合的新发展——2019 年中国新闻业事件回顾》，《编辑之友》2020 年第 2 期。

④ 温静：《干报纸的只有 7 人！〈新京报〉将改为周五刊》，传媒内参，https://mp.weixin.qq.com/s/e5Eqdo3FXvKX_JPdD_POog，2020 年 12 月 18 日。

转型战略。

与广电媒体相比，视频产品虽然并非报纸媒体的天然优势，但许多传统报纸媒体通过向短视频"借力"，不仅在竞争激烈的新媒体传播环境中生存下来，还在媒体融合大潮中转危为机，通过聚拢优势资源、抢抓新闻时效、加快技术创新、打造地域矩阵等方式方法，制作了诸多拥有场景化、情感化、互动性等特点的短视频内容，满足受众在新型传播环境下的信息需求。目前，我国传统报纸媒体短视频传播的移动终端渠道主要有两类。一是依托自建新媒体平台的传播模式。"两微一端"中的移动客户端是报纸媒体构建舆论引导新格局的重要发声平台。另一类则是传统纸媒以入驻短视频平台和其他新媒体平台模式，实现内容输出。以抖音、快手为代表的短视频聚合平台异军突起，形成了"两超多强"的短视频市场格局。截至 2020 年 9 月，短视频平台月活第一梯队被抖音和快手占领，月活跃用户数分别达 6.7 亿和 5.3 亿，[①] 而其他平台用户量级均未达 8000 万。抖音、快手等短视频平台凭借庞大的流量和用户群，吸引了中央、地方报纸和报业集团旗下产品的入驻。

习近平总书记在十九届中共中央政治局第十二次集体学习时指出："党报、党刊、党台、党网等主流媒体必须紧跟时代，大胆运用新技术、新机制、新模式，加快融合发展步伐，实现宣传效果的最大化和最优化。"[②]短视频以其高度的参与性、视觉化、社交场域的强互动性等特征，更符合当前新的舆论环境。加快报纸媒体与短视频的融合，能够帮助传统媒体在互联网时代找到新的生存与发展空间。本章梳理我国报纸媒体在自建客户端以及抖音、快手等平台的短视频发展历史与现状，探寻报纸媒体短视频发展的经验与问题。

---

① 国家广播电视总局监管中心、中广联合会微视频短片委员会：《2020 短视频行业发展分析报告》，镝数据，https://www.dydata.io/datastore/detail/1947922615956017152/，2020 年 12 月 8 日。

② 新华社：《习近平主持中共中央政治局第十二次集体学习并发表重要讲话》，中国政府网，http://www.gov.cn/xinwen/2019-01/25/content_5361197.htm，2019 年 1 月 25 日。

第一节　中央级报纸媒体短视频发展历程

2013 年 8 月 19 日，习近平总书记在全国宣传思想工作会议上指出，"很多人特别是年轻人基本不看主流媒体，大部分信息都从网上获取"，必须正视这个事实，加大力量投入，尽快掌握舆论战场上的主动权，不能被边缘化。[①] 短视频行业异军突起，积聚了庞大的用户规模，大部分中央报纸媒体也紧跟新媒体发展步伐，将发展短视频作为打造新型主流媒体的重要抓手，在全媒体传播体系建构中发挥积极作用。

一、中央级报纸媒体短视频发展概述

根据中国记协 2020 年第九届理事会第六次常务理事会确定的中国记协会员名录，本章将我国现阶段 18 家"中央主要新闻单位"作为研究对象。[②] 由于通讯社、广播电视媒体、杂志社并非报纸媒体，因此本章对除新华社、中央广播电视总台、求是杂志社、中国新闻社之外的其余 14 家依托纸媒的中央主要新闻单位的短视频发展进行梳理与分析。

《中国新媒体发展报告（2020）》显示，新媒体已成为中国网民获取新闻信息的重要渠道，我国超过一半的手机网民安装了新闻客户端，54.6%

---

① 中国共产党新闻网：《习近平在全国宣传思想工作会议上的讲话》，中共中央网络安全和信息化委员会办公室，http://www.cac.gov.cn/2014-08/09/c_1115324460.htm，2014 年 8 月 9 日。

② 中国记协网：《中国记协会员名录（共 214 家）》，http://www.zgjx.cn/2020-11/13/c_139510644.htm，2020 年 11 月 13 日。

的用户关注新闻信息是否具有直观的多媒体表现方式,如音视频、直播等。[1]
我国报纸媒体通过开发新闻客户端试水移动短视频、直播领域,其中,拥
有强大内容生产力的中央级主要报纸媒体在新闻客户端建设中崭露头角。

表2-1　中央主要报纸媒体客户端下载情况

排名	客户端	所属新闻单位	安卓应用市场 累计下载量（万次）
1	人民日报	人民日报社	43,927.6
2	China Daily	中国日报社	5,053.4
3	经济日报	经济日报社	3,193.2
4	光明日报	光明日报社	2,141.1
5	中国青年报	中国青年报社	1,369.9
6	解放军报	解放军报社	920.6
7	工人日报	工人日报社	408.4
8	海客新闻	人民日报社	58.6
9	法治号	法治日报社	17.2
10	政协号	人民政协报社	6.0
11	中国妇女报	中国妇女报社	2.3

（统计时间：2021年12月6日）

如表2-1所示,对国内安卓应用市场（包括:华为、小米、vivo、
OPPO、魅族、应用宝、百度、360、豌豆荚等）累计下载量统计发现,
10家新闻单位开设了客户端,其中人民日报社共开设人民日报及海客新
闻（人民日报海外版App）2个客户端。人民日报客户端下载量一家独大,
在安卓应用市场下载量超过4亿,China Daily、经济日报、光明日报、中
国青年报4家客户端下载量过千万,解放军报、工人日报客户端下载量超
过百万。除了人民政协报社推出的政协号客户端致力于建设报纸数字化阅
读系统,未设置短视频功能外,其余9家中央级媒体客户端均设置了短视
频栏目。

除自建新闻客户端平台搭载短视频外,中央主要报纸媒体也以入驻头

---

[1] 李雪钦:《〈中国新媒体发展报告（2020）〉出炉 短视频走上发展新赛道》,人民网,
http://finance.people.com.cn/n1/2020/0805/c1004-31810445.html,2020年8月5日。

部短视频平台的方式推进其短视频发展战略。新京报传媒研究对境内主流媒体在抖音上所开设的账户 2019 年播放量、评论量、点赞量、分享量以及"粉丝"量等的排名（2020 年 12 月 7 日发布）显示，人民日报、光明日报、中国日报、经济日报、经济日报视点、中国青年报 6 家中央级报纸媒体上榜十大平面媒体类抖音号。①

表 2-2　中央主要报纸媒体及其直属企业抖音平台短视频发布情况

序号	中央级新闻单位	抖音账号数量	抖音账号	视频量（万）	获赞量（亿）	"粉丝"量（万）
1	人民日报社	37	人民日报、人民日报+、人民日报国际、人民日报出版社、人民日报体育、人民日报数字传播、人民日报全国党媒平台、人民日报文创、人民日报人民文旅、人民日报社新闻信息中心、人民网、人民视讯、中国能源报、生命时报、人民名品、人民好医生、人民论坛、健康时报、人民名茶、人民数据、人民视频、人民信产、海外网、人民优选、全民说爱、环球网、中国汽车报、环球时报、环球时报英文版、环球时报社市场中心、环球 5G、环球时报融 PING 计划、环球萌圈、环球人物、环球 Tech、环球视角、环球旅游周刊	6	107	25,851
2	中国青年报社	2	中国青年报、青蜂侠	4	11	2,561
3	中国日报社	2	中国日报、中国日报汽车	0.70	13	3,473
4	光明日报社	4	光明日报、光明日报出版社、光明日报文化强国、光明网	0.65	9	4,057
5	经济日报社	2	经济日报、经济日报视点	0.45	8	2,134
6	法治日报社	2	法治日报、法治周末	0.39	0.05	147

① 中国新闻史学会应用传播学研究会:《全国媒体抖音号排名,呈现两极分化趋势》,搜狐网, https://m.sohu.com/a/436785824_257199?ivk_sa=1024320u, 2020 年 12 月 7 日。

序号	中央级新闻单位	抖音账号数量	抖音账号	视频量（万）	获赞量（亿）	"粉丝"量(万)
7	人民政协报社	3	人民政协网、政协君、人民政协民意周刊	0.35	0.62	552
8	工人日报社	1	工人日报	0.22	0.21	152
9	中国妇女报社	1	中国妇女报	0.17	0.05	35
10	科技日报社	1	科技日报	0.15	0.74	346
11	农民日报社	1	农民日报	0.14	0.45	261

（统计时间：2021 年 9 月 12 日）

经本研究统计，如表 2-2 所示，截至 2021 年 9 月 12 日，人民日报、光明日报、中国日报、经济日报、法治日报（2020 年 8 月 1 日，《法制日报》正式更名为《法治日报》）、中国青年报、人民政协报、工人日报、中国妇女报、科技日报、农民日报等中央主要报纸媒体及其直属企业在抖音平台共开设 57 个蓝 V 认证账号，平均发布抖音 1844 条，平均"粉丝"量 713 万，平均获赞量 2.6 亿。解放军报社、学习时报社两家中央主要报纸媒体尚未开设抖音账号。

根据各新闻单位在抖音上发布的短视频作品数量排序，人民日报社、中国青年报社、中国日报社、光明日报社、经济日报社 5 家中央新闻单位旗下报刊及直属企业抖音账号视频内容总点赞量过亿，且收获千万级"粉丝"。位居第一的人民日报社及其直属企业、社属报刊共开设 37 个抖音蓝 V 认证账号，涉及时政、社会、体育、文化、科技、健康等多个领域。

本研究同样对中央级报纸媒体在快手平台发布的短视频进行统计，如表 2-3 所示，截至 2021 年 9 月 12 日，10 家中央级主要报纸媒体及其直属企业共开设 48 个快手蓝 V 认证账号，平均发布条数 162 条，平均"粉丝"量 26.9 万（由于快手页面无账号累计获赞量显示，未统计其获赞量）。账号数量、各账号平均发布条数均少于抖音。

表2-3 中央主要报纸媒体及其直属企业快手平台短视频发布情况

序号	中央级新闻单位	快手账号数量	快手账号	视频数量（条）	"粉丝"量（万）
1	人民日报社	34	人民日报、人民日报社新闻信息中心、人民日报+、人民日报国际、人民日报全国党媒平台、人民日报海外网、人民日报人民文旅、人民名品、人民优选、人民精品、人民日报文创、人民电商、人民信产、人民日报数字传播、人民论坛、文化时间工作室、全民说爱、环球网、中国汽车报、环球时报、环球时报国际、环球网、环球时报军事、环球时报—Get中国、《环球时报》社市场中心、环球5G、环球萌圈、环球人物、环球Tech、环球阿拉丁、环球旅游、人民网、人民网消费、人民网科普	48,762	11,028
2	中国日报社	2	中国日报、中国日报网	8,309	628
3	中国青年报社	2	中国青年报、青蜂侠	6,044	202
4	光明日报社	3	光明日报、光明网、光明天下眼	5,611	556
5	经济日报社	2	经济日报、经济日报视点	4,283	438
6	法治日报社	2	法治日报、法治周末	2,999	24
7	人民政协报社	2	人民政协网、人民政协报数字屏	2,616	302
8	科技日报社	1	科技日报	1,070	27
9	工人日报社	1	工人日报	809	10
10	农民日报	1	农民日报	20	1.6

（统计时间：2021年9月12日）

对中央主要报纸媒体快手平台发布的视频数量进行排序，人民日报社子账号依然数量最多，内容覆盖面广，累计发布视频量近5万条（4.876万），"粉丝"量超过1000万。中国日报社、中国青年报社、光明日报社、经济日报社4家报纸媒体短视频发布数量位列第二至第五。"粉丝"量排名前五的新闻单位依次为：人民日报社、中国日报社、光明日报社、经济日报社和人民政协报。

表2-4　中央主要报纸媒体短视频平台单一官方账号"粉丝"量排名

排序	抖音账号	"粉丝"量（万）	获赞量（万）	视频数量（条）	排序	快手账号	"粉丝"量（万）	视频数量（条）
1	人民日报	14,000	730,000	3,162	1	人民日报	5,216.2	3,278
2	中国日报	3,473.2	133,000	7,004	2	中国日报	610.2	6,870
3	光明日报	2,705	86,000	2,676	3	光明日报	415.2	1,913
4	中国青年报	1,975.6	99,000	3,714	4	经济日报	322.4	2,558
5	经济日报	1,291.5	42,000	1,702	5	中国青年报	125	1,980
6	科技日报	346.5	7,459.8	1,536	6	科技日报	27.4	1,070
7	农民日报	261	4,556.9	1,484	7	法治日报	24.3	2,999
8	工人日报	154.2	2,113.2	2,219	8	工人日报	10.5	809
9	法治日报	115.5	245.6	3,407	9	人民政协报	0.0174	10
10	人民政协报	109.9	407.5	2,524	10	农民日报	0.0016	20
11	中国妇女报	35.9	528.3	1,721				

（统计时间：2021年9月12日）

　　表2-2、表2-3对中央主要报纸媒体抖音、快手平台账号矩阵发展情况进行排序，由于个别账号矩阵庞大，难以看出单个账号主体的运营情况。表2-4对中央主要报纸媒体新闻单位在快手、抖音短视频平台上开设的单一官方账号"粉丝"量进行排名发现，两家平台上，"人民日报""中国日报""光明日报"排名相同，分别位居第一至三名。其中，"人民日报"强势领跑，其抖音账号"粉丝"量1.4亿，约为第二名"粉丝"量的4倍，快手账号"粉丝"量5,216.2万，约为第二名的近9倍。"中国青年报""经济日报"也在前五名之列，"粉丝"数超过千万，均属于短视频平台的头部账号。"科技日报""农民日报""工人日报""法治日报""人民政协报"均位列抖音、快手平台6至10名，仅排名次序不同，抖音"粉丝"量在100万~350万之间，快手"粉丝"量均未突破40万。

二、代表性中央级报纸媒体的短视频建设

（一）人民日报：构建全媒体传播格局

　　作为中共中央机关报，人民日报以打造"有品质的新闻"为核心，依

托其强大的采编力量，迎接新媒体时代新闻业态的重大变革。其短视频发展经过了从单点探索到体系化发展的过程，是我国报纸媒体进军短视频的标杆。

表 2-5 人民日报社旗下短视频应用产品下载情况

排序	新闻客户端	安卓应用市场 累计下载量（万次）
1	人民日报	43,927.6
2	人民视频	2,733.5
3	海客新闻	58.6
4	人民日报＋	20.0
5	人民直播	0.5

（统计时间：2021 年 12 月 6 日）

2014 年 6 月 12 日，人民日报新闻客户端上线。最初的版本就设置了"视"（影像）栏目，但"视"栏目位列"闻"（热点）、"评"（锐度）、"问"（问政）、"听"（播报）等功能之后，并非新闻客户端的主要功能。2019年 9 月 20 日，人民日报客户端更新至 7.0 版本，底部导航菜单栏重置了"新闻""人民号""视频""直播"等 4 大频道。其中，"视频"功能位于客户端底部的中心位置，视频频道内包含"推荐"和"小视频"两大栏目。"推荐"栏目中，智能引擎为用户推荐时长 5 分钟以内的短视频；"小视频"栏目则以双瀑布流的形式呈现，主打竖屏视频内容。在其两个视频分区中，内容不仅网罗新华社、中国日报、环球时报、共青团中央等主流媒体资源，还汇聚了人民号政务、媒体、自媒体生产的多元内容，使其成为主流热点内容聚合与分发的权威平台。"人民号"是人民日报客户端面向全国媒体、党政机关、各类机构和自媒体提供的内容分发平台，用户可登录人民号官网注册，实名入驻"人民号"，上传发布文章、图集、视频等内容，算法会自动推荐分发优质内容。其每个月通过主流算法推荐至人民日报客户端各频道的内容逾 60 万条，涵盖 30 余个热点领域，[①] 集直播、视频、音频、

① 陈雪娴：《主流媒体如何通过"平台号"推进深度融合——以"人民号"为例》，《青年记者》2021 年第 15 期。

图文、动态等多种形式于一体。"人民号"打造了"编辑＋运营＋创作者"的内容创作机制，由"人民号"主导各方协作，编辑负责提供内容指导。在严格确保导向正确的前提下，充分挖掘创作者特色。创作者可使用人民日报"创作大脑"全媒体智能创作平台，利用人工智能、大数据、云计算、音视频处理等技术，赋能内容生产。

2014年11月，人民日报海外版客户端"海客新闻"上线，目前已更新至8.0版本。底部导航菜单栏除"首页""我的"外，包括"快讯""发现""视频"三个频道，"视频"功能同人民日报客户端栏目相同，包含"推荐"和"小视频"两大栏目。"推荐"栏目中，智能引擎为用户推荐时长5分钟以内的短视频，视频来源主要为人民日报海外网，单一视频播放量在1万次以内，基本无点赞和评论；"小视频"栏目同样以双瀑布流的形式呈现，内容主要为媒体、机构及个人上传的"海客号"视频，包含竖屏和横屏视频两种形式，总体传播效果不佳，视频播放量多在200次以内。

立足人民网，人民视频于2018年9月11日上线。人民视频利用人民网的内容制作和品牌优势，建立视听内容制作、集成和发布平台，结合腾讯的技术与流量优势，以及歌华有线智能终端，为用户提供内容制作、品牌推广等一站式服务。人民视频客户端目前在安卓应用市场的下载量约2700万，其首页顶部菜单栏包括"聚焦""精选""政务＋"三大栏目。其中，"精选"栏目为受众提供个性化的视听产品，涵盖新闻资讯、互动直播、短视频、纪录片等各类形态视频，用户可根据兴趣订阅资讯、政务、科技、健康、旅行、军事、文化、生活、影视、社会10个领域视频账号；"政务＋"栏目汇聚各级政务机构和媒体发布的权威信息；"聚焦"栏目以专题形式集合人民视频短视频系列作品，和面向广大用户征集的视频作品。截至2019年12月26日，人民视频平台累计注册拍客已有20多万个。① 人民视频以"人民现场"为依托，以"短视频＋政务发布＋移动互联网"的运营模式为特色。"人民现场"为人民视频旗下政务短视频品牌，紧扣移动优先、视频优先、时效优先的媒体融合发展要求，内容以外交部每日例行记者会为主，覆盖中央台办、国新办、公安部、商务部、应急管理部等

---

① 人民网：《人民视频政务短视频 MCN 入选年度中国融媒体十大创新产品》，人民网，http://media.people.com.cn/n1/2019/1213/c14677-31505646.html，2019 年 12 月 16 日。

部委新闻发布会，剪辑发布会现场精彩片段及主要内容，提炼热词、金句，以竖屏短视频形式发布，视频版本几乎与文字稿同步推出，向受众第一时间传递政务短视频资讯，首创了全新的政务新闻发布会可视化运营模式。

"人民日报＋"是人民日报智慧媒体研究院于 2019 年 9 月 19 日上线的短视频客户端，独立于人民日报客户端运营，该平台聚焦媒体网络问政，是中央媒体首个上线的短视频聚合平台，[①]旨在打造具有主流价值观与创新活力的短视频内容生态，为主流媒体打造自主可控的短视频平台提供了新思路。"人民日报＋"短视频客户端是短视频 PUGC 聚合平台，目前在安卓应用市场的下载量为 20 万左右。短视频客户端与快手进行内容合作，并邀请快手作为人民日报智慧媒体研究院成员，为客户端的发展提供技术支持。在内容上，"人民日报＋"侧重政务短视频传播，聚焦权威资讯和官方新闻，内容来源主要包括聚合（从其他平台挑选优质内容）、PUGC上传（向专业机构和个人约稿）、自制（人民日报自创）三个方面。在页面布局上，兼具抖音、快手和微视的"瀑布流"全页面布局特色，模块划分清晰，核心功能置于醒目位置；从功能上看，包含三大功能——视频、直播和人民问政。"人民问政"是该平台的最大亮点，该系统可通过上传短片，将民生问题及时反馈给相关部门和单位，并引导媒体参与调查、核实、跟进，督促相关单位作出反应和处理。可以说，"人民日报＋"通过短视频客户端打通了联系群众的毛细血管，进行了全媒体助力社会治理现代化的有益尝试。

除自建平台外，人民日报于 2018 年 9 月 8 日正式开通并认证了抖音官方号，并于 2018 年 9 月 23 日入驻快手平台。2020 年 8 月 14 日，人民日报抖音账号成为第一个"粉丝"量破亿的媒体抖音号（"粉丝"量 1.1亿）。目前，人民日报在两大头部短视频平台均设有两个主体账号：人民日报（抖音"粉丝"量 1.4 亿、快手"粉丝"量 5216.2 万）和人民网（抖音"粉丝"量 5019 万、快手"粉丝"量 3114.2 万）（以上数据统计均截至 2021 年 9 月 12 日），同时与人民日报所属报刊（如中国汽车报、环球时报、健康时报）、融媒体品牌（如人民日报人民文旅、人民名品、人民

---

① 中国经济网：《"人民日报＋"上线 央媒正式进军短视频平台》，人民网，http://it.people.com.cn/n1/2019/0920/c1009-31364944.html，2019 年 9 月 20 日。

优选、人民日精品）以及下属企事业单位（如人民日报社新闻信息中心、人民日报数字传播）合力构成了人民日报短视频传播矩阵。

（二）光明日报：坚守思想文化大报定位

《光明日报》创刊于 1949 年 6 月 16 日，是以知识分子为主要读者对象的思想文化大报。① 光明日报新闻客户端是光明日报社在全媒体时代开辟的一个网上资讯窗口和高质量的新闻服务平台。截至 2021 年 12 月 6 日，光明日报客户端安卓应用市场下载量达 2141 万，在中央级报纸新媒体客户端下载量排名中位居第四（前三名依次是人民日报客户端 4.4 亿，China Daily 客户端 5053 万，经济日报客户端 3193 万）。其底部导航菜单栏设置"首页""报纸""知识界""光明号""视听"五大栏目。其中"视听"栏目包含"直播""小视频"（竖视频）以及"专题视频"（横视频）三种视频形态。

截至 2021 年 12 月 15 日，"直播"栏目共举办了 46 场直播活动，内容涉及光明日报原创直播、学术交流、高校活动（如招生活动、开学典礼）、音乐会现场，以及部分转发直播，引发社会广泛关注。例如光明日报客户端针对中国国家公园开展了 3 期直播节目——《出发！探秘东北虎豹的家》《跟国家公园巡护员上山，会遇到东北虎吗？》《与虎豹为邻！山村故事多》，其中《与虎豹为邻！山村故事多》直播吸引了 56.1 万人参与。该系列直播由光明日报全媒体摄制团队完成，借助全景 VR、航拍、超高清视讯技术，带领受众寻觅东北虎豹足迹，感受国家公园的魅力。客户端竖屏"小视频"常态化机制尚不健全，多数视频搬运自头部短视频平台的自制内容，视频发布缺乏时效性。截至 2021 年 12 月 13 日，其最新发布的内容还停留在 2021 年 3 月 24 日，视频仅获 40 个赞。

"专题视频"涉及教科、生态、文艺等领域，主要来源为客户端自制、光明网，也包括对新华网、湖南经视等媒体内容的转载。该栏目以时长 5 分钟以内的视频为主，也包含时长 5 ~ 15 分钟的视频。2021 年 7 月 29 日，光明日报客户端 4.0 版改版升级，建立了光明号媒体开放平台。该平台面

---

① 《光明日报简介》，人民网，http://m.people.cn/n4/2018/1030/c3351-11811641.html，2018 年 10 月 30 日。

向全国"科教文卫理"领域的企事业单位、社会团体、党政机关及专家学者等内容创作者开放，为各媒体号生产、发布图文、视频、音频与直播等内容搭建了平台，同时，PGC 与 UGC 相结合的生产模式，为光明日报客户端提供了更丰富的内容。

在光明日报客户端发布的视频中，不乏引发现象级传播的爆款视频。2018 年全国两会期间，光明日报以"总书记的人民情怀"为主题推出系列微视频。《要为人民做实事》采用散文诗式叙事方式，以鲜活画面浓缩了习近平总书记"解百姓所需，急百姓所急"的人民深情，生动诠释了"不变的信念"这一贯穿视频的主题。《握手瞬间》呈现了总书记与基层群众、科研学者、先进楷模等不同群体握手的瞬间。短视频以"握手"这一微小无声的动作细节为切口，通过与不同人的握手情景展现了总书记的领袖风采和人民情怀。《光明的故事》以全国精神文明建设表彰大会上总书记为93 岁的黄旭华让座为叙事起点，报道黄旭华、姚玉峰等人物的先进事迹。系列视频得到了多个平台的推介，累计浏览量超 1.4 亿次，[1] 引发主旋律作品的传播热潮。

在依托头部平台的短视频建设上，截至 2021 年 9 月 12 日，光明日报官方抖音账号累计发布视频 2676 条，"粉丝"量 2705 万，获赞 8.6 亿；官方快手账号累计发布视频 1913 条，"粉丝"量 415.2 万。2021 年，光明日报社官方抖音号入围 2020 年深度融合发展创新案例。评审委员会专家在点评时称，光明日报官方抖音号以内容建设为根本，用一年多的时间实现了"粉丝"量的"三级跳"，以黑马姿态跻身抖音媒体号头部阵营。[2] 与办报宗旨相契合，光明日报社客户端团队在接手报社官方抖音号之后，对无定位、无专人管理的抖音号进行调整，确立了"新闻""文化""正能量"三个产出关键词。"新闻"，即作为中央新闻媒体，跟进全国重要新闻事件，增强央媒的权威性、传播力和影响力；"文化"，包含教、科、文三个面向，这是《光明日报》的独有优势，同类型内容竞争少；"正能量"，则是呈现

① 陈玲：《短视频，纸媒的优势在哪里》，新闻战线微信公众号，https://mp.weixin.qq.com/s/AxrbDeWLEcs5f431Zij8UA，2020 年 6 月 19 日。

② 毕玉才、孙金行：《光明日报抖音：让每一个瞬间都变成永恒》，《中国报业》2021 年第 13 期。

群众身边切实发生的"小事"，能够更直观地表现"接地气"属性。①

表 2-6　光明日报官方抖音账号发布视频合集

视频合集	播放量（万）	视频数量（个）
外交天团 1	146,000	100
人民情怀	100,000	140
祖国的高光时刻	33,000	70
外交天团 2	28,000	88
知识分子	8,399.8	37
魅力奥运	8,065.8	26
河南，你一定中！	2,241.0	13
复原文化	402.5	9
百年风华 百年庆典	343.9	1
冬奥之约	239.3	2

（统计时间：2021 年 12 月 15 日）

光明日报官方抖音号以"与时代同步"为定位，及时跟进热点话题与重大新闻事件，每天推出 1~3 个作品。目前设置了 10 个视频合集，其中"外交天团 1"视频合集（共 100 个作品）累计播放量 14.6 亿，视频合集呈现了我国外交部发言人在外交政策和在重大国际与地区问题上的立场与观点，展现了大国外交的智慧和底气。"人民情怀"视频合集（共 140 个作品），整合习近平总书记前往各地考察调研以及讲话纪实，对总书记的系列重要讲话精神进行主题提炼及碎片化呈现，以小故事、小切口拉近了国家领导人与人民的距离，也增强了主流媒体与网民的关系，该合集累计播放量 10 亿。

光明日报探索特色媒体 IP 路径，向教育、科技、文化垂直类内容发展，推出以"知识分子"为主题的视频合集（共 37 个作品）。该主题匠心独具地以科技、文化领域名人为拍摄对象，如钱三强、钱学森、袁隆平、杨绛、金庸、屠呦呦，截取历史影像或采访中振奋人心的场景或话语，传递文化

---

① 杜一娜：《"粉丝"2600 万，一年多实现"三级跳"，光明日报社官方抖音号怎么做到的？》，传媒瞭望微信公众号，https://mp.weixin.qq.com/s/ZSngoqNUfoPgB2dwOH_9lw，2021 年 2 月 2 日。

力量，弘扬家国情怀，引发受众共鸣，该合集累计播放量约8400万。例如，《许渊冲爷爷今年100岁了！还是很帅气！祝福百岁老人》视频中，截取了翻译家许渊冲的采访对话画面，一位少年在画面外对老人说："太爷爷，您过了今年就100岁了。"许老满脸笑容，和蔼可亲。紧接着剪辑了另一段采访，记者问道："现在还是高大帅气嘛！"许老回答："我比其他100岁的当然是要好一些，100岁像我这样的也不多。""还是帅气的吧？"许老幽默地回答："这个可以考虑。"光明日报利用短视频传播进一步拉近老一辈知识分子与网民的距离。

（三）经济日报：深挖数据潜在价值

《经济日报》于1984年创刊，坚持"主流、权威、公信力"的理念，主打政经新闻，强化财商特色，致力于"读懂中国经济趋势、形势、大势"。[①] 经济日报新闻客户端于2015年7月上线，是由经济日报社打造的财经类综合信息服务平台。截至2021年12月6日，客户端安卓应用市场累计下载量3193.2万，在中央级报纸媒体客户端下载量排名中位列第三。其客户端底部菜单栏包含"首页""视频""经济界""读报"四项内容。"经济界"以音频为主，汇聚了经济名家观点。"读报"栏目是经济日报数字报刊。"视频"栏目位于底部菜单栏第二项，包含直播与短视频两大功能。其中直播平台涉及国家重大经济工作会议、财经界和产业界新闻事件、国际市场发展趋势研讨会等直播内容。例如，"直击2020服贸会"直播时，用户可在新闻客户端平台跟随记者探访服贸会各大展区，直播总观看量112万。非直播视频主要以时长1分钟以内的短视频为主，为用户提供权威的财经信息与观点，内容与其在抖音、快手已发布的视频内容相似，但在平台内传播效果不佳，如同一条视频《经济学家李稻葵谈元宇宙》在抖音获2966次点赞、132条评论、103次收藏，但在新闻客户端上无点赞和评论。

依托头部短视频平台，截至2021年9月12日，经济日报抖音官方账号共发布视频1702条，"粉丝"量1291.5万，累计获赞4.2亿，"粉丝"与获赞量位居中央级报纸媒体第五；快手官方账号共发布视频2558条，"粉

---

① 《〈经济日报〉简介》，中国经济网，http://finance.ce.cn/sub/ylnzt/jjrbgflt/hg/201604/13/t20160413_10432004.shtml，2014年4月10日。

丝"量322.4万,"粉丝"与视频数量均位居中央级报纸媒体第四。目前经济日报在抖音、快手两平台视频发布内容基本一致。抖音账号共设置两个视频合集,"党史中的经济档案"(已更新26集,564.8万播放量)系列视频,从党领导经济建设角度,选取不同时期经济工作中具有标志性意义的重大事件,展现中国共产党建党百年在经济建设中取得的辉煌成果。"全面小康的'中国密码'"(已更新4集,61.9万播放量)系列视频,以动画短视频的形式解读中国共产党带领人民实现全面小康的中国方案。其日常短视频以动态化的图片配音乐为主,在视觉表现上还有较大提升空间。

利用新技术,经济日报深挖数据的潜在价值,创新视频报道形式。如为完成重大主题宣传报道工作,通过选题策划推出数据新闻可视化系列短视频"数说70年",获第三十届中国新闻奖融合新闻短视频作品一等奖。"数说70年"于2019年9月23日在经济日报微信公众号首发,共包含6个短视频:《中国消费的"速度与激情"》《如何解决14亿人的头等大事》《中国"大动脉"带你玩"穿越"》《看完这些数,你心中有"数"了吗》《这是我见过的,最强大的"美颜滤镜"》《中国外贸"修炼记"》,从消费、饮食、大国工程、数字经济、生态、外贸六方面深度挖掘相关领域的发展成绩,以小视角呈现大主题。《中国消费的"速度与激情"》视频从"一分钟电商平台卖出28万只小龙虾"到"一天老百姓花1000亿元用于购物和餐饮",再到"从1952年到2018年,社会消费品零售总额年均增长11.6%",充分展现了新中国成立以来中国人民生活不断改善并持续提升的发展过程。视频画面以矢量设计图案、图表等数据可视化方式展现,以前后对比、横向对比等方式,简洁、直观、有趣地展现了新中国翻天覆地的变化,彰显了数据背后的力量。《中国外贸"修炼记"》利用国家统计局1980—2018年中国出口商品分类总额数据制作动态图表,通过数据呈现出中国出口结构不断优化,服务贸易日益成为外贸发展和深化对外开放的新动能。

(四)中国青年报:以青春内容服务青年

《中国青年报》是中国共产主义青年团的中央机关报,是以全国各族青年和中国共产主义青年团团员和干部为主要读者对象的全国性综合日报。① 该报以"推动社会进步，服务青年成长"为己任，服务青年群体。

截至 2021 年 12 月 6 日，在中央级主要报纸媒体客户端安卓应用市场下载量排名中，中青报客户端以 1369.9 万下载量位居第五。以"有品质，最青年！"为宗旨，中青报客户端着力打造"推荐""学习""中青号""视频""就业"五大功能模块。与短视频相关的"视频"模块聚合"青蜂侠"短视频、"我看见"视频、"中青抖音"小视频、直播四个栏目。"青蜂侠"主要发布时长 5 分钟以内的时政、社会新闻短视频。"我看见"视频是由微纪录片《中国有故事》、人物采访《青年说》、微综艺《中国吸引力》等系列短视频节目以及中青在线"共青团联播"构成的客户端视频矩阵，以年轻、活力的风格，展示青年风采。"中青抖音"小视频内容取材于中国青年报在抖音、快手上已发布的视频，但相较其抖音号视频平均 25 万以上的点赞量，中青报新闻客户端小视频获关注度较低，点赞量停留在两位数。"直播"内容涉猎广泛，包括共青团活动、学术会议、专题发布会等，也包括对新华社及其他广电媒体的直播转载。

在其他短视频平台，中国青年报抖音账号共发布视频 3714 条，"粉丝"量 1,975.6 万，累计获赞 9.9 亿，平均每条视频点赞数过 26 万，在中央主要报纸新闻单位中"粉丝"量排名第四；快手账号共发布视频 1908 条，"粉丝"量 125 万，在中央主要报纸新闻单位中"粉丝"量排名第五（截至 2021 年 9 月 12 日）。中青报抖音账号由军事部负责更新维护，作品涉及教育、文化、社会、科技、军事等多个领域，视频同样聚焦青年群体。例如，抖音账号 2021 年 12 月 17 日发布的《一人约会，全员出动。消防员第一次外出约会，跟队友们说起后……》这条展现消防员帮助第一次外出约会的队友精心打扮的视频，获 404.8 万赞，13.5 万评论，25.6 万次转发。快手账号由中国青年报官网"中青在线"负责更新维护，作品关注对象依然以青年为主，内容涉及教育、文化、社会、体育等领域。目前快手运营情况及效果明显弱于抖音，原创性也低于抖音平台，大部分视频点赞量在 1000 以下。反响较高（6.5 万点赞量，189.5 万播放量）的视频并非原创，是将总台"2021 大湾区中秋电影音乐晚会"歌手现场表演切条制成的短

---

① 《中国日报报系介绍》，中国青年报多媒体传播平台，http://www.cyol.net/2013ggkl/youshi. html。

视频片段。

　　值得一提的是，"青蜂侠"不仅是中青报新闻客户端的子栏目，还是该报独具特色的短视频品牌。2019 年，中国青年网和中国青年报正式融合，在全媒体协调机制下，"青蜂侠"依托中青报记者、编辑力量，创造了一系列爆款作品，该项目入选"2020 年中国报业深度融合发展创新案例"。"青蜂侠"坚持"正能量就是大流量"，主打泛资讯类内容，注重原创性，报道有温度、有良知的正能量新闻。坚持"饱和式生产"理念，即内容供给侧不再局限于报、网、端，而是直接面向整个互联网信息市场，以"去中心化"实现"无处不在"，以"无处不在"强化中心品牌。[①] 自2017 年推出后，"青蜂侠"陆续入驻各大短视频平台，运营西瓜视频、抖音、好看视频、微视、快手、哔哩哔哩 6 个平台上的"青蜂侠"账号。截至 2021 年 12 月 23 日，共发布 17.4 万条视频，累计收获 2036 万"粉丝"。

表 2-7　"青蜂侠"账号在各短视频平台上的运营情况

发布平台	"粉丝"量（万）	视频数量（万）
西瓜视频	663	4.2
抖音	662.6	4.2
好看视频	546	3.7
微视	92.7	3.9
快手	42.7	0.4
哔哩哔哩	29.5	1
合计	2,036.5	17.4

（统计时间：2021 年 12 月 23 日）

　　"青蜂侠"注重平台差异化。针对西瓜视频、好看视频、哔哩哔哩，投放内容以横屏为主，视频时长在 30 秒到 10 分钟之间，片头片尾均有品牌包装。而针对抖音、微视、快手平台特点，则更倾向于发布竖屏内容，视频时长在 1 分钟以内，视频无品牌包装。截至 2021 年 12 月 21 日，"青蜂侠"抖音账号共发布作品 42,494 条，"粉丝"量 662.6 万，获赞量 1.4 亿，

---

　　① 腾讯媒体研究院：《青蜂侠：从"三无"小组到新闻短视频"国家队"｜芒种观点》，腾讯媒体研究院官方账号，https://view.inews.qq.com/a/20211129A02SB300，2021 年 11 月 29 日。

平均每条视频点赞量为 3294。"青蜂侠"快手账号累计发布作品 3941 条，"粉丝"量 42.7 万。"青蜂侠"不仅在抖音中推出了时长 1 分钟以内短视频内容，在抖音开放 1 分钟视频权限后，还上线了视频节目"氧视频"。"氧视频"是中国青年报中国青年网旗下的新闻短视频品牌，节目内容时长在 1 分钟以上、10 分钟以内，累计发布 68 条作品，获得 135.3 万播放量。节目由一位女主播对当下青年关注的热点话题展开梳理和评论，如《从奈雪到星巴克频频被爆 消费者不为过期买单》《医美手术室成"毁容"帮手？避坑指南来了！》，话题紧追社会新闻热点，广泛吸引网民关注。2020 年抗击新冠肺炎疫情期间，为传播疫情新资讯、传递战疫正能量，"青蜂侠"共采访及制作发布战疫新闻短视频 3800 余条，相继发布在企鹅号、百家号、头条号、秒拍、微博、哔哩哔哩等各平台及中国青年网、中国青年报客户端等自有端口，总播放量超 70 亿次。①

（五）中国日报：发挥"外"字品牌优势

《中国日报》于 1981 年 6 月 1 日创刊，是中华人民共和国成立以来创办的第一份全国性英文日报，肩负着让世界了解中国、让中国走向世界的重要使命。

中国日报旗下新闻客户端 China Daily 为用户提供英语资讯，截至 2019 年 8 月，客户端全球下载用户超过 2000 万，是国内仅有的下载量超千万的英文客户端。② 中国日报新闻客户端设有新闻直播、视频新闻版块，为用户提供英语视听资讯。用户可以从导航栏定制视频、直播功能，视频以单条瀑布流形式呈现。视频涉及时事、财经、科技、文化、体育等主题，时长均在 10 分钟以内。从传播效果看，目前客户端视频内容缺乏整体运营，封面、标题缺乏吸引力，大部分视频点赞量在 100 以内，评论量在 10 以内，说明其在视频内容创作和运营上仍需进一步发力。直播内容涉及国际会议、新闻发布会、文艺演出等活动现场实况，部分直播获得较高

---

① 叶莉：《爆款新闻短视频频出，青蜂侠有何妙招？》，传媒茶话会微信公众号，https://mp.weixin.qq.com/s/b-SpzD5YsfPzvLCDSQFr8A，2020 年 4 月 16 日。

② 中国日报社：《中国日报社情况介绍》，中国日报社官网，https://www.chinadaily.com.cn/static_c/gyzgrbwz.html。

关注，如《纪念辛亥革命 110 周年大会隆重举行》(*Meeting marking 110th anniversary of 1911 revolution opens*) 获得 5.5 万次点赞（客户端未显示播放量）。

中国日报社官方抖音、快手账号以"全球精彩短视频，就看中国日报"为口号，截至 2021 年 9 月 12 日，其官方抖音账号共发布视频 7004 条，"粉丝"量 3,473.2 万，在中央主要报纸新闻单位中"粉丝"量排名第二（第一名为人民日报，"粉丝"量 1.4 亿），累计获赞 13.3 亿，平均每条视频点赞量为 18.9 万；其快手账号共发布视频 6870 条，"粉丝"量 610.2 万，在中央主要报纸新闻单位中"粉丝"量排名第二（第一名为人民日报，"粉丝"量 5,216.2 万）。

表 2-8 中国日报官方抖音账号发布视频合集

视频合集	播放量（万）	视频数量
甩锅	74,000	94
双标	31,000	58
起底外媒	24,000	61
向上的力量	11,000	43
全民战疫	7,585.7	28
抗疫热词	1,537.8	6
词解中国	957.9	15
精彩直播回放	402.7	99
美国枪支暴力案件频发	114.1	10

（统计时间：2021 年 12 月 15 日）

中国日报头部平台视频作品不仅包含国内新闻资讯，还发挥纸媒定位优势，涵盖全球资讯，抓住国际时事热点，及时发布信息。其抖音号以发布国内外时政、社会热点资讯为主，国家政要讲话片段、外交部例行记者会现场占其已发布视频比重较大。此外，还更新国内外社会奇葩逸事。例如，某芬兰男子不满更换特斯拉电池价格将汽车炸毁，视频获得 32.1 万赞、9894 条评论、7896 次转发（2021 年 12 月 21 日发布）。抖音账号共建立了 10 个视频合集，如以"甩锅"为主题的视频合集（共 94 个作品）内容聚焦美国意图甩锅推责，企图通过抹黑他国转嫁自身抗疫不力的责任，在中国日报视频合集中播放量排名第一，累计达 7.4 亿。以"双标"为主题的视频合集（共 58 个作品）累计播放量 3.1 亿，围绕美国警察压颈致黑人死亡等社会新闻，揭露美国政治上的双重标准和霸权逻辑，在中国日报视频合集中播放量排名第二。中国日报快手账号内容同样汇集全球新闻，视频封面上均有醒目的橙色文本框标记视频内容。其快手账号建立了"西洋镜"为主题的视频合集（共 29 个作品），为受众提供海外资讯，涵盖政治、社会、科技、娱乐等领域，累计播放量 6549.7 万（以上数据统计截至 2021 年 12 月 15 日）。相比之下，快手平台的视频传播效果明显弱于抖音，例如，同一条采访美国小伙"中国有汽车吗"的视频，抖音视频获得 10.8 万赞、191 条评论、376 次转发，而快手账号上该条视频获赞量为 6787，仅为抖音的约十六分之一。

中国日报利用短视频创新主旋律报道外宣范式。创作《老外看小康中国》短视频专题报道，获得第三十一届中国新闻奖一等奖。该专题共 3 集，分别为《"悬崖边上的网课"让人心疼，但后续很暖心……》《把"悬崖村"搬下悬崖，总共分几步？》《凭什么中国人就能在绝壁上凿出人间奇迹》，每集时长约 8 分钟，以解决偏远山区的饮水、交通、上网等问题为中国建设小康社会的缩影，向国内外网民生动阐释了"全面小康"的内涵。《"悬崖边上的网课"让人心疼，但后续很暖心……》用动画呈现疫情期间线上教育网络全覆盖的迫切需求，以中国甘肃马鸡山村学生上网课但无网络信号的现实问题为切入点，现场实拍中国铁塔、中国联通闻"需"而动，帮助仅有 50 个人的偏僻村庄建立网络基站，实现村民信号全覆盖，从一个侧面反映了中国"精准扶贫"逐步增强了区域发展的平衡性问题。《老外看小康中国》采访知名中国问题外国专家如何看待中国的全面小康，用外国学者视角揭示脱贫攻坚、全面小康对中国乃至世界的意义。该专题短片经过两轮传播，在国外覆盖 Facebook、Twitter、YouTube 平台，在国内的传播途径包括学习强国、微博、微信、哔哩哔哩等，第二次传播覆盖了知乎、腾讯新闻等，累计传播破亿，在国外的社交媒体也超过 1000 万次。[①]

[①] 中国记协网：《中国新闻奖媒体融合奖项参评作品推荐表——老外看小康中国》，中国记协网，http://www.zgjx.cn/2021-10/25/c_1310259438.htm，2021 年 10 月 25 日。

通过以上对具有代表性的中央主要报纸媒体的短视频概况梳理可见，视频化传播已受到部分报纸媒体的重视，然而，各报纸媒体在自建平台中短视频发展差异较大。首先是新闻客户端下载量的基础性差距大：人民日报新闻客户端以 4.4 亿的安卓应用市场下载量强势领跑，中国日报、经济日报、光明日报、中国青年报下载量紧随其后，数量在 5100 万到 1300 万之间，解放军报、工人日报客户端下载量超过 400 万，其余报纸媒体新闻客户端下载量均在 20 万以内。其次是各媒体对视频内容的重视程度不同：人民日报、光明日报、经济日报、中国青年报、中国日报五家新闻客户端都将视频功能放置于客户端菜单栏中间位置，而有些媒体还没有开通视频功能。

解放军报、工人日报、法治日报、中国妇女报四家中央级媒体都开通了客户端并设置了视频功能，而人民政协报社政协号客户端致力于建设报纸数字化阅读系统，未设置短视频功能。解放军报客户端视频内容为每日固定更新的《军报每天读》节目，视频时长在 5 分钟以内，除此之外无其他视频内容。工人日报 2020 年上线的新版客户端，底栏新增了"拍客"版块，是客户端着力打造的新时代职工文化家园，用户可以上传照片、视频内容，与其他用户分享。但目前"拍客"栏目视频质量参差不齐，有视频呈现效果较好的企业宣传片、人物宣传片，也有图片、视频加工组合而成的企业活动纪实视频等，没有图片与视频分区，用户上传的视频、照片都呈现在同一页面上，导致客户端视觉体验不佳。中国妇女报客户端底栏开设"视频＆直播"版块，读者在阅读图文资讯时，也可以在客户端上观看直播和视频，视频内容包括女性话题公益纪录片、妇女节明星祝福、活动纪实等。直播内容主要为以女性为主体的各项会议活动，其中用户参与量最高的为"初心不忘 70 载，巾帼建功新时代"大型网络直播活动，共计 29 万人在线观看。可见中国妇女报客户端内容主要是对女性活动现场的纪录，缺少以用户为导向的短视频内容输出。法治日报社法治号客户端虽增加了 AR 增强现实功能，但经试用发现，点击该功能客户端无响应，功能设置尚不完善。这四家报纸的客户端相对于代表性客户端来说，其影响力非常有限。从客户端运营来看，解放军报、工人日报、法治日报、中国妇女报四家新闻客户端面临内容、界面缺乏规划，用户体验感差等问题，归根结底是受传统报纸媒体思维局限，欠缺互联网思维，产品难以凸显中央级报纸媒体的内容优势。

从抖音、快手账号运营情况看，中央级报纸媒体入驻短视频领域，短视频内容与各纸媒内容定位相吻合，解放军报社、科技日报社、人民政协报社、中国纪检监察报社、工人日报社、中国妇女报社、农民日报社、法治日报社等分别聚焦军人、科技、民生、纪检、工人、妇女、农民、法治等不同领域，内容差异化定位较为明显，但部分单位重建号、轻维护，视频更新频率和内容原创度低，欠缺话题性，传播力较低，无法吸引用户。

三、中央级报纸媒体短视频发展特征

（一）深耕原创精品，发挥导向引领作用

优质内容是影响媒体影响力的重要因素，也是传媒产业的核心竞争力。擅长图文表达的报纸媒体若想在新媒体领域获得竞争优势，仍需遵循"内容为王"的理念。

一是深挖自身资源优势，着力扩大报纸媒体影响力版图。通过前文分析可见，新闻是中央级报纸媒体短视频的核心内容。中央级报纸媒体在获得新闻资源方面具有得天独厚的优势，这为报纸媒体在短视频领域的发展奠定了坚实基础。通过短视频将新闻现场及时送达受众终端，实现了对传统主流报纸媒体新闻时效性的突破，丰富了中央级主流媒体宣传报道的形式。譬如人民日报能够在短视频平台上发挥影响力、引导力，源于其拥有权威的新闻资源并具备较强的原创内容生产能力。人民日报抖音号立足自身定位，紧抓时事热点，进行内容策划，针对社会热点事件与重大突发事件，依托强大的采编网络，第一时间获取权威、准确的现场资料。2021年9月25日，其抖音账号发布中国公民孟晚舟乘坐中国政府包机返回祖国的现场短视频《欢迎回家！》，视频画面是孟晚舟走下飞机挥手表达感谢的场景，获得1,578.2万赞、56万条评论，其中获赞最高（98万）的网友评论是"如果信念有颜色，那一定是中国红"，相关阅读链接可跳转至今日头条新闻《人民日报评孟晚舟回国：没有任何力量能够阻挡中国前进的步伐》。

二是强化内容创意，追求高品质原创内容输出。短视频要想获得关注，最关键的是优质内容的供给，这是获得受众注意力的生命线。中央级报纸媒体视频生产在保证新闻内容的客观性、真实性、权威性和公信力的同时，还以独具匠心的创意提升内容的传播价值。如为庆祝改革开放四十周年，人民日报推出讲述中国发展变化和历史成就的系列短视频"中国一分钟"（2018年3月5日首播），上线仅10小时，全网总浏览量近3000万。截至2018年3月6日20时，全网观看量超过1.58亿。①该系列短片共3集，《瞬息万象》讲述"今天的中国，每一分钟会发生什么"，《跬步致远》呈现"一分钟，你能做什么"，《美美与共》以"一分钟，世界在发生什么"为切入点，分别呈现我国各行各业在一分钟内的发展数据、一分钟内个人的工作成果以及一分钟内世界与中国发生的联系。该短视频以"一分钟"看中国的内容创意以小博大，展现新时代的勃勃生机，激发网友的个人奋斗精神以及对祖国繁荣富强的自豪感，被称为2018年的"现象级IP"。

（二）微视角讲故事，引发情感共鸣

重大主题宣传报道是中央级报纸媒体的使命所在。在重大主题宣传报道方面，中央级报纸媒体以"微视角"切入，通过个人叙事寻求受众的共情与共鸣，实现重大宣传主题与网民关注点的同频共振。

在重大主题宣传报道和社会新闻选题中，中央级纸媒短视频注重平民化的叙述视角，主要通过聚焦个人故事或展现个人价值观，从富有人情味的新闻中挖掘正能量片段，增强视频的感染力和代入感，使公众共情。讲述个体人物故事的短视频主要包含以下两类形象：一是各行各界领军人物，如科技、文化、商业、医疗等领域的杰出人士，通过提炼人物观点或事迹，在短时间内将受众带入预设的情感空间，引发受众情感共鸣。如人民日报抖音账号发布的《每次看都忍不住泪目！林俊德院士参与了中国所有核试验，生命最后时刻仍在为国工作，致敬国之脊梁！》视频中林俊德院士头戴呼吸机坐在电脑前工作，周围人劝说院士躺下休息，林院士声音颤抖，但态度坚定地说"不能躺下，一躺下就起不来了"，配以"他9次

---

① 人民网：《人民网人民视频系列短视频〈夜归人〉荣获"2019优秀网络视听专题节目"》，人民网，http://media.people.com.cn/n1/2020/1014/c120837-31891740.html，2020年10月14日。

要求甚至哀求医生同意自己下床工作"的视频字幕。该视频记录了林院士生命最后时刻的影像，令人泪目，获赞1,775.6万，评论数61.5万，转发数11.4万，网友纷纷留言"致敬国之脊梁"。二是聚焦普通人，挖掘百姓生活中的感人故事。中国青年报抖音账号发布的短视频《大爷提着橘子来到派出所霸气相赠，感谢辅警为他找回陪伴他50余年的秤》以四川广安县一位大爷为主角，展现他用霸气的方言"劝说"辅警接受自家种的橘子作为谢礼，网友评论"用最霸气的语气说着最真挚的感谢"，视频也从侧面展现了基层工作人员急群众之所急，切实帮助老百姓解决实际困难。中国青年报抖音号的很多作品均聚焦"个体"，通过视频剪辑，放大人物动作、语言、表情等细节。同时，多采用同期声，放弃旁白和解说词，消弭受众与人物的"距离感"，从而引发观众强烈共鸣。

（三）强化剪辑网感，平衡价值性与趣味性

短视频平台的飞速发展契合了受众填补碎片化时间的需求，也重塑了新闻报道的方式。为适应短视频平台需求，中央级报纸媒体在适应新媒介时遵循短视频的传播规律，依新闻内容优势主动进行碎片化的场景适应，产出短小精悍的视频内容，并博得了用户青睐。

一是摘录"金句"要点，突出主旨观点。中国日报、共青团中央宣传部等联合主办的"向上的力量——未来十年"大型主题演讲活动，以"未来十年"为主题，邀请来自科技、学术、体育、影视、时尚等领域的嘉宾进行演讲，讲述追梦故事。中国日报抖音账号从主题演讲中摘取部分金句，例如，将原时长9分钟的杨利伟演讲视频剪辑为时长仅30秒的短视频《杨利伟：为了人类的和平与进步，中国人来到太空了》，展现了杨利伟在太空中看到地球时作为中国人的骄傲之情。该活动主题演讲视频均被剪辑为单条视频时长30秒左右的短视频，并整合为视频合集"向上的力量"（共43条视频作品），累计播放量达1.1亿。《中国日报》通过对长内容的提炼，以轻量化、碎片化的形式传播了新时代中国的奋进力量。

二是注重镜头拼接组合，提升画面视觉效果。在短视频的画面表现上，在保证新闻时效性和真实性的同时，注重亮点内容的拼接组合。通过对字幕、背景音乐、特技等多种手段的综合运用，进行短视频内容"再生

产"，从而使其呈现出更具吸引力的视觉内容，提高受众对其内容的关注度。例如中国日报抖音账号发布的作品《中美元首举行视频会晤》（视频获赞 93.8 万，评论数 2.4 万，转发数 4.1 万），二次剪辑央视现场直播画面，配以铿锵有力的背景音乐，突出中美双方观点，并强调了中国坚定维护世界和平与稳定的立场，展现了中国的大国风范。

三是转变报纸媒体严肃形象，为新闻注入"网感"。内容创作上，部分中央级报纸媒体短视频尊重新媒体用户观看偏好，以新奇内容、趣味风格、流行剪辑特效一改往日的严肃"面孔"。中国日报抖音号发布的作品《这样的红绿灯，你敢闯吗？》，介绍了某国为防止行人闯红绿灯，设计了一款虚拟车祸广告牌，当有人闯红灯时，广告牌会发出汽车急刹车的声音，并拍下行人惊恐的样子。该视频抓取国外有趣现象，既展现了他国规范行人出行的创意做法，又提醒观者遵守交通规则，视频共获得 52.5 万赞、6346 次收藏，有网友评论"非常棒，警示效果出众"（获赞 6354 次）。有的作品还注重使用流行剪辑元素，发挥"网红"特效的功能。例如人民日报抖音号发布的作品《华春莹回应美国议员提议新增 56 个特工岗位"监督"中国留学生》，在视频末尾特意对华春莹的眼神使用了流行的激光特效，在强化新闻发言人犀利言语的同时，增加了内容的趣味性。

（四）加强用户互动，拉近受众距离

新媒体环境下，传统纸媒线性传播、互动性不足的弱势逐渐显露，而短视频平台具备双向互动、社交属性强的特点，能够搭建媒体与受众之间交流互动的桥梁。中央级报纸媒体短视频与用户的互动主要通过以下三种形式实现。

一是视频平台的点赞、评论、转发、收藏功能。不同短视频平台有各自的算法推荐机制，但点赞率、评论率、转发率、关注率等一系列数据均是内容能否获取更多曝光和流量的关键指标。报纸媒体可以根据这些用户数据分析受众的喜好，从而引导内容生产，使生产端精准契合消费端的需求。

二是在平台发起互动话题，引发网民参与热情。中国青年报社联合抖音短视频共同发起 2021 年"强国有我"校园音乐大赛，以"你只管唱"

为主题，向高校学子征集唱歌类短视频作品，共吸引了 13.6 万高校学生报名。[①] 抖音官方统计数据显示，总决赛观看人数 1.8 亿，赛事直播累计观看人数 2.8 亿。抖音话题"高调少年"获得 7.1 次播放量，各赛区也分别设有抖音话题，抖音站内相关话题的视频播放量累计突破 10 亿。这种才艺展示类的趣味性互动话题吸引了大量音乐创作者，能够获得较高的流量关注，提升账号影响力。

三是利用直播活动开拓互动渠道。相比评论、分享等互动机制，直播具有实时互动的特性，能够增强受众参与感，为受众带来沉浸式的交流体验，进一步拉近报纸媒体与受众的距离。人民日报短视频利用直播引发流量集聚，并有效利用直播弹幕将纸媒的单向传播变为双向互动传播。因扶贫需要和受新冠肺炎疫情影响，短视频平台的直播活动已成为中央级报纸媒体帮助部分地区缓解农产品滞销问题、促进农产品销售、履行央媒社会责任的手段。2020 年 8 月 11 日，人民日报抖音账号邀请佟丽娅进行直播带货，直播时长近 6 个小时，直播间的用户接近 4000 万，成为当日最受欢迎的抖音直播内容，商品总成交额突破了 5000 万元。[②] 中央级报纸媒体联动短视频平台与明星资源直播带货，促进了地区经济发展，也由此增强了用户互动，拉近了央媒与受众的距离。

（五）生产主体多元，重视组织内外创作力量

在短视频生产主体方面，多家中央报纸媒体在自有客户端基础上，搭建开放平台，邀请媒体、党政机关、各类机构和优质自媒体入驻平台，凝聚传播主体合力，携手内容生产制作。如人民日报基于客户端打造的"人民号"，人民日报海外版海客新闻客户端的"海客号"、光明日报客户端的"光明号"、中国青年报客户端的"中青号"，通过平台汇聚各类创作者，并支撑创作者内容生产、发布与运营管理，用户可上传图文、视频内容，客户端运用算法进行推荐，激活内容生态。

---

① 潇湘晨报：《"强国有我"校园音乐活动收官，近千所高校 13.6 万高校学子参与》，百家号，https://baijiahao.baidu.com/s?id=1717109405733700223&wfr=spider&for=pc，2021 年 11 月 22 日。

② 人民日报：《超亿订单量！"人民的美好生活"首场直播完美收官》，百家号，https://baijiahao.baidu.com/s?id=1674866676891337292&wfr=spider&for=pc，2020 年 8 月 12 日。

除了上述媒体依靠客户端聚合创作者、释放内容生产力的方式，中国青年报"青蜂侠"创新采编工作流程，优化团队核心架构，建设"拍客"队伍，重视内外创作力量，实现视频高效产出。在组织内部优化制作流程，"青蜂侠"要求"7×24"小时工作制常态化，报端网力量和采编制流程一体化。在团队上，形成"调查记者＋夜班编辑"的核心架构，要求团队成员不仅要具备调查记者的素养，还要承担网站编辑的本职工作，轮值夜班。重视人才培养体系的建立。"青蜂侠"在人才培养上采用"1+N模式"，重视组织内的人才培养，由正式在岗人员带三个实习生，形成小团队后，每个小团队里分工明确，帮助员工迅速成长。积极吸纳社会创作力量，"青蜂侠"携手高校共建校媒联盟，搭建学生实践实训平台，建立大学生通讯社，依托各高校资源进行在地化发展。"青蜂侠"强调"去中心化"思维，构建"拍客"体系，成为记者部资源之外的内容供给站，并由专业团队对拍客内容进行筛选、打磨、培训、审核。

第二节 地方报纸媒体短视频发展历程

在通信技术和新兴媒体的蓬勃发展下，受众的媒体使用习惯逐渐从"纸媒"转移至"指媒"。习近平总书记指出："读者在哪里，受众在哪里，宣传报道的触角就要伸向哪里，宣传思想工作的着力点和落脚点就要放在哪里。"[①] 地方报纸媒体开拓新的传播阵地，抢抓短视频风口，是顺应媒体融合发展的必由之路。近年来，我国地方报纸媒体发挥地域优势，以视频化创新报纸媒体传播形态，实现从传播层到服务层的业务演进，提高了地方报纸媒体的传播力、引导力、影响力和公信力。

一、地方报纸媒体短视频发展概况

地方报纸媒体通过自建新闻客户端，立足本地，拓展传统媒体的传播力与影响力。根据人民网研究院《2020 全国党报融合传播指数报告》，在被考察的 377 家党报中（含中央级报纸 12 家、省级党报 33 家、地市级党报 332 家），78.8% 的党报建设了自有新闻客户端，党报的安卓新闻客户端下载总量为 787.4 万，比 2019 年增长 221%。地市级党报客户端的平均下载量上升幅度最高，达到 351%，省级党报次之，同比增长 285%。[②] 从

---

① 人民网：《人民网推出习近平新闻舆论工作系列讲话数据库》，中国共产党新闻网，http://dangjian.people.com.cn/n1/2018/0830/c117092-30261232.html，2018 年 8 月 30 日。

② 人民网研究院：《2020 全国党报融合传播指数报告》，人民网，http://yjy.people.com.cn/n1/2020/1228/c244560-31981230.html，2020 年 12 月 28 日。

地方党报的发展情况不难看出，新闻客户端作为地方报纸媒体在移动互联网上的延伸和补充，其提供的本地新闻和优质服务功能对用户的吸引力较2019年有显著提升。

表 2-9　地方级报纸媒体客户端安卓应用市场下载情况（排名前五）

省级				市级			
排名	客户端	所属新闻单位	累计下载量（万）	排名	客户端	所属新闻单位	累计下载量（万）
1	南方 Plus	南方日报报业集团	16,518.2	1	广州日报	广州日报报业集团	5,052.5
2	河南日报	河南日报报业集团	11,374.9	2	掌上长沙	长沙晚报报业集团	1,025.4
3	海报新闻	大众报业集团（山东）	5,537.0	3	爱济南	济南日报报业集团	789.7
4	川观新闻	四川日报报业集团	4,459.1	4	十堰头条	十堰日报传媒集团	563.3
5	北京日报	北京日报报业集团	3,967.5	5	引力播	苏州日报报业集团	526.5

（统计时间：2021 年 12 月 28 日）

如表 2-9 所示，对国内安卓应用市场（包括：华为、小米、vivo、OPPO、魅族、应用宝、百度、360、豌豆荚等）累计下载量统计发现，南方日报报业集团"南方 Plus"客户端、河南日报报业集团"河南日报"客户端位居前两名，下载量均超过 1 亿，领跑省级报纸媒体客户端。山东省大众报业集团"海报新闻"客户端、四川日报报业集团"川观新闻"客户端、北京日报报业集团"北京日报"客户端位列第三至第五。市级新闻客户端中，广州日报报业集团"广州日报"客户端位居第一，下载量超5000 万，约是第二名长沙晚报报业集团"掌上长沙"客户端下载量的 5 倍。济南日报报业集团"爱济南"客户端、十堰日报传媒集团"十堰头条"客户端、苏州日报报业集团"引力播"客户端位居第三至第五，下载量未达到千万级。

报纸媒体具备专业的内容生产能力和品牌公信力，能够生产高质量的原创内容。其短视频内容不仅依托自建新闻客户端，还利用短视频平台或者社交媒体平台进行分发，以实现视频内容的传播最大化。基于算法的短视频平台的强大分发能力也可以为传统媒体导流，在多平台联动中，产生"1+1＞2"的效应。

笔者根据国家网信办公布的可供网站转载新闻的省级新闻单位名单，① 统计了22个省、5个自治区、4个直辖市128家新闻单位报刊及报业集团主办网站发布的抖音、快手短视频情况。

表2-10　地方报纸媒体及其网站抖音平台短视频发布情况

排序	地区	新闻单位	账号数量	"粉丝"量（万）	获赞量（万）	视频数量（条）
1	北京	北京日报、京华时报、新京报、北京青年报	28	6,596.6	88,525.4	96,909
2	河南	河南日报、郑州日报、郑州晚报、大河网	36	3,934.2	130,942.4	46,066
3	湖北	湖北日报、武汉晚报、长江日报、荆楚网	4	3,567.5	146,655.4	24,760
4	广东	南方日报、广州日报、羊城晚报、深圳特区报	7	3,351.1	98,743.2	38,202
5	四川	四川日报、成都日报、成都晚报、华西都市报、四川在线	6	3,094.3	96,445.6	21,885
6	山东	大众日报、齐鲁晚报、济南日报、青岛日报、山东商报、大众网	38	2,548.3	93,576.3	95,197
7	浙江	浙江日报、钱江晚报、杭州日报、宁波日报	5	1,110.0	7,903.5	11,869
8	安徽	安徽日报、合肥晚报	2	868.6	179.5	5,864
9	河北	河北日报、石家庄日报、河北新闻网、燕赵晚报	6	604.4	23,064.2	10,841
10	湖南	湖南日报、长沙晚报	2	603.1	23,932.1	9,529
11	江西	江西日报、南昌晚报、大江网	7	575.4	15,954.1	13,750
12	重庆	重庆日报、新重庆、重庆晨报	3	567.5	10,136.9	18,941
13	福建	福建日报、福州日报、福州晚报、厦门日报	7	496.9	12,834.6	9,992
14	上海	文汇报、新民晚报	2	457.9	5,256.8	14,447
15	云南	云南日报、昆明日报	2	388.1	8,944.9	8,292

---

① 中国网信：国家网信办公布可供网站转载新闻的新闻单位名单，中华人民共和国国家互联网信息办公室网站，http://www.cac.gov.cn/2015-05/05/c_1115179188_2.htm，2015年5月5日。

排序	地区	新闻单位	账号数量	"粉丝"量（万）	获赞量（万）	视频数量（条）
16	黑龙江	黑龙江日报、哈尔滨日报、黑龙江晨报、生活报	4	383.5	4,134.8	7,495
17	江苏	新华日报、南京日报、扬子晚报、中国江苏网	4	341.8	6,600.8	10,395
18	海南	海南日报、海南特区报、国际旅游岛商报	5	296.5	8,082.7	14,562
19	辽宁	辽宁日报、沈阳晚报、沈阳日报	5	277.9	5,096.9	17,523
20	山西	山西日报、太原日报、山西晚报、太原晚报	6	204.3	5,232.1	14,242
21	贵州	贵阳晚报	1	185.6	4,411.9	3,649
22	广西	广西日报、南宁日报、南宁晚报	3	169.6	4,058.7	8,976
23	吉林	吉林日报、长春晚报、长春日报	3	163.1	4,913.3	8,945
24	陕西	陕西日报、西安日报、西安晚报	5	137.8	1,305.6	9,117
25	甘肃	甘肃日报、兰州日报、兰州晚报	3	99.8	888.8	5,734
26	内蒙古	内蒙古日报、呼和浩特市日报、呼和浩特晚报	3	91.4	1,455.5	3,305
27	青海	青海日报、西宁晚报、西海都市报	3	73.0	520.9	3,585
28	宁夏	宁夏日报、银川晚报	2	69.9	1,858.3	3,369
29	西藏	西藏日报、中国西藏新闻网	2	6.5	59.4	710
30	新疆	兵团日报	1	5.5	23.5	893
31	天津	今晚报	1	2.9	54.8	81
合计			206	31,272.9	811,793	539,125

（统计时间：2021年9月12日）

如表2-10所示，在抖音平台上，31家地方报纸媒体共开设206个账号，发布约54万条作品，平均每个账号发布抖音视频数2617条、累计"粉丝"量151.8万，平均获赞量3,940.7万。

根据"粉丝"量对地方报纸抖音短视频发展情况进行排序。北京市共4家新闻单位，创建了28个账号，共获"粉丝"量6596万，位居地方报纸媒体抖音短视频"粉丝"量排名首位，累计发布抖音视频9.6万条，获赞8.8亿，平均每条视频获赞量为9221万。河南省4家新闻单位，创建了 36 个账号，共获"粉丝"量 3,934.2 万，位居地方报纸媒体第二名，累计发布抖音视频 4.6 万条，获赞 13 亿，平均每条视频获赞 2.8465 亿。河南省短视频平台发展主要依靠两大账号，"大河报"抖音号累计获赞量 6.5 亿，"粉丝"量 1,559.9 万，累计发布视频 11,321 条，"豫视频"抖音号累计获赞量 5.1 亿，"粉丝"量 1,172.4 万，累计发布视频 6081 条，这两大账号视频共计"粉丝"量超过河南省 28 个账号"粉丝"量的半数（约占69.4%）。"粉丝"量位居第六名的山东省，六家新闻单位开设账号 38 个，是地方报纸媒体开设抖音号最多的省份，累计发布视频 95,197 条，其中，由山东省委宣传部主管的大众报业集团主办的大众网，针对不同市县开设了 21 个抖音账号，累计发布视频 6.9 万条，占山东省新闻单位发布视频总量的 73.1%，其余为山东省其他报纸媒体开设的抖音账号。抖音号排名最后三名是西藏、新疆和天津。天津今晚报开通了抖音账号，截至 2021 年 9 月 12 日，仅发布了 81 条视频，远远落后于其他账号。

表 2-11　地方报纸媒体单一抖音账号"粉丝"量前五名

排序	抖音账号	"粉丝"量	视频数量	获赞量
1	湖北日报	2,779.9 万	9,490	13.2 亿
2	封面新闻	2,170.9 万	10,934	9.3 亿
3	政事儿	1,719.5 万	14,145	3.3 亿
4	新京报	1,622.3 万	5,441	1.8 亿
5	大河报	1,555.9 万	11,321	6.5 亿

（统计时间：2021 年 9 月 12 日）

从地方报纸媒体单一抖音账号"粉丝"数量看，"湖北日报"位列第一，"封面新闻"位列第二，《新京报》出品的时政抖音号"政事儿"排名第三，新京报官方账号紧随其后。河南日报报业集团主办的"大河报""粉丝"量（1559.9 万）第五，其一个账号的"粉丝"量接近河南全省新闻单位抖音账号"粉丝"总量（3,934.16 万）的四成。

表2-12　地方级报纸媒体及其网站快手平台短视频发布情况

排序	省份	新闻单位	账号数量（个）	"粉丝"量（万）	视频数量（条）
1	北京	北京日报、北京晚报、新京报、北京青年报	18	2,852.9	74,488
2	山东	齐鲁晚报、山东商报、大众网	30	873.4	71,592
3	河北	河北日报、石家庄日报、河北新闻网、燕赵晚报	5	835.0	10,198
4	广东	南方日报、广州日报、羊城晚报、深圳特区报	4	733.9	36,838
5	湖北	湖北日报、长江日报、荆楚网	3	699.0	14,896
6	河南	河南日报、郑州晚报、大河网	4	525.0	17,310
7	辽宁	辽宁日报、沈阳晚报、沈阳日报	4	343.7	18,074
8	浙江	钱江晚报、杭州日报	2	185.0	6,907
9	上海	新民晚报	1	120.4	6,748
10	江西	江西日报、南昌晚报、中国江西网、大江网	4	111.8	13,196
11	吉林	吉林日报、长春晚报、长春日报	2	105.2	5,307
12	重庆	重庆日报、新重庆	2	100.8	9,623
13	山西	山西日报、太原日报、太原晚报	5	97.6	9,350
14	海南	海南特区报、国际旅游岛商报	2	94.4	7,645
15	黑龙江	黑龙江日报、哈尔滨日报、黑龙江晨报、生活报	4	92.4	5,420
16	湖南	湖南日报、长沙晚报	2	90.1	3,144
17	贵州	贵阳晚报	1	78.8	4,903
18	甘肃	甘肃日报、兰州日报	2	62.8	4,867
19	福建	福建日报、厦门日报	2	58.0	3,841
20	安徽	安徽日报、合肥晚报	2	45.4	1,190
21	广西	广西日报	1	29.5	2,680
22	青海	青海日报、西宁晚报、西海都市报	3	24.2	1,968
23	江苏	新华日报、中国江苏网	2	16.9	1,499
24	陕西	陕西日报、西安晚报	1	5.8	5,439
25	宁夏	宁夏日报	1	3.6	317
26	内蒙古	内蒙古日报、呼和浩特市日报、呼和浩特晚报	3	3.0	568
27	四川	成都日报、四川在线	3	0.4	535
28	云南	昆明日报	1	0	27

排序	省份	新闻单位	账号数量（个）	"粉丝"量（万）	视频数量（条）
29	天津		0	0	0
30	西藏		0	0	0
31	新疆		0	0	0
		合计	114	8,188.9	338,570

（统计时间：2021 年 9 月 12 日）

　　如表 2-12 所示，在快手平台上，共有 28 个省市的地方报纸媒体开设了 114 个快手账号，天津、新疆、西藏三个省市尚未开通快手账号。这些快手账号累计发布视频 33.8 万条，共获得"粉丝"8,188.9 万，平均每个账号"粉丝"量 71.83 万。

　　根据"粉丝"量对地方报纸快手短视频发布情况进行排序。在作品数量上，北京市（7.4 万条）、山东省（7.1 万条）新闻单位快手短视频产出数量远高于其他省市。在"粉丝"量上，北京市快手短视频"粉丝"量仍位居第一，北京市北京日报、北京晚报、新京报、北京青年报 4 家新闻单位创建了 18 个账号，累计发布快手视频接近 7.5 万条，共获"粉丝"量 2852 万，"粉丝"总量是第二名山东省的 3.2 倍。排名第二的山东省报纸媒体，共 3 个新闻单位开设快手账号，分别是齐鲁晚报、山东商报、大众网，共建设快手账号 30 个，累计发布视频 7 万余条，收获"粉丝"873.4 万。大众报业集团主办的大众网，共开设 21 个账号，包括"大众网 淄博""大众网 青岛""大众网 济南"等地市级子账号，占山东省开设账号数量的 70%。河北省共 4 个新闻单位，创建了 5 个账号，共获"粉丝"量 835 万，位居地方报纸抖音短视频"粉丝"量排名第三，累计发布快手视频 1 万余条。快手账号排名最后 5 名的分别为四川、云南、天津、西藏、新疆五个省份，四川省成都日报、四川在线两家新闻单位开设了 3 个抖音账号，累计发布 535 条视频，共收获 0.4 万个"粉丝"。云南省仅 1 个账号，累计发布 27 条作品，有 182 个"粉丝"，西藏、新疆、天津三个省份的报纸媒体均未开设快手账号。

表 2-13　地方报纸媒体单一快手账号"粉丝"量前五名

排序	快手账号	粉丝量	视频数量
1	我们视频	815.3 万	1.4 万
2	政事儿	629 万	1.4 万
3	河北新闻网	616.2 万	0.4 万
4	湖北日报	597.4 万	0.8 万
5	北青政知道	568.9 万	2.1 万

（统计时间：2021 年 9 月 12 日）

从地方报纸媒体快手单一账号"粉丝"数量可见，排名前五的账号中，新京报旗下的"我们视频""政事儿"和北京青年报旗下的"北青政知道"均是北京报纸媒体账号。由河北日报报业集团主办的"河北新闻网"快手账号"粉丝"量排名第三，"湖北日报"快手账号"粉丝"量排名第四。

二、代表性地方报纸媒体的短视频建设

（一）澎湃新闻：秉承"四化"方针，打造融媒生态

由原上海东方报业有限公司下属的《东方早报》团队打造的澎湃新闻 App 于 2014 年 7 月 22 日正式上线，经过两年多的发展后，由于澎湃新闻在多项媒体核心指标上都超越了《东方早报》，其母体《东方早报》于 2017 年 1 月 1 日正式停刊，并将其新闻报道、舆论引导功能全部转移到互联网新媒体上。由此，澎湃新闻成为国内较早从传统媒体整体转型的新媒体，目前已成为安卓端下载量接近 1.4 亿的新型主流媒体平台，是我国报纸媒体进行融合转型的领跑者。

国家信息中心发布的《2020 中国网络媒体发展报告》显示，澎湃新闻荣登"网络媒体 2020 年发展情况指数"榜单第五名，"最佳视频布局"榜单排名第三。[1]（"最佳视频布局"主要评估网络媒体运用短视频、直播等新模式方面的表现。）澎湃新闻客户端于 2017 年 1 月 1 日增设了独立的

---

[1] 国家信息中心：《2020 中国网络媒体发展报告》，国家信息中心官网，http://www.sic.gov.cn/News/622/10875.htm，2021 年 4 月 23 日。

视频频道，置于时事频道之前，这一位置排序体现了澎湃新闻对视频内容的重视。澎湃新闻也陆续开始运营抖音号和快手号，并在 2020 年开始运营微信视频号。截至 2020 年 7 月，澎湃视频的日产量已经占到整个澎湃原创报道总量的 50%。①

为了确保产出具有传播力的高品质内容，澎湃新闻坚持"四化"方针，不断探索融合发展的创新之道。一是技术应用化，令技术能够真正体现在新闻生产和传播流程中。澎湃新闻视觉中心注重人才储备及专业技术人才引进，团队成员不仅包括新闻采编人才，还包括视觉、设计、产品、数据等方面人才，如前端工程师、UI 设计师、动画设计师、3D 设计师等专业人员，为制作高质量的产品打下坚实的技术基础。二是操作集群化，澎湃新闻几乎 90% 的融媒体产品，都是由多个新闻中心通过分工协作的方式完成的。② 澎湃新闻内部已形成了固定的工作流程，重大时政事件发生后，由负责该事件主要报道工作的新闻中心牵头，布局策划，迅速落实启动，每个新闻中心都配有专职视频小组。除此之外，为方便不同类型部门的人员交流，澎湃新闻打造"澎友圈"空间，鼓励员工跨部门交流沟通。三是内容产品化，对一则新闻，澎湃新闻会设定两个新闻周期，前期以"短平快"为原则，生产文字报道、视频短讯等时效性高、易产出的资讯内容，后期则推出主题明确的系统性产品，便于受众更为全面和深入地了解事件。例如，凉山木里森林大火报道中，澎湃新闻于 2019 年 4 月 2 日发布长图《凉山蹈火英雄生前事｜30 个生命定格了，30 段记忆将长存》，通过对遇难者家属、战友进行采访，以一句话简要回顾了每位遇难者生前的难忘记忆。两天后，发布《H5｜他们平均年龄 25.5 岁》视频报道，悼念逝去的年轻生命，引人泪目。四是形式互动化，澎湃新闻力求融合项目的交互性，既能提高使用者的参与度，又能将用户的内容进行二次创作，从而达到互动共生的效果。在视频互动方面，澎湃新闻主要策划影像征集活动。例如，在改革开放 40 周年之际，澎湃新闻通过设计开放的平台，推

---

① 澎湃新闻：《刘永钢：从互联网新型主流媒体到全链条内容生态服务商——澎湃新闻的逆生长之路》，澎湃全媒体实验室，https://m.thepaper.cn/baijiahao_8405860，2020 年 7 月 23 日。

② 刘永钢、夏正玉、姜丽钧：《严肃新闻领域互联网爆款的黄金法则》，《新闻战线》2018 年第 9 期。

出《澎湃！家国协奏曲》H5 页面，吸引用户分享家、城、国照片，平台
自动为用户生成专属纪录片，并在澎湃新闻的瀑布信息流中予以展示，最
终精选了 200 余个视频制作成《40 年家国协奏曲》系列微视频，入驻家
国影像馆。

澎湃新闻策划的三江源国家公园全媒体报道专题《海拔四千米之上》
可谓秉承"四化"方针最具代表性的案例，该报道主题契合国家生态文明
方面的战略布局，聚焦广受关注的"人与自然和谐共生"主题，专题内容
包括 3 篇深度文字报道、4 部微纪录片和 4 场大型直播，主要对黄河源、
澜沧江源、长江源三地进行分类讲解与呈现，通过对自然景观的拍摄，配
以专家和当地牧民的讲解，充分展现了三江源地区的自然风光与风土人
情，系列作品荣获第二十九届中国新闻奖融合创新类一等奖。在内容制作
上，该项目累计约 40 人参与，从 2018 年 2 月开始酝酿、筹划，2018 年 7
月中旬至 10 月中下旬，陆续派出直播、视频、文字三类记者，累计 25 人
次参与一线采拍，素材同步后方编辑部，进行筛选、剪辑包装、调色配音、
模块开发、调试优化、平台分发等环节的制作。在技术上，该项目 70%
是 VR 视频，包括定点 VR（定点静态拍摄）和漫游 VR（走动拍摄），最
终产品以主导视频 + 多层嵌合的 VR 视频呈现，不仅在画面呈现上增添了
丰富性，还结合嵌套视频讲述多层故事，将技术本身的特性发挥到极致。
在内容分发上，澎湃新闻对视频所有分发平台的内容分别进行了优化以适
应不同的浏览器或手机屏幕，在 PC 大屏幕上强化高品质视觉内容，而在
移动设备上，为便于用户快速加载、提升观看体验，文件大小会小于 PC
端。通过全媒体、多互动产品，用户能够立体化感受位于青藏高原腹地的
三江源国家公园的原真之美。

（二）新京报：专业的新闻内容视频生产

光明日报与南方日报联合创办的综合性都市日报《新京报》于 2003
年 11 月正式创刊。新京报总编辑王跃春认为，视频化是移动端内容发展
的一个大势，是传统媒体转型最后的机会。[①]2016 年 9 月，新京报率行业

[①] 新京报传媒研究：《为新闻而生，"我们"视频今天一周岁了》，新京报传媒研究微信公众号，
https://mp.weixin.qq.com/s/Z92LasGHzNXIwYdrDl9-4A，2017 年 9 月 11 日。

之先，和腾讯新闻合作推出视频新闻项目"我们视频"，通过直播和短视频形式，集中移动端新闻视频报道，形成立体式深度报道效果，[①]上线后只用了 8 个月，总播放量就突破了 10 亿。[②]"我们视频"以成为中国最好的移动端视频新闻生产者为目标，围绕着新闻、视频、手机、专业、人性五个"关键词"，承载新京报的移动转型任务，内容形式包括直播、短视频和小视频。截至 2021 年 9 月 16 日，腾讯视频端"我们视频"共生产 2.2 万个视频作品，订阅人数超过 13 万。

《新京报》"我们视频"坚持新闻视频化为导向，坚持移动优先、视频优先的生产目标，以时政和突发事件为创作重点，并向财经、娱乐、文化、体育、民生领域全面拓展。"我们视频"目前包含九大内容栏目：国际视频新闻栏目"世面"，泛资讯视频新闻栏目"有料"，热点新闻栏目"紧急呼叫"，直播栏目"我们直播"，正能量感人事件栏目"暖心闻"，新闻评论栏目"陈迪说"，新闻访谈栏目"出圈 hot"，摄影类栏目"拍者 partner"，以及聚焦新闻现场瞬间热点画面的"一瞬间 video"15 秒短视频栏目。

"我们视频"对不同属性的内容提出了明确标准：对强资讯类视频，要求内容具有新闻价值、核心现场、核心人物，将缺少现场核心画面的信息可视化（利用虚拟化、3D 类的视频补充还原新闻现场）；对非资讯类视频，要求具有信息价值、核心故事、视觉价值、热点价值。内容生产流程主要为：步骤一，选题策划，选题来源为记者报题、拍者爆料、报社派题；步骤二，走访现场，记者核实现场并采访当事人，补充新闻素材；步骤三，视频内容制作；步骤四，审核成片。编辑起标题、导语后发布。此外，"我们视频"还严格把控内容生产细节，包括短视频拍摄技巧、内容标题、封面制作技巧、分发平台以及运营等，从受众内容消费习惯入手，实行精细化运营，抢占流量高地，最大化提升新闻内容的时效性与交互性。

---

① 冯韶丹：《短视频时代新闻深度的再思考——评〈深度报道：理论、实践与案例〉》，《新闻爱好者》2021 年第 6 期。

② 腾讯媒体研究院：《"我们视频"新闻生产及运营：千亿流量背后，短视频的工业化标准》，腾讯媒体研究院微信公众号，https://mp.weixin.qq.com/s/L3MFvN2W4OuOEtiNV3IScQ，2021 年 3 月 12 日。

　　高质量、高产量的视频内容必须依靠强有力的组织保障。"我们视频"现有团队规模百余人，一方面强调记者、编辑的融媒体生产意识，一方面采编方式采取"一人主导，多人配合"的协同模式，鼓励跨组跨部门以项目制形式引导内容生产。同时，组建了国内超过3000人的拍客团队，将海量线索和视频素材提供给采编团队，在后者严格的筛选、求证、编辑、校对后，进行全网分发。

　　依托头部短视频平台，2018年，新京报还入驻了两大头部短视频平台，并逐渐建立起短视频账号矩阵。经过三年发展，新京报拥有抖音短视频账号20个，共发布视频5441条，"粉丝"量1,622.3万，获赞量1.8亿；拥有快手短视频账号11个，共发布快手视频4460条，"粉丝"量179.1万。抖音平台，除新京报官方抖音账号外，还开设了"政事儿""动新闻""新京报评论""新京报贝壳财经""新京报书评周刊""新京报文娱""新京报体育""新京报房探""新京报食物链"等账号，涉及新闻、财经、汽车、健康、商业、教育、美食、文体等多个领域，破除了非新闻领域内容缺失的困境，各子账号同频共振，进一步提高了舆论引导能力。

　　"政事儿"是新京报政事儿工作室官方账号，在地方报纸媒体抖音"粉丝"量排名中位列第三、快手平台"粉丝"量排名第二。"政事儿"原为《新京报》时政新闻部2015年6月创立的微信公众号，后以品牌化产品拓展到新京报新闻客户端、今日头条、各大门户网站，并于2020年年初入住抖音快手平台。内容涵盖时事热点、反腐、人事、时局等，以"小细节解码大时政"为定位，在垂直类时政新媒体的红海中，用独到犀利的视角、简洁有力的报道，发挥了时政报道的影响力。

　　在传播渠道上，新京报实施优质内容多平台分发战略，同时保持各平台内容有所侧重。在抖音账号上，以"新京报"（发布视频数0.5万条，"粉丝"量1,622.3万，获赞量1.8亿）和"政事儿"（发布视频数1.4万条，"粉丝"量1,719.5万，获赞量3.3亿）抖音号为主，选题侧重于"硬"新闻。而在快手平台，"我们视频"（发布视频1.4万条，"粉丝"量815.3万）与"政事儿"（发布视频数1.4万条，"粉丝"量629万）发布视频数量基本持平，但"我们视频"所获"粉丝"量超过"政事儿"，前者主要发布贴近大众生活的民生新闻视频。例如《多名男子携带金属探测仪盗墓，被抓现场画面曝光》视频呈现了抓捕现场画面，该视频共 376.8 万播放量，获赞 3 万，325 条评论。"政事儿"主要发布时政类、社会类新闻。可见，在不同平台上，新京报有针对性地发力，能够在节省人力成本的情况下，发挥更大的渠道价值，增强用户黏性。

新京报坚持移动优先、视频优先的整体战略，在纸媒原有图文优势基础上推行全领域视频化，成为地方报纸媒体转型突破的一面旗帜。

（三）封面新闻：孵化"青蕉拍客"IP，发力 UCG 内容

封面新闻客户端是四川报业集团、华西都市报融合转型的新型主流媒体平台（2016 年 5 月 4 日上线），在 2018 年首届中国新媒体年会上，被评为国内十大"最具影响力主流媒体新闻客户端"，也是西部唯一一家入选的新闻客户端。

封面传媒把视频作为信息表达的主要形态，提出了"视频优先"战略，推动新闻客户端视频化。顺应 5G 时代短视频暴发风口，作为以图文为主起家的纸媒机构，封面新闻转型解决了首要问题——将版权运营和 UGC 作为主要的视频来源渠道。在版权经营方面，封面新闻充分发挥自身新闻生产的专业性，利用成熟的内容制作队伍，与互联网商业平台展开视频生产合作，如与腾讯联合制作《视野》栏目。在 PGC 方面，2019 年 5 月，封面新闻 App 已迭代升级至 5.0 版本，完成了全频道的视频化建设，客户端包含万象、推荐、青蕉、地理定位四大频道，首页双瀑布流展现内容，为用户提供沉浸式视频观感。同时，5.0 版本全面升级青蕉社区，发力社群交互。封面新闻建设青蕉拍客统一的用户管理系统，用户可自定义兴趣内容，实现年轻态社交。青蕉社区开通用户视频制作发布通道，可线上编辑视频，并通过"AI 审核＋人工审核"双重审核机制，大大缩短 UGC 用户从上传至发布的时间，操作更加便捷和智能化。封面新闻还与腾讯新闻签署战略合作协议、优势互补，共同孵化"青蕉拍客"IP，封面新闻依托专业的采编与内容把关能力，着力提升 UGC 作品质量，进行严格的内容风险把控；腾讯新闻则铺设传播渠道，为青蕉拍客们提供腾讯新闻、天天快报、微视等传播平台。

为帮助拍客成为新晋网红，青蕉社区制定了一种高报酬的奖励机制。拍客作品稿酬支付标准按照作品题材划分为 4 类：（1）人文生活类短视频，包括风土人情、街头见闻、平凡人的不平凡瞬间、生活 Vlog 等人文生活类视频，被采用视频按照 50 元~1000 元/条的标准支付稿费；（2）新闻类短视频，要求作品具备新闻性、故事性和传播价值，有人物出镜，被采用视频按照 50 元~300 元/条的标准支付稿费；（3）突发事件（包含关键信息）视频，国内国际突发事件中及时响应的新闻作品，要求拍摄视频中包含重要新闻元素或关键信息，新闻性强，被采用视频按照 50 元~400 元/条的标准支付稿费；（4）定制视频，由封面新闻指派或拍客单独报题，以前后方联动配合完成定制，过程中配合默契，顺利完成拍摄采访，视频质量佳，被采用视频按照 400 元~2000 元/条的标准支付稿费。稿费会根据作品的素材原创度、选题价值、视频质量、24 小时内点击量、社会影响力，进行一定幅度的调整。青蕉社区以开放的心态吸纳全球拍客，对优质原创内容、参与热点话题的拍摄和互动，都将给予高额奖金回报。即使受疫情限制，2020 年封面传媒活动营销仍取得突破，其中青蕉拍客作为流量变现模式之一，为封面传媒收入的稳步增长贡献了主要力量。

（四）湖北日报：聚力融合传播，破解流量密码

湖北日报融媒体中心及时关注社会热点，涌现出一批影响广泛、打动人心的全媒体报道。在短视频领域，截至 2021 年 9 月 12 日，"湖北日报"全国地方报纸媒体抖音账号"粉丝"量排名第一，"粉丝"量 2,779.9 万，视频数 9490 条，获赞 13.2 亿；是全国地方报纸媒体快手账号"粉丝"量排名第四的账号，"粉丝"量 597.4 万，视频数 8000 条。湖北日报自 2019 年 7 月开始常态化运营抖音号，仅八个月时间（截至 2020 年 3 月），抖音"粉丝"量突破 1000 万，成为全国省级党报抖音"第一号"、湖北省内"第一号"。① 其官方抖音账号获得如此高的关注量，与疫情期间大量发布紧密围绕疫情实时动态的强时效性内容密不可分。

---

① 新闻界：《中央及地方主要报纸抖音账号影响力排行》，新闻界微信公众号，https://mp.weixin.qq.com/s/6UVTk7e5uERKROFtDR-kew，2021 年 5 月 10 日。

新冠肺炎疫情暴发以来，湖北日报新媒体在"疫"线、速"融"、赋"能"、"云"游、"蝶"变等五个方面，① 主动打响一场融合传播"战疫"。湖北日报记者在总结疫情期间湖北日报传播规律时，对这五个关键词分别做出了解释：（1）"疫"线：疫情期间，湖北日报融媒体中心全面采用全媒体报道，坚持 4 个月，24 小时专人专岗值班负责抖音短视频生产，全力报道疫情；（2）速"融"：湖北日报坚持贯彻"移动优先"策略，坚持去中心化、多渠道化、多交互性，加快构建全媒体传播体系建设；（3）赋"能"：湖北日报坚持党性，以围绕中心、服务大局的"一盘棋"思想，整合产品、用户及大数据的"一体化"意识，从内容传播向服务用户的"一条龙"的思维，为湖北日报从传统媒体本位走向新媒体本位，构造主流新媒体的传播新格局赋能；（4）"云"游：利用"云计算"等新技术驱动内容升级，通过云数据情感分析绘制疫情地图，创新动态图、短视频等动态化传播形式；（5）"蝶"变：湖北日报客户端、微信、微博、短视频平台等各平台在疫情期间均吸引了大量"粉丝"关注。官方抖音号"粉丝"量净增 396%；官方快手号"粉丝"量净增 150%。②

2020 年 1 月 20 日，习近平总书记对新型冠状病毒肺炎疫情作出重要指示，强调要把人民群众生命安全和身体健康放在第一位，坚决遏制疫情蔓延势头。当天，"湖北日报"抖音号紧跟热点，正式推出"众志成城共克疫情"抖音合集，共更新 1366 集视频，视频累计播放量 135.3 亿次（数据统计截至 2021 年 10 月 8 日）。仅 2020 年 1 月 20 日和 1 月 21 日两天发布的 14 条视频（共计 94 秒），累计获赞量 2884 万，评论量 364.42 万，累计转发量 63.64 万（见表 2–14）。实际上，早在 2020 年 1 月 1 日，"湖北日报"抖音号就已发布疫情相关新闻，《公告！武汉华南海鲜批发市场休市整治＃不明原因肺炎》获赞量 13.3 万，第一时间在新媒体平台为公众敲响了警钟。

---

① 湖北日报：《湖北日报融媒体中心获选 2020 中国应用新闻传播十大创新案例》，湖北日报网，http://news.cnhubei.com/content/2020-12/12/content_13500728.html，2020 年 12 月 12 日。

② 黎海滨、吴秋华：《解析战"疫"期间的"湖北日报新媒体现象"》，《新闻前哨》2020 年 10 月。

表 2-14 抖音平台"湖北日报"账号两日内发布作品情况

发布日期	文案	点赞量（万）	转发量（万）	时长（秒）
2020 年 1 月 20 日	钟南山：新型冠状病毒肺炎肯定有人传人现象	201.4	9.7	14
	钟南山：新型冠状病毒很大可能来自野生动物	24.9	0.8	6
	为什么突然增加这么多肺炎确诊病历	3.4	0.1	5
	武汉公布发热门诊医疗机构和定点救治医疗机构名单	2	0.1	12
	外交部：武汉已采取出镜离汉人员管控措施	31.1	4	5
2020 年 1 月 21 日	最新！武汉 15 名医务人员确诊！	49.9	0.7	4
	紧急通知！武汉 2020 春节文化旅游惠民活动延期举行！	2	0.03	2
	专家建议：别去武汉，武汉人别出来！转发周知！	4.6	0.4	6
	最新！武汉实施进出武汉人员管控	4.8	0.3	3
	春运路上如何严防新型冠状病毒？四句话！转给你爱的人！	6.9	0.9	6
	武汉 #新型肺炎患者治愈出院后无异常！"这个病还是可治的"	18.6	0.4	8
	坚守！任汗滴淌下，任睫毛凝霜，连续 8 小时的密封！向英雄致敬！	597.5	2.6	6
	"希望我能活着回来""老伯知道了要和我离婚"武汉同济医院医生瞒着家人请缨上战场	49.1	0.3	6
	同济医生请愿参与治疗"不计报酬，无论生死！"愿平安！	1,887.8	42.9	11

（统计时间：2021 年 9 月 12 日）

疫情期间"湖北日报"聚焦抗疫一线最美"逆行者"的作品获得破千万级点赞。如 2021 年 1 月 21 日，作品《同济医生请愿参与治疗"不计报酬，无论生死！"愿平安！》在抖音上被广泛转载，画面展示了医护人员身着厚重防护服，写下申请书"不计报酬，无论生死！"自愿参与治疗，以歌曲《奉献》"我拿什么奉献给你，我不停地问，我不停地找，不停地想……"为背景音乐，声画结合震撼人心。单件作品获赞量 1,887.8 万，获得 60 万条评论、42.9 万转发量，成为地方报纸媒体现象级爆款佳作。在内容创作方面，湖北日报抖音编辑总结出了"更短、更精、更直接、更动人"的 10 字流量密码。"更短"即片长短，湖北日报抖音号发布的抗疫短视频平均时长为 14.5 秒。"更精"指不浪费 1 秒钟，以精悍的画面传递充足信息。"更直接"即开门见山，直奔主题。"更动人"指选题和内容都要能够表达情感，引发受众共鸣。[①] 湖北日报具有强时效、正能量特点的短视频起到凝聚人心、温暖人心的效果，其单件作品获赞量能够突破千万级，印证了短视频是扩大媒体影响力、发挥媒体社会功能的有效工具，给地方报纸媒体融合发展带来了诸多思考和启发。

三、地方报纸媒体短视频发展特征

我国地方报纸媒体在发展短视频之路上，探索出了依托自身优势的差异化转型战略，主要可以概括为：强化新闻产品，拓展内容品类；重构组织内生产流程，抢抓时效热点；PGC+OGC+UGC 生产，打造平台型媒体；聚焦本土资讯，推进服务融合；推进商务合作，实现内容变现等四个方面。

（一）强化新闻产品，拓展内容品类

短视频异军突起，新闻报道与短视频的结合成为报纸媒体转型的切入点。报纸媒体在既有新闻报道制作经验的基础之上，强化新闻产品，构建短视频品牌。澎湃新闻客户端始终聚焦"时政与思想"定位，围绕新闻内容生产视频产品。视频频道设置"上直播""温度计""纪录湃""@ 所有人""world 湃""一级视场"等 17 个栏目。"上直播"栏目主要提供现场直播及直播回放，"@ 所有人"栏目主打 24 小时及时上传新闻现场画面，"world 湃"呈现全球重大事件和热点新闻，"温度计""纪录湃"以深度原创为主，而"一级视场"则是以财经类原创短视频为主，及时解读财经资讯等，在新闻客户端呈现多种类型的资讯类产品。

同为资讯输出平台，为避免同质化，打造差异化内容，地方纸媒也开始加大对非新闻产品领域的探索，深耕更加多元的垂类内容。《南方周末》和灿星文化联合成立南瓜视业文化传播有限公司继续发挥《南方周末》在内容生产、思想引导、创意策划、渠道分发等方面的优势，制作非新闻类

---

① 张磊：《"正能量"与"高流量"如何兼得——〈湖北日报〉抗击疫情抖音短视频的采编思考》，《新闻前哨》2020 年 5 月。

节目，包括文化消费节目《一饮一啄》，文化脱口秀《首映日》《有话则短》《一冲了之》等，激发受众对中国文化的关注，传递主流价值观。浙江日报报业集团天目新闻客户端是浙江在线倾力打造的新闻视频客户端，是国内省级媒体首个短视频客户端（累计下载量 3776 万），荣获 2021 中国应用新闻传播十大创新案例。天目新闻客户端紧抓地域特色，发布"说唱浙江文化印记"系列主题报道，综合运用动画、说唱、特效剪辑等流行元素制作趣味科普短视频，呈现 5000 多岁的良渚神徽"开口"唱 Rap 的画面。截至 2020 年 12 月，天目新闻客户端该系列短视频累计阅读量超 1000 万，点赞、评论和转发超 40 万次，百度相关搜索量超 60 万条，引发全网关注。系列短视频还被学习强国、人民网人民文旅、腾讯视频全系列转载刊发。[①]

（二）重构组织内生产流程，抢抓时效热点

地方报纸媒体因地制宜建设中央厨房，在实践中不断寻找适合本区域受众传播规律、适应全媒体机制的采编流程以优化提升新闻生产效率。"中央厨房"，即一次采集、多种生成、多元传播，通过内容的集约化制作，实现新闻信息的多级开发，以提高传播效果，节约传播成本的新闻生产模式。[②] 例如，2018 年年底，重庆日报报业集团宣布，全员向移动传媒平台转型，专业视频记者由起初的 50 人扩充至 400 人。集团以中央厨房化的新型工作机制重构新闻视频和原创视频的生产与传播流程。在新闻采集过程中，将素材同步中央厨房进行云剪辑，实现"一次采集、多元生成、多渠道发布"的流程重组，提高传播效率和传播效果。

除了建设中央厨房，地方报纸为打造视频化新闻产品，专设以视频产品为核心的生产组织架构，推进组织架构创新，为新闻视频化提供采编力量支撑。浙江日报报业集团实施"新闻视频化"核心战略，于 2017 年 1 月 1 日推出"浙视频"，人、财、物向短视频倾斜，所有记者转型为全媒体记者，将视频作为新闻的标配。[③]"浙视频"以"重大主题、突发热点、

① 王静：《主流媒体竖视频客户端的挑战及创作策略——以浙江日报天目新闻客户端为例》，《中国记者》2021 年第 9 期。

② 陈国权：《中国媒体"中央厨房"发展报告》，《新闻记者》2018 年第 1 期。

③ 汪文斌：《以短见长——国内短视频发展现状及趋势分析》，《电视研究》2017 年第 5 期。

日常新闻"为三大着力点，设置采访室、编辑室、直播室、技术室四个科室实现"四轮驱动"，建立快速反应机制，第一时间回应公众关切，在接收线索 10 分钟内出发，[①] 及时抵达现场展开报道，做到即拍即发，为用户提供新鲜及时的本地新闻。2020 年 7 月 8 日浙江下特大暴雨，浙江日报报业集团全体采编人员闻"汛"而动，新媒体平台各路记者奔赴一线及时发布权威信息。记者跨省第一时间奔赴安徽歙县，陆续推出《天目航拍！安徽歙县遭 50 年一遇洪灾》《安徽歙县河流水位下降，道路抢修进行中》等多组短视频报道和《防汛进行时，天目记者直击浙皖两地防汛情况》《看安徽歙县太平桥，为两千学子守望》等多场视频直播，介绍当地抗洪救援情况。[②]

（三）PGC+OGC+UGC 生产，打造平台型媒体

目前多家地方级报纸媒体客户端搭建平台型媒体，改变了"媒体写读者看，媒体说读者听"的告知型媒体角色，平台型媒体通过"开门办端"的方式，通过供应方、需求方、运营方三方携手，将传统媒体的优良传统和新技术、新手段相结合，搭建一个吸引广大用户参与和共享的媒体平台。

在互联网空间中，用户不仅是见证者、接收者，还是参与者、传播者，在社交过程中成为媒体的渠道、生产力和可沉淀资源，[③] 传统媒体通过吸纳用户参与内容生产、进行创作实践，增强了平台的社交化属性和用户黏性。一是搭建共创平台，邀约各类创作者入驻。广州日报广州参考客户端成立融媒体工作室，充分发挥专职采编力量在视频、直播、VR、H5 等方面的专业生产能力，并邀请政府机关、教育、医疗、社会团体等 160 个新媒体公众号签约入驻中央厨房，共同打造地方报纸媒体与地方政府、服务机构之间"信息共享、渠道互通、活动推动"的新格局。二是优化对 UGC 视频内容的开发利用，充实新闻资源。用户生产的海量短视频内容质量参差不齐，部分新闻媒体为抢抓新闻时效，对用户生产内容未加审核，直接发

---

① 肖国强、徐斌：《党报视频化的探索与思考——浙江日报报业集团"浙视频"成长记》，《新闻战线》2018 年第 11 期。

② 徐宪忠：《浙江日报报业集团全媒呈现战汛新闻》，《中国新闻出版广电报》2020 年 8 月 25 日第 6 版。

③ 彭兰：《移动化、社交化、智能化：传统媒体转型的三大路径》，《新闻界》2018 年第 1 期。

布，会损害媒体的专业性和公信力。例如，"我们视频"成立 UGC 运营团队拍者组，秉持新闻专业主义精神，由"拍者"提供第一手新闻现场画面，"我们"记者核实、跟踪报道，保证新闻"五要素"齐备，增添现场采访提供信息增量。如 2019 年 10 月 10 日，江苏无锡发生高架桥侧翻事故。"我们视频"迅速联系当地拍者前往现场，与"我们视频"直播团队合作发起直播，同时联系当地的无人机飞手拍摄现场画面，剪辑发布快手短视频，视频播放量超过 948 万次。① 三是重视人才培养，帮助提升 UGC 内容生产能力。如河南日报报业集团于 2021 年 12 月联合国内一流院校及头部短视频创作团队，共同打造了"豫视频学院"，该系列课程主要目标为培养短视频人才，打造人才库与资源库，以满足集团在短视频风口下对视频制作人才的迫切需求，推动短视频新闻的发展。

（四）聚焦本土资讯，推进服务融合

部分地方报纸媒体从传播向服务演进，在短视频平台发布相关地方资讯，服务地方生产生活。例如，河南日报报业集团主办的都市生活日报《大河报》聚焦本土资讯，注重区域性短视频矩阵建设。如前文所述，《大河报》抖音账号"大河报"是全国地方报纸媒体抖音账号"粉丝"量排名第五的账号，"粉丝"量 1,555.9 万，视频数 11,321 条，获赞 6.5 亿，其一个账号的"粉丝"量接近全省新闻单位抖音账号"粉丝"总量（3,934.16 万）的四成。大河报地市级新闻中心也开设了抖音号，如"大河报洛阳新闻"（"粉丝"量 342.9 万）、"大河报三门峡新闻"（"粉丝"量 105.8）、"大河报开封新闻"（"粉丝"量 28.9 万）等 16 个地市级抖音号，累计"粉丝"量 596 万，获赞 9078 万。地市级抖音视频主要聚焦当地新闻资讯，如"大河报洛阳新闻"共发布 2940 条视频，囊括当地民生资讯及社会热点，包括洛阳市疫情防控新闻发布会、疾控中心提醒等疫情信息，老旧小区整改、开通地铁、寻人启事等社会服务信息，多数视频点赞量在 1000 以下。虽然地市级短视频影响力有限，但河南日报报业集团自上而下展开短视频矩

---

① 李卿：《报料＋助力内容生产＋共同成长，新京报"我们视频"的 N 种玩法，玩出超千亿播放量》，传媒评论微信公众号，https://mp.weixin.qq.com/s/9JS9XIO9QgnmgnXyeAGuWw，2019 年 11 月 27 日。

阵建设，通过整合地市级媒体资源，将传播与服务相结合，为基层群众提供本土化信息服务的传播架构可供各地方报纸媒体借鉴。

伴随媒体融合的深入发展，报纸媒体不断畅通群众参与社会治理渠道，在客户端上搭建社会治理平台，用户可以利用短视频拍摄功能直接向后台发送新闻现场素材，由客户端编辑整理后交给记者进行采访报道，也可以将问题反映给相关部门解决，打通了媒体与受众沟通的新渠道，发挥了短视频在提升社会治理效能方面的作用。南方报业传媒集团官方新闻客户端"南方 Plus"（截至 2021 年 12 月 28 日，累计下载量 16,518.2 万）在地方报纸媒体客户端安卓应用市场下载量排名中位列第一。该客户端推出"拍客上传"通道，设有 28 个热门主题，包括舆论监督话题、消费维权话题、交通违章曝光话题等，拍客可根据视频内容选择话题上传视频。其中"24 小时新闻爆料"主题参与度最高，共 28 万人次参与，用户可通过上传短视频或图片的形式提供新闻信息或反映问题，客户端编辑整理后再移交记者，通过跟进采访报道或反映给相关部门，推动解决问题。目前多家地方报纸媒体利用短视频不断拓展业务范围，重点推出的短视频问政功能以更便捷直观的形式发挥了媒体舆论监督作用，构建民众参与社会治理的新型渠道，打通了媒体联系群众的毛细血管，实现了以全媒体助力社会治理现代化。

（五）推进商业合作，实现内容变现

随着短视频媒体形态日臻成熟，如何实现短视频变现成为当前报纸媒体关注的问题。除了传统的广告模式，报纸媒体正在探索更加多元的内容变现方式。

一是开通付费专栏，实现短视频内容变现。浙报集团天目新闻客户端开通《医问》栏目，通过短视频问答的形式，为患者提供常见健康问题解惑、就诊前答疑等，其中的优质内容得到了公立医院的广泛认可，2021 年 1 至 6 月，《医问》总计实现合作营收 250 万元。[①]

二是发挥报纸媒体制作团队专业性以及全媒体矩阵优势，与地方政府

---

① 王静：《走出"流量陷阱"，主流媒体竖视频客户端变现对策初探 以浙报集团天目新闻客户端为例》，《传媒评论》2021 年第 8 期。

开展视频业务合作。如 2018 年 3 月，湖北日报融媒体与利川市委宣传部签下 12 部短视频制作订单，联合推出系列微视频短片《凉城利川》，该系列报道通过图文、视频等融媒体报道方式全面呈现，在湖北日报全媒体平台发布后，多家本地、全国性网站进行转载，全网综合点击量超过 1000 万。其中，《利川红，一夜爆红！利川：30 年种茶扶贫，底色其实是绿色》点击量超过 300 万。① 利川市宣传部、文旅部门对该系列短视频给予了高度评价，其精良的内容对当地的城市形象推广起到了重要作用，湖北日报也获得了一定的经济效益，双方达成了共赢。

三是承接短视频运营服务项目，深入短视频商业化探索。河南日报报业集团打造的视频项目"豫视频"开展短视频运营服务，围绕创意策划、影像生成、包装分发、管家服务等四方面开拓了"影像管家服务"，启动小程序开发工作，形成了短视频生产工业化模板，实现了"接单、匹配摄影师、下单、执行对接、交付完成、视频交付上传、评论审核、摄影师评级"全流程数字化、流程化、规范化，以在母版视频中替换素材的方式，实现视频创作流水式作业。全年生产短视频超过 30,000 条，全网播放量超过 500 亿。②

---

① 周浩锋、赵恒：《浅谈传统媒体短视频如何变现——以湖北日报融媒体视频探索为例》，《新闻前哨》2019 年第 12 期。

② 人民网：《豫视频》，人民网，http://media.people.com.cn/n1/2021/0602/c14677-32120298.html，2021 年 6 月 2 日。

第三节　报纸媒体短视频的经验与问题

近年来，报纸媒体突破新闻产品的传统形式，通过自建平台或入驻短视频平台发展短视频内容，在生产主体、生产技术、传播内容、运营策略等方面均积累了一些宝贵经验。但在社交媒体时代，报纸媒体依然受传统媒体思维与体制束缚，存在内容单一且创新性不足、品牌定位模糊、内容难以变现等问题，需要进一步完成与新媒体平台的深度融合，在实践中探索新的发展路径。

一、报纸媒体短视频的发展经验

（一）主打新闻内容，发挥报纸媒体专业优势

传统纸媒的短视频发展离不开其源媒体优势，源媒体承载着之前累积的权威性、公信力和影响力，为优质短视频内容的产出奠定了坚实基础。

一是深挖新闻资讯类短视频这一主要发展方向。通过前文梳理可见，当前，新闻资讯类短视频仍是"读屏时代"报纸媒体的主攻方向。对用户生产的内容，部分报纸媒体能够利用专业的记者、编辑团队对具有新闻性、拍摄水平较高的视频进行精编，把握宣传的时、度、效，通过影像叙事和价值传播的融合，打磨优质原创"网生"内容。例如，在以海量用户生产内容为主体的短视频生态中，新京报打造的"我们视频"以准确、全面、增量、伦理等为定位，保证新闻"五要素"齐备，一方面能够全方位还原UGC新闻线索，另一方面又增添现场采访为UGC内容提供信息增量。

二是在新媒体语境下部分作品注重以"小切口"展现"大主题"。不同于传统媒体自上而下的宣教风格和宏大叙事，在新媒体环境下，主流报纸媒体需要科学、准确地研判多元化的社会思想，挖掘社会主义核心价值体系精神内核，并通过生活化、多样化的镜头语言呈现新闻内容，善用场景意识丰富用户体验，使之更符合新媒体平台的整体调性，从而更易被受众接受和认可。例如，人民视频系列短视频《夜归人》聚焦繁忙的都市"夜归人"，通过镜头展现快递小哥、急诊室医生、创业者、星空摄影师、专车司机、流量明星等个体的真实生活，以独特方式记录大时代背景下个人的奋斗故事，推出了6集具有传播价值和流量价值的视听内容产品，同时，在新浪微博创建的"寻找夜归人"话题引发网友热议，话题流量破亿。[①]

三是以系列内容打造优质 IP。在新闻领域的 IP 包括主持人、记者、节目等，细分定位之下，部分报纸媒体已将打造 IP 作为重要的短视频运营方式，并取得一定成效。新京报"我们视频"发挥深度报道团队的优势，结合评论部的特色，打造《陈迪说》快评类短视频栏目，每一期短视频新闻评论时长在 5 分钟以内，围绕热点新闻，简短引入相关信息后，评论员以简洁的观点，从年轻人的视角展开评论。《陈迪说》自 2018 年 6 月创办以来，截至 2021 年，已发布 106 个长评新闻视频，45 个短评新闻视频，累计播放量 3.75 亿。[②]这一栏目的设立巩固了自身传统的报纸媒体品牌，也确立了"我们视频"的特色。

四是发挥源媒体资源优势，传递主流声音。主流报纸媒体发力短视频领域，其内容生产以文字记者、摄影记者、职业编辑等专业化队伍为基础，展现出源媒体精准把握导向、策划制作主题性视频的自身优势，能够迅速捕捉到具有核心价值的内容，拓展不同于其他媒体的独特视角，与商业平台和自媒体生产的大量生活娱乐类视频实现了差异化生产。如浙江日报报业集团的天目新闻客户端曾发布一条截取自监控视频的时长 16 秒的竖屏

---

① 人民网人民视频系列短视频《夜归人》荣获"2019 优秀网络视听专题节目"，人民网，http://media.people.com.cn/n1/2020/1014/c120837-31891740.html，2020 年 10 月 14 日。

② 孙弘：《媒介融合背景下新闻评论的发展策略研究——以网络新闻评论节目〈陈迪说〉为例》，《东南传播》2021 年第 6 期。

短视频产生了超过 2 亿次的话题阅读量，获得 2300 万次观看量^①，被人民日报、央视网、环球时报等主流媒体广泛转发传播，引起了较大的社会反响。《危重病人拔管后紧紧拉住医生的手，艰难地说出了这四个字："打倒病魔"》为记者从浙江省台州医院官方渠道截取的一段新冠肺炎危重患者好转后拔管的监控视频，在较长的监控视频中，记者选取了患者拔管后重复四个字"打倒病魔"的 16 秒内容，用感人瞬间击中人心。

纸媒内容生产团队能够借助短视频将图文信息快速转化为动态的视觉信息，响应短视频秒级时长特点，创新微叙事模式，在深度与广度上下功夫，在创新中努力实现与源媒体特色定位和内容优势之间的契合与互补，既用传统媒体的专业性辐射新媒体的内容生产，同时又注重以新媒体思维反哺传统媒体。

（二）丰富产品类型，搭建账号森林体系

短视频承载的视听符码是文字报道的有益补充，融媒体背景下，短视频为报纸媒体升级转型提供了新的驱动力，各大报纸媒体以短视频作为深度融合突破口，在全面拥抱短视频的过程中深耕垂直领域，逐渐开发出不同类型的视频产品。

一是创意年轻态的节目新形式。"年轻态"的呈现形式是报纸媒体在网络化生存发展中应对网生代需求的努力方向。人民网人民视频编辑组联合人民日报评论部在 2021 年两会期间共同打造了全新的原创评论栏目《两会屏评看》。该节目让人民日报评论员队伍从幕后走到台前为网友解读两会热点，使人民日报突破原本评论文字的媒介限制，用更接地气的语言、年轻化的表现形式，与网友一起关注两会，让时政内容更可亲。2021 年 3 月 3 日，《两会屏评看》上线，24 小时累计播放总量和话题阅读量超 600 万次。^②

二是搭建"四梁八柱"账号体系。从账号主体上看，部分报纸媒体

---

① 王静：《主流媒体竖视频客户端的挑战及创作策略——以浙江日报天目新闻客户端为例》，《中国记者》2021 年第 9 期。

② 人民网官方账号：《人民网 2021 两会报道开创新格局》，人民网，https://view.inews.qq.com/a/20210312A0CSVG00，2021 年 3 月 12 日。

短视频平台织成了以不同内容、不同地域为架构的融媒传播网。人民日报社除设有包括"粉丝"量破亿的"人民日报"抖音账号，还有"人民日报国际""人民日报人民文旅""人民视讯""健康时报"等37个官方认证抖音账号，以及34个快手官方认证账号等，内容涵盖广泛。山东大众报业集团主办的大众网也搭建起了一个以"大众网"为主账号，包含"大众网烟台""大众网 青岛""大众网 淄博"等20个子账号的主流媒体账号体系，建立了覆盖多市地多类型的账号网络，充分发挥了地方报纸媒体的在地化特性，满足用户对本地资讯的需求。

（三）再造制播流程，聚合多元主体生产

传统报纸媒体的新闻报道主要以记者采写为主，团队协作较少。新媒体时代，为有效整合媒介资源，报纸媒体需要由自有媒体的"单打独斗"转向多媒体、多平台的跨界联动。作为以图文为主要内容起家的报纸媒体机构，逐步通过建立"中央厨房"式的采编平台，打破部门壁垒，培养全媒体人才，通过 PGC+OGC+UGC 拓宽内容来源，获得源源不断的新闻素材，解决了报纸媒体新闻视频化发展过程中视频资源不足的核心问题。

一是再造采编生产流程，打破传统媒体和新媒体分立的采编架构，实现一体化传播机制。如四川日报报业集团以建立全媒体传播体系为重点，由报纸为先转向移动优先，将四川日报、川观新闻、四川在线三个单位整合为一个单位，实现川报全媒体一体化融合，向"一支队伍、一个平台、三大终端、全媒一体"深度融合目标发展。围绕一体化平台，四川日报报业集团对信息渠道、平台版面、人力等资源进行统筹优化。推行以用户需求为核心、以人才兴趣为纽带的产品工作室机制，淡化部门意识，根据公众关注度匹配相应资源和采编力量，在信息采集过程中，实现素材一次采集、多平台加工分发，提升资源利用率和内容生产力。

二是广泛开展社会化合作，建立拍客团队，丰富多元化内容来源。在积极推动纸媒记者转型的同时，一些报纸媒体强化社会化协作，与政府、高校以及其他媒体展开合作，并建立拍客团队，从原来单一的记者专业化采编模式，转向 PGC+OGC+UGC 的综合性采编模式。例如，封面新闻成立了"青蕉"社区，招募全球拍客，出台一整套激励与标杆培养计划，提

升业余拍客的专业能力，优秀拍客的主页在封面新闻上被重点推荐、持续曝光。在平台的支持下，拓宽了新闻内容的边界和新闻素材的来源，释放了新闻素材的生产力。报纸媒体客户端迭代升级，不断精简优化用户上传视频的流程，降低用户创作难度，并在质量审核、平台管理、用户引导上提质增效，使报纸媒体短视频新闻素材得到稳定供给。此外，UGC 提供的视频内容不仅可用于短视频，还可用于直播，反哺新闻客户端乃至报纸。2019 年 7 月 3 日，辽宁开原突发强对流天气，新京报"我们视频"根据当地拍客传来的画面，抢先一步进行网络传播。传统媒体与拍客持续跟进直播，并将图文及视频第一时间发布在微信公众号。次日，《新京报》纸媒发表了拍客提供的画面截图，并附上了相应的视频二维码，有效利用拍客视频形成多次分发，实现图文与视频的融合呈现。

（四）技术创新赋能，全媒体传播协同

视频新闻之所以受欢迎，很大程度上得益于新闻现场影像带来的鲜活视听观感。报纸媒体发展短视频，需要借助最新技术，优化视听体验和创作流程，提升短视频的传播效果，并通过全媒体传播矩阵的搭建，实现广泛受众群体的触达。

一是将人工智能、大数据、区块链、虚拟现实等技术引入短视频生产与传播环节，有效降低生产的时间成本，丰富内容的呈现方式，为短视频的及时、精准化传播提供保障。澎湃新闻以定点 VR（定点静态拍摄）和漫游 VR（走动拍摄）的形式探索 VR 新闻，增加观看者的临场感。2021 年，人民日报集 5G 智能采访、AI 辅助创作、新闻追踪多重本领于一身的"智能创作机器人"亮相全国两会现场。其生产的主题短视频《听！两会声音微纪录》同步采集直播画面，通过 AI 智能工具箱完成字幕添加、产品包装，在直播结束后 1 小时内便在微博、微信、客户端等多个平台同步发布，成为人民日报新媒体在 2021 年两会期间现场感最强、智能生产环节占比最高的主题短视频。[1]封面新闻对拍客上传内容进行"AI 审核 + 人工审核"双重审核机制，极大缩短 UGC 用户从上传至发布的时间。报纸

---

① 巩晗：《"人机协同"在全国两会现场报道中的实践——以人民日报新媒体 5G+AI 报道为例》，《青年记者》2021 第 8 期。

媒体通过新媒体技术的运用，助力媒体高效产出优质内容，并实现精准分发，提升了媒体核心竞争力。澎湃新闻客户端针对短视频侵权问题，推出了版权素材一体化平台 PAI 视频，该平台不仅是亿级图片、视频、音乐等影音素材的开放平台，还对用户生产的碎片化内容进行梳理和销售，在版权交易中，融入电子合同、区块链等技术，有力保障了入库素材的版权正规化，提升内容价值，推动内容市场健康有序发展，使得内容焕发新的价值。南方都市报也认识到大数据的潜力和重要性，于 2018 年成立南都大数据研究院，以技术为引领扎实推进数据库建设，搭建完成稿件库、图片库、视频库，为内容创作提供有力支撑，并搭建媒体融合下内容生产、资源共享的技术支撑和管理平台智创平台，实现多种产品（网站、App 等）、多屏幕（PC、智能手机）、多媒体（图文、音视频、H5、互动游戏）管理。①构建数据库有利于激活全媒体平台上更多优质的存量内容，形成持久的传播力。

二是形成全媒体传播的协同效应。报纸媒体的短视频化发展融合新旧媒体生产链条与生产要素，需实现全媒体覆盖和受众的广泛触达。习近平总书记在中共中央政治局第十二次集体学习时深刻诠释了"全媒体"概念，即全程媒体、全息媒体、全员媒体、全效媒体。"全程"即传播时空尺度的突破，实现随时、随地传播；"全息"即传播物理尺度的突破，所有信息都可以转变为可被移动端获取的数据；"全员"即传播主体尺度的突破，从一对多传播转变为多对多传播，由单向度传播转化为多向互动；"全效"即传播功能尺度的突破，媒体将集内容、社交、服务多种功能为一体，让受众在终端享受丰富体验。②报纸媒体的短视频传播，依赖于全方位的媒体矩阵，需打通自建新闻客户端，抖音、快手等短视频平台，微博、微信等社交媒体平台等各级各类媒体，实现多层次、立体化传播，才能形成更大范围的全媒体协同效应。人民日报社不仅有在安卓应用市场下载量高达4.4 亿的"人民日报"新闻客户端，还有海外版客户端"海客新闻"、立足人民网的"人民视频"和短视频客户端"人民日报＋"等客户端。航空

---

① 郭全中：《基于大数据和人工智能技术的智库媒体转型——以南方都市报为例》，《新闻与写作》2021 年第 6 期。

② 人民日报评论部：《让主流媒体成为"全媒体"》，《人民日报》2019 年 1 月 30 日第 5 版。

媒体也是可开辟的领域，2019 年 4 月 15 日，"人民网号"飞机首航成功，航班上，旅客可连接机上 Wi-Fi，打开人民视频客户端，利用 AR 扫描人民网标识，观看客户端视频，这是人民网以习近平总书记关于媒体融合发展的讲话为指引，发展全息媒体、全程媒体的一次探索性尝试。①

二、报纸媒体短视频的主要问题

主流媒体的专业性和公信力与短视频平台的渠道流量相辅相成，形成了独特的竞争优势。但是，从传播效果看，报纸媒体的短视频发展之路还处于起步阶段，市场头部效应明显，传播效果两极分化，大多数报纸媒体依然延续传统的运营思路，存在体制机制弊端明显，复合型人才匮乏、内容创新性不足、常态化生产机制不完善、用户活跃度欠缺、盈利模式单一等问题。

（一）市场头部效应显著，传播效果两极分化

报纸媒体短视频发展马太效应显著。虽然大部分报纸媒体已经陆续入局短视频领域，但对短视频的重视程度和短视频发展情况悬殊。

以中央级报纸媒体发展短视频的情况为例，在抖音、快手平台上，"人民日报"官方主账号头部效应凸显，聚合多元优质内容，运营能力和影响力俱佳；"中国日报"发挥"外"字品牌优势，"光明日报"坚守思想文化大报定位，"中国青年报"以青春内容服务青年，"经济日报"深挖数据潜在价值，这四家报纸坚守品牌特色，实现差异化发展，在抖音收获千万级"粉丝"，快手"粉丝"量突破百万，而其他中央级主要报纸媒体抖音"粉丝"量在 100 万～350 万之间，快手"粉丝"量均未破 40 万。客户端下载量亦如此悬殊。人民日报客户端下载量超过 4 亿，而人民政协报社"政协号"客户端、中国妇女报社"中国妇女报"客户端下载量在 10 万以内。各媒体对视频内容的重视程度不同。人民日报、光明日报、经济日报、中国青年报、中国日报五家新闻客户端都将视频功能置于客户端菜单栏中间

① 中国记协新媒体专业委员会：《中国新闻奖媒体融合奖项参评作品推荐表》，中国记协网，http://www.zgjx.cn/2020-06/29/c_139174335.htm，2020 年 6 月 29 日。

位置，一些新闻客户端开放了"小视频"功能，但视频发布后，受众无点赞、评论。有些媒体还没有开通视频功能。

在地方报纸媒体的短视频发展中，"澎湃新闻"秉承"四化"方针，产出高品质内容，"新京报"探索新闻视频专业化生产，"封面新闻"发力UCG内容，"湖北日报"疫情期间全力融合传播，分别展现出特色，汇聚流量，达到了较好的传播效果。但地方报纸媒体存在着短视频平台账号分布地域不均，关注量差距较大等问题。北京、河南抖音短视频建号数量明显高于其他地区报纸媒体，关注度也占据优势。部分地区报纸媒体缺乏对内容创作的长期规划。从统计结果看，有的报纸媒体仅在短视频平台上建立了账号，但未发布过视频内容，部分报纸媒体仅仅发布了两三期便停更了，很难培养起稳定的用户群，也有部分地区报纸媒体尚未入驻短视频平台。此外，如河南省、山东省依托主体账号搭建的账号森林体系，其中部分账号关注量突破百万，如"大河报洛阳新闻"抖音号"粉丝"量342.9万，"大众网 青岛"抖音号"粉丝"量222.4万，"大众网 淄博"抖音号"粉丝"量147.3万，"大河报 三门峡新闻"抖音号"粉丝"量105.8万，体系内其他地市级子账号传播效果有限，"粉丝"量大都在50万以下。

（二）体制机制束缚，复合型人才匮乏

2020年6月30日，中央全面深化改革委员会第十四次会议审议通过了《关于加快推进媒体深度融合发展的指导意见》，提出"要深化主流媒体体制机制改革，建立适应全媒体生产传播的一体化组织架构，构建新型采编流程，形成集约高效的内容生产体系和传播链条。"[1]深度融合发展迫切需要报业进一步革除体制机制弊端，整合人才、技术资源，打通部门壁垒、整合组织架构。在深化改革过程中，中央级报纸媒体及部分代表性地方报纸媒体走在前列，但影响带动效应不够明显，部分报纸媒体仍然存在行政壁垒、机构隔阂、人员身份限制、薪酬体系差异等体制弊端。[2]为应

---

① 新华社：中共中央办公厅 国务院办公厅印发《关于加快推进媒体深度融合发展的意见》，中国政府网 http://www.gov.cn/zhengce/2020-09/26/content_5547310.htm，2020年9月26日。

② 黄楚新、许可：《当前中国媒体深度融合的热点、难点与机制突破》，《传媒》2021年第14期。

对激烈的市场竞争，必须持续推进机制创新，弱化部门意识，推行产品工作室机制，着力提升短视频内容所占比例，加强精品短视频生产。例如，四川日报报业集团由报纸为先转向移动优先，实现四川日报、川观新闻、四川在线三家单位全媒体一体化融合，在信息采集过程中，素材一次采集、多平台加工分发，提升了内容生产力。

体制约束也导致短视频人才队伍紧缺，制约报纸媒体短视频的发展。传统媒体模式培养下的媒体人才已经难以满足当下新媒体对大量应用型人才迫切的基本需求。梨视频机构媒体运营总监刘立耘认为，在全媒体时代，要将人才打造为既可以采访、拍摄，又懂得编辑、运营的"千手观音"。[①]短视频时代，新闻记者不仅要具备基础的采编能力，拥有扎实的新闻传播理论，同时还要懂得审美和用户心理，了解平台运营机制，熟悉新媒体技术，具备新媒体运营能力。通过前文对多条爆款短视频的分析可见，用户对内容的创意要求越来越高，这就需要对创新型人才的培养与吸纳。目前，报纸媒体的人才结构无法满足短视频内容生产与运营要求，从而影响了短视频的内容质量和传播效果。

（三）内容创新性不足，常态化生产机制不完善

报纸媒体短视频迅猛发展，其视频内容问题也逐渐显露出来。一是片面追求碎片化效果，短视频内容质量有待提升。一方面，部分报纸媒体在利用短视频对某一事件进行报道时，忽略了连续报道和系列报道，导致用户在观看时难以通过单条短视频获知事件全貌。另一方面，部分报纸媒体缺乏视频素材，仅利用图片生成视频，即视频呈现为静态图文的切换播放，画面上堆放大量文字信息，影响视觉和传播效果。如何将图文报道升格为真正意义上的视频画面，是当前报纸媒体视频发展亟须解决的一大问题。二是短视频题材较为单一，同质化倾向严重。部分账号原创视频比例低，多数内容是对人民日报、新华社、中央广播电视总台等媒体已发布素材的转载或搬运后的二次剪辑成果，发布后传播效果也不佳，部分视频还存在转载内容不标注出处等情况。新京报"我们视频"副总经理彭远文认为，

---

① 学部君：《分享 | 刘立耘：我们如何做爆款资讯短视频》，中传新闻传播学部微信公众号，https://mp.weixin.qq.com/s/K8nRDwOVknAMwbkTfH9BPQ，2018 年 11 月 24 日。

同质化是当前短视频领域非常严重的问题，各个媒体做出来的新闻短视频内容都是差不多的。[1] 报纸媒体亟须通过引入 UGC、PGC、OGC 等内容创作者，联动实现内容的丰富多样化。三是短视频账号内容不聚焦，难以形成品牌辨识度。部分纸媒定位不清，内容覆盖时政、社会、民生、娱乐等多方面，缺少差异化的发展策略，在市场中缺乏竞争力。各家报纸媒体需明确自身短视频发展的定位和优势，在内容上有所侧重，在垂直领域谋划布局，生产出能够真正满足用户需求的高质量作品，这才是实现高效、广泛传播的前提。四是存在重建号、轻维护的问题。时下部分报纸媒体短视频账号忽视与用户的互动，与受众的连接主要集中在点赞、转发、评论、关注、抽奖等互动模式，而且多数情况下只是受众单方面进行点赞、评论和转发，账号主体对作品内容下的热门评论回复较少，如此会弱化用户参与的积极性与活跃度，报纸媒体应进一步拓展并优化双向互动模式。

（四）算法"黑箱"亟待突破，商业化探索步伐较为缓慢

目前短视频平台的算法运用广泛，但不同平台的分发机制不尽相同，这就要求报纸媒体根据不同平台的算法规律，调整和优化视频发布策略，使其推送变得更加精准。依托今日头条的算法和数据搜集技术，抖音平台对用户内容偏好进行了信息采集与分析，建立了个性化流量池和数据库，在此基础上再进行相关的短视频内容分发和推送。通过智能推荐、个性化推荐，打破了时空限制和关系链条。而快手平台更重视长尾视频的分发，头部视频播放量仅占比30%，[2] 在主页瀑布流中，用户自主选择权较强。根据统计结果发现，报纸媒体传播发力点更集中于抖音平台。根据不同平台的传播规律，报纸媒体应注重内容生产的平台差异化，如新京报在抖音账号上，以"新京报"和"政事儿"抖音号为主，选题侧重于"硬"新闻。而在快手平台，则以"我们视频"为主，发布贴近大众生活的民生新闻视频，均取得了良好效果。新京报有针对性地发力不同平台，能够在节省人

---

① 新闻与写作：《彭远文：短视频新闻的突围之路》，新闻与写作微信公众号，https://mp.weixin.qq.com/s/ZsZNvcPSp4elJLquqO_ztw，2019 年 8 月 2 日。

② 蓝鲸财经：《快手张帆：更重视长尾视频分发，头部视频播放量仅占 30%》，搜狐网，https://www.sohu.com/a/315907800_118680，2019 年 5 月 23 日。

力成本的情况下，发挥更大的渠道价值，增强用户黏性。

优质新闻作品引流拓宽了报纸媒体的新闻发布渠道，无形中提升了媒体品牌的影响力和公信力，为实现媒体品牌的长期价值奠定了基础。现阶段，多数报纸媒体尚未形成较为清晰的短视频盈利模式，其视频内容主要以宣传引导、公共服务、公益传播价值为主，变现之路难见起色，商业化问题也接踵而来。有些媒体能够通过版权获得部分收益，如新京报"我们视频"尝试探索商业化模式，形成了内容、运营、商业、版权四大业务版块，其中图文版权已带来部分收入。[①]但大部分媒体未能找到符合自身定位、符合市场需求的盈利模式，如何平衡事业属性与企业运营，形成新型盈利模式，仍是报纸媒体在探索新闻短视频传播规律中需长期面对的问题。

新媒体环境下，报纸媒体受众群体流失严重，移动短视频的发展为报纸媒体的转型提供了新思路。通过向短视频"借力"，报纸媒体不仅满足了受众在新型传播环境下的信息需求，转危为机，还通过发挥专业报道优势，强化新闻品牌，加快体制机制创新，形成了报纸媒体独特的短视频发展优势。但由于报纸媒体发展短视频时间尚短，依然存在内容单一且创新性不足、品牌定位模糊、内容难以变现等问题，需进一步深化互联网思维、打造品牌特性、丰富运营与盈利模式，利用短视频重构报纸媒体的影响力，逐步提升市场竞争力。

---

① 陈莹：《还在贴钱做短视频？主流媒体短视频如何变现？》，传媒茶话会微信公众号，http://www.mzyfz.com/cms/xinwenzhongxin/redianguanzhu/html/1581/2021-01-06/content-1456168.html，2021 年 1 月 6 日。

第三章

我国广电媒体短视频的建设与问题

　　媒体融合背景下，以短视频为主的视频化传播占据关键位置，越来越多的广播电视媒体进入短视频领域，探索融媒时代广电媒体转型升级的新路径。国家广播电视总局2020年11月发布的《关于加快推进媒体深度融合发展的意见》指出：要"加快推进广播电视媒体深度融合发展，打造一批具有强大影响力和竞争力的新型广播电视主流媒体，占据舆论引导、思想引领、文化传承、服务人民的传播制高点"。[①] 我国广电媒体适应媒体融合时代的发展要求，推动全媒体时代广播电视高质量创新性发展，打造新媒体布局，通过构建包含网站、微博、微信公众号、短视频、移动客户端、视频号等的全媒体传播矩阵，全面入局短视频领域，从内容共创、融媒共生、商业共赢等多个方面探索广电媒体在融媒时代的转型升级。

第一节　中央级广电媒体短视频发展历程

　　融媒时代，短视频逐渐成为抢占融合传播制高点的重要媒介产品，凭借"时长短、小而精、传播快"特点，短视频在新的内容生产、传播方式和传播渠道上发挥优势，在短时间内迅速获得大众喜爱，成为传统广电媒

---

　　① 国家广播电视总局：《广电总局印发〈关于加快推进广播电视媒体深度融合发展的意见〉的通知》，中华人民共和国中央人民政府网，http://www.gov.cn/gongbao/content/2021/content_5582647.htm，2020年11月13日。

体与新媒体融合发展的新形式。中央广播电视总台、人民日报、新华社三大央媒均于 2018 年开设短视频账号，其中，总台发挥传统视频媒体优势，是最早在抖音平台开设短视频账号的中央级媒体，"央视新闻"于 2018 年 3 月 29 日开设抖音账号。同时，通过自建新媒体平台推动广电媒体的转型升级，总台于 2019 年 11 月 20 日正式上线我国首个国家级 5G 新媒体平台——央视频移动客户端，形成"以短带长"的视听传播新生态，全方位提升了主流媒体的传播力和影响力。

一、中央级广电媒体短视频发展状况

（一）中央级广电媒体短视频总体发展概述

2018 年，根据《深化党和国家机构改革方案》，国家广播电视机构中央广播电视总台（China Media Group）由中央电视台、中国国际电视台、中央人民广播电台、中国国际广播电台四个机构整合而成，作为国务院直属事业单位，归中宣部领导。近年来，总台不断探索高质量发展，突出"台网并重、先网后台、移动优先"理念，努力从传统技术布局向"5G+4K/8K+AI"全新战略布局转变，推进内容供给侧结构性改革，通过短视频领域的生产创新，实现传统媒体的深度融合发展。

中央广播电视总台在巩固已有广播电视和网络（央视网、央广网和国际在线）传播渠道基础上，开拓新渠道，通过抖音、快手、微视等短视频平台建立短视频账号，全面入局社交媒体平台，部分账号逐渐形成品牌效应，推出了若干点赞量破千万的短视频作品。在入局短视频进程中，总台陆续开设不同类型的短视频账号，如因电视频道开设的"中央一套"、因电视节目开设的"新闻联播""央视国家记忆"、因广播频率开设的"中国之声"。经笔者统计，截至 2022 年 1 月 3 日，总台共计在抖音平台开设了56 个官方认证账号，在快手短视频平台开设了 31 个官方认证账号。《2020年 CTR- 快手媒体号综合榜》数据显示，通过对媒体号的传播力、影响力和本地化程度等重要指标进行评估，"央视新闻"以 99.9 分在综合排名榜高居第一位，"央视网"（88.9 分）、"新闻联播"（88.3 分）分列第五和第六名①。在抖音平台上，总台官方媒体账号的开设情况与快手平台有较大共性，"央视新闻"仍是总台在抖音中发展最优的官方账号。截至 2022 年 1 月 3 日，"央视新闻"官方抖音号拥有 1.3 亿"粉丝"，作品累计点赞量 58.6 亿，其官方快手号累计 6,180.2 万"粉丝"，"粉丝"量约为抖音的一半。此外，总台还入驻了哔哩哔哩、微信视频号等新媒体平台，协同推进短视频内容的跨平台传播。

作为我国最权威的主流媒体之一，中央广播电视总台是党和人民的喉舌，承担着引导主流舆论的作用，也是人们获取新闻信息的重要渠道。数据显示，我国网络新闻用户规模达 7.60 亿，占网民整体的 75.2%，②可见，通过网络观看新闻已经成为融媒体时代用户获取信息的主流方式。以"央视新闻"为首的总台官方账号积极利用网络短视频平台发布热点新闻，与电视新闻形成多频共振的聚合效应。对非新闻内容，总台同样开设了"央视财经""央视文艺"等电视频道账号，增强电视节目的传播效果。

经笔者对总台在国内安卓应用市场（包括：华为、小米、vivo、OPPO、魅族、应用宝、百度、360、豌豆荚等）上架的总台自建移动客户端的累计下载量进行统计，发现总台共目前创设了央视影音、央视频、央视新闻、央视体育、云听、央视财经、央视少儿、央广网等 14 款自建移动客户端。其中，央视影音是通过网络收看总台及各地方广播电视台节目的移动客户端，以电视节目的直播、点播为功能特色，为用户提供海量的在线视听资源，累计下载量高达 7.8 亿次，排名第一。央视频移动客户端（累计下载 4.8 亿次）、央视新闻移动客户端（累计下载 1.8 亿次）分别位于第二、三位。其中，央视频移动客户端为总台推出的综合性视听新媒体旗舰产品，汇聚总台优质资源及社会头部创作力量，以"PGC+PUGC"的生产模式，整合多元化的内容品类，主打短视频生产，兼顾长视频和电视直播等其他功能，是一个开放共享的聚合性新媒体平台。央视频目前设立了 24 个总台电视频道和 20 个省级卫视频道的移动端入口，建立了频道

---

① CTR 媒体融合研究院：《CTR-快手媒体号榜单 2020 年榜发布》，腾讯网，https://new.qq.com/omn/20210331/20210331A0C2A400.html，2021 年 3 月 31 日。

② 网经社：《第 48 次〈中国互联网络发展状况统计报告〉》，网经社官网，http://www.100ec.cn/detail--6599998.html，2021 年 8 月 27 日。

相关的央视频号，发布与节目相关的短视频内容，由此通过短视频引流长视频，实现优质内容互联共享，为用户带来全新的视听体验。

（二）代表性中央级广电媒体的短视频发展现状

1.账号开设类型广泛，部分形成品牌效应

中央广播电视总台短视频账号的开设与台内发展战略、频道架构和节目播出等情况密不可分。总台现共设 48 个电视频道，包含 42 个中央电视台频道和 6 个中国国际电视台频道，现设中央人民广播电台的 17 套对内广播频率和中国国际广播电台拥有的 101 家海外整频率播出电台，① 以及 3 个中央重点新闻网站（央视网、央广网和国际在线）和央视频、央视新闻、央视影音、云听、央广网移动客户端等共 14 款自建移动客户端。

总台开设的短视频账号可分为四类：总台品牌联动账号、因电视频道设立的账号、因电视栏目／节目设立的账号和因广播频率／内容设立的账号。总台品牌联动账号指总台整合各部门、各平台媒体资源，非因频道或节目播出而开设并运营的联动账号，如"央视网""央视频""小央视频"；因电视频道设立的账号指对应电视频道开设的相关短视频账号，如中央电视台综合频道开设的"央视一套"账号。因电视／节目设立的账号指为进行节目宣传而开设的相关短视频账号，如总台《新闻联播》开创的"新闻联播"短视频账号。因广播频率／内容设立的账号指总台以中央人民广播电台或中国国际广播电台的国内外广播频率名称或内容而开设的短视频账号。

抖音、快手作为我国目前最受用户欢迎的两大头部短视频平台，是广电媒体发力短视频的重点切入口。经笔者统计，如表 3-1 和表 3-2 所示，中央级广电媒体在抖音平台共开设了 56 个官方账号，在快手平台共开设了 31 个官方账号。其中，抖音设有 5 个总台的品牌联动账号，分别为"央视网""央视网快看""小央视频""央视频""央广网"；快手有 3 个总台品牌联动账号，与抖音相比，缺少了"央视网快看"和广播机构开设的"央广网"账号。在抖音共开设 17 个因电视频道设立的账号，如"央视一套""央视

---

① 曾祥敏、刘思琦、唐雯、唐诗凝：《中央广播电视总台的媒体品牌和价值开发研究》，《中国新闻传播研究》2020 年第 2 期。

财经""央视文艺""CCTV4""电影频道"，29 个因栏目 / 节目名称而设立的账号，如"新闻联播""经典咏流传""CCTV1 开讲啦""央视中秋晚会"，以及 5 个因广播频率 / 内容而设立的账号，即"中国之声""经济之声""大湾区之声""中国交通广播""央广军事"；在快手共开设 11 个因电视频道名称而设立的账号，14 个因栏目 / 节目名称而设立的账号，以及 3 个因广播频率 / 内容而设立的账号，各类账号数量均少于抖音平台。

表 3-1　中央广播电视总台抖音平台官方账号统计

账号类别	所属分类	总台抖音账号
总台品牌联动账号	电视机构账号	央视网、央视网快看、小央视频、央视频
	广播机构账号	央广网
因电视频道开设的账号	电视机构账号	央视一套、央视财经、央视文艺、CCTV4、电影频道、CCTV 电视剧、央视纪录、央视科教、央视社会与法、央视新闻、央视少儿、央视三农、CGTN
	广播机构账号	央广购物频道、央广购物官方、央广购物优选、央广健康（数字付费电视频道）
因电视栏目 / 节目开设的账号	电视机构账号	新闻联播、CCTV 对话、CCTV4 中国文艺、CCTV6 看片室、CCTV 生命线、CCTV12 现场、CCTV 你好生活、CCTV 味道、CCTV 华人故事、CCTV 律师来了、CCTV315 晚会、央视国家记忆、央视新闻调查、央视财经《交易时间》、央视中秋晚会、中国电影报道、主播说三农、CCTV1 开讲啦、经典咏流传、军事报道、央视财经《生活家》、CCTV 中国诗词大会、CCTV 中华医药、央视夜线、CCTV 一路有你、CCTV 航拍中国、CCTV 热心话、CCTV 讲述、CCTV 生活圈
因广播频率 / 内容开设的账号	广播机构账号	中国之声、经济之声、大湾区之声、中国交通广播、央广军事

（统计时间：2022 年 1 月 3 日）

表 3-2　中央广播电视总台快手平台官方账号统计

账号类别	所属分类	总台快手账号
总台品牌联动账号	电视机构账号	央视网、小央视频、央视频
	广播机构账号	无

账号类别	所属分类	总台快手账号
因电视频道设立的账号	电视机构账号	央视财经、央视文艺、CCTV4、央视纪录、央视社会与法、央视三农、电影频道、央视新闻
	广播机构账号	央广优选官方、央广购物优选、央广购物助农
因电视栏目/节目设立的账号	电视机构账号	新闻联播、CCTV6看片室、CCTV热心话、主播说三农、央视夜线、CCTV动物世界、中国电影报道、央视国家记忆、CCTV12现场、央视道德观察、央视新闻调查、央视《瞬间中国》、中国三农报道、CCTV生命线
因广播频率/内容开设的账号	广播机构账号	中国之声、大湾区之声、中国交通广播

（统计时间：2022年1月3日）

针对抖音、快手两大头部平台总台开设的官方账号，笔者对"粉丝"量、获赞量和视频数量3项指标进行统计，以"粉丝"量做排序后，如表3-3所示，"央视新闻""央视网""新闻联播"稳居两大短视频平台排行榜前3名，"央视国家记忆""央视频""央视财经"也为同时进入两大排行榜前十名的官方账号。前10名中，包含2个总台联动账号，为"央视网"（抖音"粉丝"量3,947.9万、快手"粉丝"量2,020.7万）和"央视频"（抖音"粉丝"量1,321.6万、快手"粉丝"量1,423.8万），2个因电视频道设立的账号，为"央视新闻"（抖音"粉丝"量1.3亿、快手"粉丝"量6,180.2万）和"央视财经"（抖音"粉丝"量1,261.0万、快手"粉丝"量1,094.5万），2个因电视栏目/节目设立的账号，为"新闻联播"（抖音"粉丝"量3,284.8万、快手"粉丝"量4,108.3万）和"央视国家记忆"（抖音"粉丝"量1,551.5万、快手"粉丝"量560.2万）。由此可见，传统电视机构的短视频化进程效果较好，而广播机构开设的账号仅"央广网"抖音号上榜，可能与广播机构入局短视频时间较晚，且未能将广播优势与短视频形式较好地融合发展有关。

从获赞量和视频数量两个指标来看，除"新闻联播"账号外，其余账号发布数量均在千条以上，而"新闻联播"（抖音视频数量741条、快手视频数量817条）仍能进入排行榜前10名，并累计获赞量破亿，与其多年积累的专业经验及口碑密不可分。"央视财经"抖音号虽以8320条的视频数量远远超过排行榜前三名的"央视新闻"(视频数量5890条)、"央视网"(视频数量7501条)、"新闻联播"(视频数量741条)的发布数,但"粉丝"量和获赞量并不理想,传播效果有待增强。

表3-3　中央广播电视总台短视频平台官方账号"粉丝"量排名(前十名)

排序	抖音账号	"粉丝"量(万)	获赞量(万)	视频数量(条)	排序	快手账号	"粉丝"量(万)	获赞量(万)	视频数量(条)
1	央视新闻	13,000.0	586,000	5890	1	央视新闻	6,180.2	457,000	6,424
2	央视网	3,947.9	126,000	7501	2	新闻联播	4,108.3	48,000	817
3	新闻联播	3,284.8	28,000	741	3	央视网	2,020.7	166,000	15,000
4	央视网快看	2,638.7	99,000	5342	4	央视文艺	1,891.1	23,000	2,925
5	小央视频	1,938.9	61,000	19,000	5	央视频	1,423.8	18,000	3,845
6	央视国家记忆	1,551.5	38,000	1295	6	央视财经	1,094.5	33,000	8,453
7	央视一套	1,382.2	19,000	11,000	7	央视国家记忆	560.2	41,000	1,202
8	央视频	1,321.6	25,000	2402	8	CCTV6看片室	421.2	138.5	262
9	央视财经《生活家》	1,261.0	11,000	8320	9	CCTV热心话	297.6	2,256.9	1,361
10	央广网	1,045.4	14,000	7460	10	CCTV4	272.2	4,508.4	2,601

(统计时间:2022年1月3日)

(1)央视新闻:总台新闻短视频传播主力军

目前,"央视新闻"账号是总台在各短视频平台发展最好的官方账号,是最权威、影响力最大的总台短视频品牌,也是总台新闻内容短视频传播的主力军。截至2022年1月3日,"央视新闻"官方账号是抖音平台唯一"粉丝"量破1亿的总台官方账号,快手平台上,"央视新闻"也是"粉丝"数量最多的总台账号,"粉丝"量超6000万,充分体现了总台新闻传播的强大影响力和用户对"央视新闻"官方账号发布内容的认可度。

该账号在公共事件传播中,快速聚焦热点事实,创新新闻话语表达,通过短视频平台以最快速度呈现事实真相。例如,2020年年初,新型冠状病毒肺炎疫情在全世界蔓延,总台在电视媒体发布新闻内容的同时,借助"央视新闻"短视频账号进行信息发布,将权威信息及时准确地传播,积极回应社会热点问题，引导公众理性面对疫情、携手抗击疫情。2020年1月20日，中央广播电视总台《新闻联播》电视节目开始对全国多省及境外疫情最新数据进行通报，当天，"央视新闻"抖音号发布了关于新冠肺炎疫情的第一条短视频，该条视频当日获得近708万赞、30多万条用户评论以及180多万的转发量。[①]针对短视频视听传播特性，"央视新闻"除截取电视端节目内容外，部分作品还辅以黄白双色的标题进行包装，或加入背景音乐烘托气氛，力求最大限度地吸引用户关注。

（2）央视网：中央重点新闻网站的融媒转型

央视网是中央广播电视总台主办的以视频传播为特色的中央重点新闻网站，以"世界就在眼前"为口号，重点打造"时政宣传报道品牌＋主题新闻报道品牌＋原创视频内容品牌"，[②]致力于建设"重点网站＋移动客户端＋新媒体集成播控平台＋市场端口连接"的融媒体传播矩阵。

央视网首页分为"时政""新闻""视频""财经""评论""体育""军事""产业""新视角"和"CCTV直播"十大版块。其中，"时政"下设"习式妙语""央视快评""天天学习"等8个时政宣传报道品牌，重点将习近平新时代中国特色社会主义思想作为主要宣传任务，创新新闻宣传报道形式，推出系列时政微视频。"产业"下设"一带一路""AI""网上展馆"等10个专区，注重差异化打法，运用全媒体技术，打造各类互动式、服务式的视频产品。"新视角"下设"4K专区""VR浸新闻"等5个专区，贯彻落实总台"5G+4K/8K+AI"的战略布局，推出互动性的沉浸式视频作品。"CCTV直播"下设"直播""微视频"等8个专区，围绕"长视频＋短视频"和"直播＋点播"等资源优势，创新性开展网络新媒体平台视频内容建设。在短视频平台，央视网开设的官方账号运营成绩显著。经笔者统计，截至2022年1月3日，"央视网"抖音号共发布7501条短视频，"粉丝"量3,947.9万，获赞12.6亿，其快手号共发布1.5万条短视频，"粉丝"量2,020.7万，获赞16.6亿，两大平台的"央视网"账号均进入总台官方

---

① 刘媛媛：《新冠疫情下主流媒体短视频报道研究——以央视新闻抖音号报道为个案》，《中国广播电视学刊》2021年第1期。

② 钱蔚：《从传播到服务：新闻网站的转型升级——央视网的实践与思考》，《新闻战线》2021年第5期。

账号"粉丝"量排行榜前三名，分别位于第二名和第三名。

作为智能互联网时代的新媒体平台，央视网把握短视频潮流，积极打造网站原创资讯短视频栏目"央视网快看"，该栏目是依托央视网内容资源，在时事和资讯产品线方面重点打造的"小央视频"和"快看"两大核心品牌之一。经笔者统计，截至 2022 年 1 月 3 日，"央视网快看"抖音号共发布 5342 条短视频，"粉丝"量 2,638.7 万，获赞 9.9 亿，位于总台抖音号"粉丝"量排行榜的第四位。从获赞数来看，仅次于第二名的央视网（获赞 12.6 亿）。"央视网快看"在内容生产上注重差异化，涵盖"微现场""大美中国""这样的我"等多个版块，包含政治、军事、科技、健康、人物等多题材短视频内容。

（3）新闻联播：传统广电新闻节目的短视频化探索

1978 年 1 月 1 日，《新闻联播》正式开播。从 1982 年 9 月 1 日起，中共中央明确规定，重要新闻首先在《新闻联播》中发布，由此奠定了该节目在我国时政新闻领域举足轻重的地位。节目宗旨为"宣传党和政府的声音，传播天下大事"，被誉为"中国政坛的风向标"。经笔者统计，截至 2022 年 1 月 3 日，"新闻联播"抖音号以 741 个作品数、获"粉丝"3,284.8 万、累计获赞 2.8 亿，快手号以 817 个作品数，获"粉丝"4,108.3 万，累计获赞 4.8 亿，分别位列总台抖音、快手号"粉丝"量排行榜的第三名和第二名。"新闻联播"也是唯一以几百条作品的发布数，进入总台排行榜前十名并累计获赞破亿的官方账号。可以看出，《新闻联播》作为传统广电新闻节目，在短视频化的发展道路上，延续了栏目品牌强大的影响力，受到广大网友的关注与喜爱。

《新闻联播》不断适应新媒介环境，探索符合短视频传播规律的专业化内容生产，于 2019 年 7 月 29 日正式推出《主播说联播》短视频子栏目，让《新闻联播》在融媒时代的传播更趋年轻化。截至 2020 年 5 月 27 日，《主播说联播》相关话题在微博的阅读量超过 53 亿，其短视频作品登陆抖音、快手等短视频平台，在抖音平台累计播放量超过 10 亿，在快手平台累计播放量超过 15 亿。[①] 其适应短视频传播规律，破除固有的"联播体"模式，

---

① 中国记协网：《主播说联播》，中国记协网，http://www.zgjx.cn/2020-10/21/c_139455731. htm，2020 年 10 月 21 日。

转变电视新闻主播的话语表达方式，以接地气的话语模式和硬核的评论风格传递主流声音。在形式上，利用竖屏的画面特征，聚焦主播个人和表达内容，以更具网感和更亲民的形式，成为传统电视新闻节目内容以新媒体样态进行创新传播的现象级产品。

（4）小央视频：总台代表性原创短视频品牌

"小央视频"是总台创建的原创视频品牌，以短视频、移动直播为主要生产内容。其依托总台专业资源背景，乘借短视频的发展东风，已然成为传统广电媒体短视频账号建设的创新标杆。"小央视频"于 2017 年 8 月 18 日在央视网上线，内容涵盖重大主题报道、新闻资讯、热点解读等，以"短、快、热"为特色，为网友提供有趣、有料、有态度的短视频产品。2018 年，"小央视频"全年累计发布视频 2510 条（含抖音、快手、微视等短视频平台），全网播放量约 34 亿，月均生产发布短视频超 200 条，月均播放量超过 2.5 亿。①

"小央视频"由多个短视频栏目组成，形成"习式妙语""现场""人人都爱中国造""比划""前线""美好生活私享家""青年说""威虎堂""实力派""谁是王牌"等多个短视频产品线。其中四个栏目发展情况较好：主要聚焦国内外热点新闻资讯、观点评论等一手资讯的"现场"栏目，截至 2022 年 1 月 7 日，在央视网共发布 1.6 万个作品，共获 25,723 位"粉丝"，在十个栏目中"粉丝"量排名第一；解读习近平总书记重要思想的原创时政短视频"习式妙语"栏目，发布 173 个作品，共获 23,135 位"粉丝"，排名第二；以"用不同视角解释世界，与你一道改变世界"为宗旨，聚焦国外新闻事件的"前线"栏目，发布 4863 个作品，共获 16,271 位"粉丝"，排名第三；主打年轻化、趣味强的军事科普类短视频"威虎堂"栏目，发布 5078 个作品，共获 13,995 位"粉丝"，排名第四。总体来看，四个栏目的累计"粉丝"量较为可观，但对作品发布而言，单个作品的点赞数较少，在传播效果上仍有提升空间。

除在央视网发布，小央视频在商业平台同样创建了短视频账号。经笔者统计，截至 2022 年 1 月 3 日，"小央视频"抖音号共发布 1.9 万条短视频，

---

① 总台央视：《小央视频》，中国记协网，http://www.xinhuanet.com//zgjx/2019-05/24/c_138082341.htm，2019 年 5 月 24 日。

获"粉丝"1,938.9万，累计获赞6.1亿，位列总台官方账号"粉丝"量抖音排行榜的第五名，内容与央视网原创时政短视频基本同步。"小央视频"快手号共发布1274条短视频，获"粉丝"85.2万，累计获赞375.4万，尽管三个指标均不如抖音账号，但"小央视频"快手号侧重对央视网国货直播、公益活动直播进行二次剪辑的差异化传播，非新闻内容发布较多。

（5）央视国家记忆：历史类节目的传播典范

《国家记忆》是总台中文国际频道推出的国史栏目，于2016年10月3日首次播出。该节目以"为国家留史，为民族留记，为人物立传"为宗旨，邀请马少骅、李立宏、侯勇等担任节目主讲人，讲述我国重大历史事件和传奇人物故事，借助虚拟技术、三维动画等制作技术，以视听影像还原历史场景，带领观众穿越时空，激活民众对历史事件和人物的情感记忆，彰显中华民族的历史文化魅力。

《国家记忆》在内容短视频化的道路上持续探索，实现历史纪录片在新媒体传播领域的创新。栏目在抖音、快手短视频平台开设官方账号"央视国家记忆"。经笔者统计，截至2022年1月3日，"央视国家记忆"官方抖音号发布1295条作品，"粉丝"量1,551.5万，获赞量高达3.8亿，官方快手号发布1202条作品，"粉丝"量560.2万，获赞量突破4.1亿。"央视国家记忆"是总台在抖音、快手开设的账号中，"粉丝"量排名进入前十，仅次于《新闻联播》的因电视栏目/节目播出开设的官方账号。

"央视国家记忆"在作品选题策划上紧密结合节目核心内容与重大事件时间节点。如2021年清明节，发布纪录片《绝笔》系列短视频，以一封封传诵至今的绝笔信，致敬英烈信仰弥坚的革命精神。该系列内容在抖音、快手短视频总播放量破千万，微博相关话题阅读量累计超过2.7亿次。[1]内容传播上，其作品十分注重与用户的情感共振，选择节目中易引发情感共鸣的片段，首次披露原声画面或借助短视频背景音进行卡点，将富有感染力的音乐和丰富的画面内容结合，唤起网民对国家共同记忆的共鸣。

---

[1] 中央广播电视总台央视新闻：《纪录片〈绝笔〉专题创作座谈会在京举行》，央视网，https://news.cctv.com/2021/04/27/ARTIKemiGAZBPkBK9rBszdpI210427.shtml，2021年4月27日。

2. 央视频：广电媒体深度融合的排头兵

央视频移动客户端于 2019 年 11 月 20 日正式上线，是总台基于 "5G+4K/8K+AI" 新技术推出的综合性视听新媒体旗舰产品，也是中国首个国家级 5G 新媒体平台。该客户端贴近网络用户观看时间碎片化、观看内容视频化需求，主打短视频内容发布，兼顾长视频和电视直播，通过"以短带长"的方式，助力传统广电媒体转型升级。

央视频实现了内容、形态、技术等多方面的创新突破。在内容生产上，革新传统电视媒体以频道、栏目为内容生产单元的逻辑，集合泛资讯、泛文体、泛知识三大内容品类，以央视频号的汇聚搭建账号森林，将总台的资源优势与各社会头部内容创作账号汇聚于一体，实现了 "PGC+PUGC" 内容创作的资源整合。2020 年 8 月，央视频推出时事、影视、体育、动漫节、美食等 17 个内容品类，各品类下分别有不同的央视频号发布与品类主题相关的短视频内容，满足不同用户的差异化观看需求。在形态上，央视频客户端主打短视频发布，形成"以短带长"和"点播与直播关联"的新形态。在技术架构上，打造"大中台 + 小前台"的设计，以云服务优势打通传统媒体的生产环节。[①] 央视频以互联网思维和创新求变的姿态，成为传统主流媒体在新媒体时代主动推进媒体融合实践与创新传播的自建平台代表。

（1）平台结构简洁大方，版块搭建类型多元

为满足不同年龄用户的差异化观看需求，央视频移动客户端平台结构简洁大方，各结构下设的频道版块主题多样，内容丰富。如表 3-4 所示，平台结构主要分为 5 个部分，分别为"首页""电视""直播""央友圈"和"我的"。其中，每个部分中又涵盖一定数量的频道或专区，"首页"中包含"时事""影视""体育""冬奥会""财经""军事"等，共 19 个频道；"电视"中包含"CCTV""卫视""4K"3 个专区；"直播"中包含"赛事""电视剧""电影"等 5 个专区；"央友圈"版块分为"广场"和"我的圈子"2 个专区；"我的"版块分为"主页""收藏""评论""征集"4 个专区。

---

① 廖江衡：《中央广播电视总台"央视频"5G 新媒体他平台正式上线》，《电视研究》2019 年第 12 期。

表 3-4　央视频移动客户端频道或专区设置情况

序号	平台结构	平台结构下设的频道／专区
1	首页	时事、影视、体育、动漫节、美食、法治、军事、田园、央视一套、综艺、汽车、文史、音乐、纪录、少儿、环球、财经、推荐、关注
2	电视	CCTV、卫视、4K
3	直播	赛事、电视剧、电影、动画片、纪录片
4	央友圈	广场、我的圈子
5	我的	主页、收藏、评论、征集

（统计时间：2021 年 10 月 29 日）

在主页面点击"电视"，可发现下设"CCTV""卫视"和"4K"专区。其中，"CCTV"专区中，总台"CCTV4K""CCTV1""CCTV2"等 39 个电视频道（包括 13 个付费频道）同步至央视频移动客户端；"卫视"专区中，将包括北京卫视、湖南卫视、浙江卫视等在内的 21 个电视频道同步至央视频移动客户端。在"电视"版块中的"CCTV"专区和"卫视"专区的电视同步直播页面中，除了总台频道和卫视频道入口，还有许多因栏目／节目而创设的央视频号，发布与节目播出内容相关的短视频。例如，点击 CCTV1 频道观看直播节目时，页面下方会出现"央视新闻""记住乡愁""今日说法"等与频道节目相关的央视频号发布的短视频内容。用户不仅可以搜索和点播电视直播或回看的内容，还可以浏览页面下方经过二次剪辑的推荐性短视频，以精彩片段吸引用户观看完整版节目。由此，央视频移动客户端灵活运用平台融合的发展思维，将移动端短视频与电视大屏端长视频跨平台传播，达到多屏共生、协同发展的效果。

（2）"账号森林"资源丰富，内容聚合性强

央视频移动客户端创建了一系列以总台电视频道、电视节目以及广播频率为单位的央视频号，将优质资源驻入平台建设。笔者通过对央视频中的中央电视台、中国国际电视台、中央人民广播电台、中国国际广播电台的短视频情况进行统计，发现总台以电视频道、电视节目或广播频率为单位，共开设了 171 个官方央视频号。除此以外，还汇集全网优质内容创作者和优质账号资源，不断产出优质内容产品，共同打造一个高质量的"视

频森林"和"账号森林"体系。在总台开设的央视频号中，除了以频道、频率、节目为单位开设的官方央视频号，还有专门针对移动客户端开设的央视频号，如"央视频号卫星""央视频汽车""央视频美食""央视频探展""央视频证券"，共 20 余个独创的央视频号。这类账号为央视频独家打造，账号资源多元丰富，涵盖卫星、汽车、直播、文创、美食、证券、展览等多个领域。

（3）"APP+N 端口"布局，构建全媒体传播矩阵

融媒时代，作为总台打造的全新视听新媒体平台，央视频努力打造"APP+N 端口"的全媒体传播格局。除移动客户端外，"央视频"品牌还进驻新浪微博、微信视频号、抖音、快手、哔哩哔哩等移动用户主要聚集的社交平台，扩大品牌影响力以助力移动客户端发展，真正搭建起全媒体联动的传播矩阵。总台依托长期积累的口碑和专业资源，不断向移动端"小屏"拓展视频内容发布渠道，增强了主流媒体优质内容的传播效果。

3. 入局第三方社交平台，拓展主流媒体传播渠道

2020 年，头条系和快手系"双寡头"格局牢牢占据短视频行业的头部流量，平台马太效应初显。[①]面对第三方平台巨量的月活跃用户规模，总台顺应新媒体发展趋势和不断变化的用户需求，重点入局头部短视频平台，在抖音、快手开设短视频账号，探索主流内容的短视频传播规律。作为融媒时代新的内容消费方式，头部短视频平台不仅强势占领短视频版图，贡献了互联网的巨大流量，还成为发展电商与直播带货的新领地。中央级广电媒体入局电商直播，不仅是响应党中央防疫抗疫、脱贫攻坚号召的融媒体传播手段，还是摆脱原有广电媒体盈利模式单一困局的重要举措。新冠肺炎疫情期间，武汉各行业的生产与销售受到严重影响，2020年 4 月 6 日的"谢谢你为武汉拼单"是总台在抖音、快手和淘宝、京东、拼多多等电商平台开启的同步直播活动。直播时长约 2 小时，累计观看人数 1.22 亿，直播间点赞数 1.6 亿，累计卖出商品总价值 4014 万元。总台也通过和电商平台、短视频平台联合直播的方式，助力脱贫攻坚，彰显社会责任，对"广电＋短视频＋直播＋电商"模式进行持续探索。

---

① 于炬：《中国移动短视频发展的新态势》，《传媒》2021 年第 14 期。

　　总台同样布局了第二梯队的短视频平台，如微视、西瓜视频。相比抖音、快手，总台在微视、西瓜视频上开设的官方账号数量略少，账号整体用户关注情况和短视频传播效果亦不如头部平台，但"央视新闻"账号的表现依然最为亮眼。据笔者统计，截至 2022 年 1 月 10 日，微视"央视新闻"账号以 4204 个作品数、累计 1,256.9 万"粉丝"量和 5,860.1 万获赞量成为微视中发布数量最多、累计"粉丝"量最多的总台官方账号。在西瓜视频中，"央视新闻"账号也以 12,748 个作品数、累计 9,574.6 万"粉丝"和 1.1 亿获赞量，综合排名第一。

　　总台入驻第三方短视频平台的同时，也尝试进入社交属性较强的长视频平台，并与其他新媒体平台的短视频内容实现联动传播。在新浪微博、哔哩哔哩、微信视频号等平台，总台均开设了"央视新闻""小央视频"等官方品牌联动账号，并打造专门的短视频专栏，形成短视频内容合集。如据笔者统计，截至 2022 年 1 月 10 日，"小央视频"在新浪微博共发布 3.3 万条微博短视频，累计 646.6 万"粉丝"，转发、点赞和评论量累计 1,796.7 万，开设了知识科普为主，传递主流价值观，凝聚社会认同的"共识"版块；以简笔画表现形式，讲解奇趣话题的"小央小剧场"；用素材拼贴和视频图解回应社会热点话题的"比划"版块；聚焦我国奥运健儿夺冠，辅以知识科普的"2021 奥运夺冠"版块；以新冠肺炎疫情事件为核心，创作易引发情感共鸣内容的"将战疫进行到底"版块；以总台虚拟主持小 C 针对各问题的回答串联而成的"小 C 的 Vlog"版块。通过短视频合集版块，为用户更好地呈现主题式的多样内容。

二、中央级广电媒体短视频的发展特征

（一）丰富叙事角度，以个体视角呈现宏大主题

　　总台在用短视频叙事时，注重摆脱"大而全"的宏观叙事模式，将个人故事与宏大主题结合，突出宏大叙事中的个体要素，为重大主题报道提供"小切口、新视角"。总台短视频现场新闻《独家视频丨游客："彭麻麻呢？"》获第三十一届中国新闻奖一等奖，作品真实记录了游客偶遇习近平总书记时的一段现场对话，在一问一答中凸显有趣、有爱、有温度的情

节，塑造了大国领袖的亲民爱民形象，表露出人民群众对总书记的真挚情感。时长23秒的短视频发布当天点击量23亿，全网阅读量累计37亿。[①]有的作品还用柔软的人文外壳包裹硬核的新闻内容，通过个体故事折射宏大的新闻事实。[②]"央视新闻"在2021年10月15日发布的《"妈妈加油"，这一幕，又感动又心疼！宝贝不哭，妈妈出发给你摘星星了！我们一起等你妈妈凯旋！》，记录了中国首位女航天员王亚平的女儿在神舟十三号载人飞船出发前为妈妈加油的情景。截至2021年10月16日，该条短视频播放量达到523.25万，获赞50.04万，"妈妈出发给你摘星星了"话题登上新浪微博热搜榜，话题阅读量达到1.3亿。该条短视频通过女儿一声声真情实感的"妈妈加油"以及航天员王亚平微笑着挥手回应的情景，以母女离别深情展现中国航天人"舍小家、为大家"，为中国航天事业无私奉献的伟大家国情怀。

除时政类新闻外，总台还关注"小而精"的社会新闻，生产更符合短视频传播规律的"接地气"产品。如"央视新闻"抖音号不仅有新闻联播、新闻发布会等宏大主题的短视频叙事，还有《苏炳添回国拎了啥》《消防员单膝跪地给老人当板凳》《"无臂男孩"读研》等充满人情味的社会新闻。这些内容巧妙地以生活化叙事方式，凸显其中蕴含的人文关怀，拉近了主流媒体与用户的距离。

中央级广电媒体在短视频新闻叙事中，采取"小切口"的叙事角度，通过小事件、个体人物与富有人情味的生活化故事凸显大主题，让主流内容传播有价值也有温度，引发了网民的情感共鸣。

（二）探索话语转型，亲民表达传递主流价值

伴随短视频的飞速发展，越来越多的人选择通过短视频等新媒体平台了解天下大事。为适应短视频平台碎片化、奇趣化、个性化等特点，传统广电媒体的短视频在表达方式上也需要以更亲民化、更具网感的内容吸引

---

① 中国记协网：《独家视频丨游客："彭麻麻呢？"》，中国记协网，http://www.zgjx.cn/2021-10/25/c_1310259411.htm，2021年10月25日。

② 刘秀梅、朱清：《新闻短视频内容生产的融合困境与突围之路》，《现代传播（中国传媒大学学报）》2020年第42期。

用户。中央广播电视总台探索适应短视频平台的话语转型，从对时政新闻报道方式的转变，到主持人话语风格的转变等，以"活泼不失分寸，创新不离主流"的风格传递价值内容。

其一，探索对严肃政治话题的软表达。总台对时政新闻报道中的立场、观点，在新闻短视频的传播中进行重点性选择和解读。在短视频创作上，《主播说联播》中的"说联播"以《新闻联播》中的核心内容为基础，让总台主播以轻松、诙谐、更"接地气"的方式输出主流立场及观点，从而拉近了与民众的距离。2021年9月3日，短视频《主播说联播丨郑丽："漂亮国"在阿富汗这事干得真"不漂亮"》在抖音平台发布并登上微博热搜第一，"央视主播说漂亮国这事干得可真不漂亮"话题阅读量达到4.1亿。"漂亮国"是网友对美国的戏称，总台主播借用这种表述，是对严肃性政治话题的一种"软性表达"，即用幽默的语言表明中国对阿富汗局势的态度。同时，总台探索网感化的话语方式，更适应网络媒介的传播环境，也贴近了年轻用户的接受心理。《央视新闻》在快手短视频平台用"快手的老铁们"来称呼快手用户，以"令人喷饭""又想'退群'了""No Zuo No Die""羡慕嫉妒恨"等网络用语针砭时事，吸引更多网民关注国家大事。

其二，通过"刚"与"萌"的反差，增强亲切感。《主播说联播》中，康辉、海霞、李梓萌、郭志坚、欧阳夏丹等主持人结合国内外时政新闻展现大国姿态的同时，也用一些"萌萌的"语言，改变总台新闻主播刻板严肃的表达习惯。总台主播郭志坚对涉港事务的美国及乱港分子发出拷问"今天立秋，到了秋天后该办啥事呢？想想看吧"，欧阳夏丹以"宵夜时间到了，要不，上点儿榨菜？"笑怼台湾某政论节目中的错误言论。

其三，"Vlog+新闻"也成为总台短视频的表达新方式。Vlog为视频博客，它比一般的网络视频时常更短，强调人格化表达，能够以第一人称的叙事视角，营造更加轻松、更有交流感的叙事环境，是当今流行的记录生活的短视频表达方式。康辉"大国外交最前线Vlog"是总台试水"Vlog+新闻"的创新方式。截至2019年11月20日，"康辉Vlog"话题阅读量达到2.4亿，话题下播放量最高的一条视频得到1568万次观看。[1]

---

[1] 李琳、葛光和：《Vlog在主流媒体新闻报道中的创新运用及思考——以中央广播电视总台〈大国外交最前线〉为例》，《电视研究》2020年第7期。

此外，因康辉"大国外交最前线 Vlog"深受网友喜爱并引发大量的关注，在 2021 年，总台主持人刚强接力 Vlog 发布，持续探索总台 Vlog 式的新闻表达模式。

（三）主持人、记者 IP 化，提升媒体品牌价值

打造具有知名度的主持人或出镜记者是实现节目内容人格化传播的重要手段。面对新的媒介环境，总台借助强大的人才资源，进行主持人品牌战略创新，试水打造"网红主持人""网红记者"等 IP，通过优质网生内容，以主持人、记者人格化 IP 矩阵强化广电媒体的品牌建设。

总台以放大主持人个性化风格为策略，塑造更接地气、更具人情味的主持人形象，破除受众长期以来对总台主持人正襟危坐、不苟言笑的刻板印象。由康辉、撒贝宁、朱广权和尼格买提四位主持人组成的国民天团"央视 boys"备受各界关注。借助四位主持人自身过硬的业务能力，总台通过短视频、直播带货、网络综艺节目等一系列运作，凸显主持人的个性色彩：行走的活字典康辉、幽默搞怪的撒贝宁、妙语连珠的朱广权、亲切随和的小尼。网民看到，央视主持人的直播带货也能成为大型"相声"现场，《新闻联播》主持人也可以跳街舞，总台亲民化、年轻化形象逐渐深入人心。对记者 IP 的打造，2020 年 9 月 22 日，央视新闻官方账号在哔哩哔哩发布《总台记者王冰冰："快乐小草"，再也不用担心会"秃"了》短视频，发布后几个小时内观看量突破百万，次日"央视高颜值女记者王冰冰走红"话题登上新浪微博热搜榜第五位。随后两个月内，王冰冰所带话题持续登上微博热搜榜，在电视、网络等多平台曝光率不断增加，增强了"粉丝"印象。迎合互联网用户的审美需求，总台巧妙借用外貌甜美清秀的王冰冰打造"邻家妹妹"的总台记者形象，拉近了央级媒体与普通受众的距离。王冰冰也因在节目中的出色表现受到广大青年网友的追捧，被称为"央视的收视密码"。

无论人气天团"央视 boys"还是王冰冰，总台通过不断强化主持人、记者的自身特色，助力了节目多平台传播效果，也通过主持人、记者 IP 化塑造，为媒体注入了生动的灵魂，吸引了更多网民的关注。

（四）让非新闻内容"有意义"且"有意思"

中央级广电媒体承担着主流意识形态传递、文化价值引领等重要责任，总台借助短视频将文化类节目、文艺娱乐类节目、公益活动等非新闻内容进行有针对性的二次创作，注重选择文化属性较强、蕴含深厚人文价值的节目或活动进行传播，在以趣味性较强的片段带给用户轻松、活泼感受的同时，凸显文化价值，努力做到非新闻内容短视频"有意思"且"有意义"。

总台以文化类节目为基础开设的"央视文艺""中国诗词大会""经典咏流传"等总台账号，注重文化性与趣味性的双重价值。"央视文艺"是中央广播电视总台文艺节目中心开设的官方短视频账号，涵盖音乐、戏曲、舞蹈等综艺节目内容。截至 2022 年 1 月 3 日，"央视文艺"快手号共发布 2925 条视频，获"粉丝"1,891.1 万，累计获赞 2.3 亿，位列总台快手官方账号"粉丝"量排行榜第四。2022 年 1 月 2 日，该账号发布总台节目《@青春，2022！》中藏族小伙子丁真的一段演讲，视频中他仅凭声音就能辨别野生动物的种类引发了网友的热烈欢呼，由此引出关于"现在很多动物濒临灭绝，以后可能再也听不到这些声音了"的讨论，倡导尊重生命，保护生物多样性。此外，"央视国家记忆""CCTV4 中国文艺""经典咏流传"等总台官方账号同样选择节目中看点较强且带有价值观输出的片段进行短视频发布，凸显了主流媒体的文化担当和价值引领。

《冬日暖央 young》是总台央视频以 2022 年北京冬奥会为背景，紧扣冬奥会和冰雪运动的特点开创的体育类真人秀节目。截至 2021 年 12 月 21 日，《冬日暖央 young》前两期节目全网短视频播放量超 6.7 亿，话题"冬日暖央 young"阅读量达 3.7 亿，讨论量达 55.7 万。[①]"央视频"短视频账号以总台主持人体验冰雪运动为主要节目内容，辅以"各队尝试八字蹬坡，状况百出笑声不断""撒贝宁不讲武德，裁判亮出红牌"等幽默轻松的标题或话题，引导用户关注冰雪赛事，传递奥运精神。

---

① 中央广播电视总台总经理室：《深化媒体融合传播，总台〈冬日暖央 young〉全网短视频播放量超 6.7 亿》，央视网，http://1118.cctv.com/2021/12/22/ARTIZJi32SLglvcYAI8mRYmx211222.shtml，2021 年 12 月 22 日。

（五）优化组织架构，探索市场化运行机制

为推动媒体融合向纵深发展，中央级广电媒体尝试突破传统媒体的体制机制限制，创新媒体组织架构和运行机制。在管理机制方面，总台进行机构改革，于2020年8月建立融合发展中心，统领25个内设机构，建立总经理室、创新发展研究中心、视听新媒体中心、总台技术局等业务管理部门，推进建立以创新管理为保障的全媒体传播体系，助力总台媒体融合向纵深发展。在运行机制层面，总台推动流程再造和组织架构重构，逐渐从中心制、频道制向项目制、工作室、产品事业部等各种内容生产组织和运营方式转型，促进更多融媒体爆款产品的专业化生产。

中央级广电媒体推动自身与平台、市场、产业等进行跨媒体、跨体制融合，通过"短视频+电商""短视频+直播"等新的资源整合、组建新媒体公司、MCN机构，培养台内网红主持等方式，依托原有资源优势探索市场化的运行机制。如2019年5月，总台成立央视频融媒体发展有限公司，注册资本为10亿元，总台占股比例为90%，央视国际网络有限公司（央视网）占股比例为10%。[①]其主要业务聚焦总台央视频移动客户端，为短视频及5G新媒体平台提供市场化运营和技术服务，聚合社会机构和专业创作者资源，与总台视听新媒体中心共建跨资源整合的服务平台。总台依托台内主持人的优质资源及其影响力，开展与电商、短视频等的直播带货跨界合作，如以康辉、撒贝宁、朱广权、尼格买提组成的央视新闻"带货天团"与北京台主持人春妮携手某电商在央视新闻客户端、抖音、快手短视频等平台直播，三小时累计观看量超6412万，总销售额高达14亿元。[②]近年来，总台大力推动"大小屏"联动传播的基础上，与其他商业化平台、短视频平台合作，借助抢红包、抽奖、集福卡等互动活动，提升用户的参与度，实现收视率上升与市场化探索的双赢。2019年总台春晚与百度、抖音短视频合作，共发放总金额达9亿元的红包，截至2019年

---

① 央视频融媒体发展有限公司，企查查，https://www.qcc.com/firm/99262db2375859c971d4fef32504653e.html。

② 央视新闻客户端：《3小时带货近14亿 揭秘这场直播的幕后故事》，央视网，http://m.news.cctv.com/2020/06/06/ARTI9GoxImwvhMphrGOfYsOA200606.shtml，2020年6月6日。

1月29日，互动人数高达23亿，流量超过50亿。[①]2020年春晚也与快手短视频合作，红包互动次数突破600亿，形成巨大流量效应。

中央级广电媒体贯彻新发展理念，坚持改革创新，在组织架构和运行机制上求新求变，不断升级全媒体格局、推进媒体深度融合的转型发展。同时深化内容供给侧结构性改革，以内容建设为根本，打造全媒体内容新生态，持续推出优质的爆款融媒体产品，彰显了主流媒体的引领力、传播力和影响力。

[①] 央广网：《2019年中央广播电视总台春晚联合百度、抖音开启融媒体传播》，央广网，http://finance.cnr.cn/txcj/20190203/t20190203_524502654.shtml，2019年2月3日。

第二节　地方广电媒体短视频发展历程

近年来，我国短视频行业发展迅猛，UGC（用户生产内容）、PGC（专业生产内容）、PUGC（专业用户生产内容）以及OGC（职业生产内容）占领各自发展赛道，获得网民广泛关注。各地方广电媒体作为专业内容生产者，拥有丰富的内容资源，发挥着舆论引导"发声筒"的作用。随着外部政策的激励与内部机制的改善，我国地方广电媒体加速深度融合，在短视频领域布局体系初显。本节通过着重对抖音、快手、微视及西瓜视频四大短视频平台进行分析，研究当下地方广电媒体在短视频领域形成的优质资源重点深耕、多条赛道齐头并进的发展态势。

一、地方广电媒体短视频发展概况

《2021中国网络视听发展研究报告》显示，2020年短视频平台格局基本稳定，仅于局部发生一定变化。第一梯队仍为抖音和快手，第二梯队中除西瓜视频、微视与抖音火山版外，快手急速版和抖音极速版也快速发展。[①] 由于抖音与抖音极速版、快手与快手极速版等同源平台账号互通，本文选取了由今日头条孵化的抖音、北京快手科技有限公司旗下的快手、腾讯旗下短视频平台微视以及字节跳动旗下助力中短视频发展的西瓜视频作为研究数据来源的主要分析平台。此四大平台均位列第一、二梯队，在

---

① 中国网络视听节目服务协会：《2021中国网络视听发展研究报告》，中国网络视听节目服务协会官网，http://www.cnsa.cn/home/industry/industry_week.html?page=1，2021年6月2日。

短视频领域具有无可替代的作用。在此基础上，本节对我国31个省级行政区（不含港、澳、台）的地方广电媒体短视频布局情况进行统计。统计内容包括：四大平台中，各省级广电媒体的短视频账号数量、"粉丝"数量、单一账号最大"粉丝"数量、累计发布作品数量以及单一账号最多发布数量等内容。统计方式以"省级区划名称""省级区划广播""省级区划电视"以及"省级区划上星卫视名称"为词条分别在抖音、快手、微视与西瓜视频四大平台进行搜索，通过人工核查的方式筛选出账号名称及简介中具有省级广电媒体官方认证且有内容发布的账号，除此之外的其他账号不列入统计范畴。继而将短视频账号主页中显示的"粉丝"量与发布内容数量进行统计整理。统计数据截止日期为2021年8月31日。

（一）地方广电媒体短视频账号布局情况

地方广电媒体自进入短视频领域以来，发展水平各不相同。短视频账号的数量以及账号类型均可以体现其在短视频领域基本布局情况。而从账号的分布情况可以看出各地方广电媒体发展短视频的主要阵地。统计发现，地方广电媒体短视频账号数量分布差异明显，账号类型丰富多元，内容创新尝试层出不穷。

1. 账号分布差异化

图3-1为各省广电媒体在抖音、快手、微视与西瓜视频四大短视频平台的账号总数量。可以看出，我国31个省级广电媒体均在四大短视频平台上进行账号运营与内容发布。通过前文"词条搜索＋人工筛选"的统计方式得出，四大平台中各省级广电媒体的短视频账号数量共计1289个。其中，大多数短视频账号分布于发展程度较好的中部省级地区以及东南部沿海省级地区。在已统计的省级广电媒体短视频账号中，安徽省、河南省与湖南省三大地区短视频账号分别以123个、110个和108个的数量位列前三。大多数省级广电媒体短视频账号集中在10~60个之间，排名相邻省份数量差异较小。而短视频账号数量超过60个的少数的省级广电媒体与其余省份形成了较大差异。同时，在31个省级行政区划中，以浙江省、上海市、江苏省等为代表的东部沿海地区，以及以安徽省、河南省、湖南省等为代表的中南部内陆地区省级广电媒体的短视频账号数量居于前列，

共有 961 个, 约占账号总量的 75%。而以新疆维吾尔自治区、西藏自治区等为代表的西部地区, 以山西省、河北省等为代表的中北部地区广电媒体的短视频账号总量计 328 个, 约只占全国账号总量的 25%。东南部省级区划广电媒体的账号数量远高于西北部地区。可见, 各地区广电媒体短视频账号数量与各地区经济发展水平具有一定的关联性。此外, 各省广电媒体中的头部卫视在短视频领域的布局也处于上游水平。"五大省级头部卫视"即湖南卫视、北京卫视、浙江卫视、江苏卫视与东方卫视所对应省级广电媒体的短视频账号总量均居于前列。

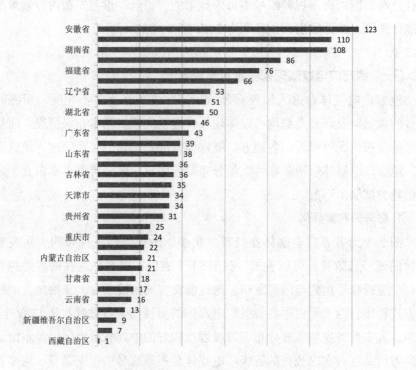

图 3-1　各省级广电媒体在四大平台的短视频账号总量（个）

（统计时间：2021 年 8 月 31 日）

图 3-2 为抖音、快手、微视与西瓜视频四大短视频平台的省级广电媒体短视频账号数量分布情况。可以看出, 在抖音、西瓜视频及快手三大平台的账号数量分布较为平均, 分别占 32.8%、28.4% 与 28.1%。其中, 抖

音以微弱优势位列第一，西瓜视频与快手紧随其后，三者旗鼓相当，账号数量之和约占账号总量的 89.3%。而微视则略微落后，其平台上各省级广电媒体的短视频账号共有 138 个，约占账号总量的 10.7%。据统计，在全国 31 个省级广电媒体中，仅黑龙江省、西藏自治区、宁夏回族自治区、甘肃省、青海省、云南省与海南省 7 个省级广电媒体的账号没有完全覆盖四大平台，其余 24 个省级广电媒体均在各个平台开设了短视频账号。在账号覆盖不完全的 7 个省级广电媒体中，有 6 个未在微视设立账号，而均在抖音平台开设账号。由此可知，虽大多数账号在四大平台均有分布，但抖音、快手与西瓜视频仍为省级广电媒体短视频的主要发展阵地。

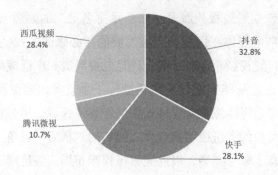

图 3-2 四大短视频平台中各省级广电媒体短视频账号数量分布情况

（统计时间：2021 年 8 月 31 日）

2. 账号类型多元化

多样的短视频账号类型既代表着各省级广电媒体在短视频领域布局的全面性，又能从侧面体现出差异化的发展策略。截至目前，官方认证的各省级广电媒体短视频账号，大致可以分成五种不同的类型。第一类是由各个电视频道及广播频率开设的账号；第二类是以节目和电视剧场等各大电视平台内容为基础创建的同名节目账号；第三类是由网络平台或融媒体中心创办的新媒体短视频账号，如"芒果 TV""辽视 TV"为湖南、辽宁广电媒体网络视频平台的短视频账号，"知河北"与"山东卫视传媒有限公司"则为河北与山东广电的融媒体平台的短视频账号；第四类是某类主题内容进行垂直化资源整合的账号；第五类为其他类账号，主要包括电视节目主持人账号、知名制作人工作室账号以及人格化的趣味资讯账号等种类。

　　图 3-3 呈现了各省级广电媒体短视频账号类型数量分布情况，由该图可知，各类账号中数量最多的是广播电视节目，约占账号总量的 68.9%。其次是各级电视频道与广播频率账号，约占总量的 24.6%。此外资源聚合类型与网络平台及融媒体中心的新媒体类型账号总和仅占总量的 1.4%，其余极少量的其他类型账号，约占总量的 0.5%。可见，大多数省级广电媒体短视频账号都包含频道/频率与特定节目两大类型，部分省级广电媒体短视频有聚合账号类型与网络平台类型，而极少量省份创建了知名媒体从业者的账号类型。值得注意的是，虽然电视节目类账号数量最多，但并非所有节目都设立了短视频账号。而总量排名第二的频道/频率类账号，成为所有省级广电媒体在短视频领域发展的"必修课"。这表明，各地方广电媒体在进行短视频布局时，最先满足电视频道和广播频率主体与节目内容的需求，在此基础上部分平台还进行了垂直类内容资源的整合。同时，还有少量广电媒体探索并延伸至网络融媒体领域，增强媒体融合的深度。另有寥寥可数的省份还将观众代入鲜有的"幕后"视角，进行账号视角的创新，丰富了账号类型，以此完善短视频布局，满足网民多样化收看需求。

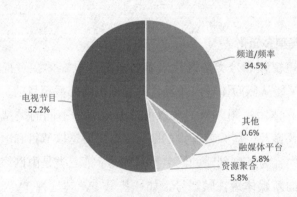

图 3-3　各省级广电媒体短视频账号类型数量分布情况

（统计时间：2021 年 8 月 31 日）

（二）地方广电媒体短视频关注热度情况

考量账号数量，可以粗浅判断各省级广电媒体短视频布局的主动性，而对"粉丝"数量的统计能得出某一账号或某地方广电媒体所有短视频账号是否更受用户欢迎以及具有何等的传播效果与影响力。一般认为，一个账号的"粉丝"数量越多，则表示其受到的关注越多，具有越好的传播效果与影响力。在短视频平台上，用户可以主动选择关注感兴趣的账号并成为其"粉丝"。当被关注账号发布内容后，其关注者将被推送该账号的视频内容，进而产生可能的评论、转发行为，地方广电媒体可通过此行为及时得到受众的反馈。由此，媒体可把"粉丝"数量当作一个直观的窗口，根据受众的偏好及时调整短视频内容，甚至对今后媒体内容的创作提供策略支持。

1. 头部卫视位居上游

图 3-4 为各省级广电媒体短视频账号在抖音、快手、微视与西瓜视频四大短视频平台的"粉丝"总数量统计。由该图可得，短视频账号数量约占总量 27% 的五大省级头部卫视所在省级广电媒体在"粉丝"数量上仍占优势。湖南省、浙江省、北京市、上海市与江苏省分别以约 1.8 亿、1.6 亿、1.1 亿、8967 万和 7902 万的总量位列全国所有省级广电媒体短视频"粉丝"量排行榜的第一、第三、第四、第七与第八。五大头部卫视所在的省级广电媒体短视频账号"粉丝"总量高达约 6.3 亿，约占所有省级广电短视频"粉丝"数量的 38%。可见，短视频账号的"粉丝"数量受到其所在省卫视频道发展程度的影响。从"粉丝"数量较大的省份看，湖南省广电媒体短视频"粉丝"数量总和约是全国省级广电媒体短视频平均"粉丝"数量的 3.5 倍，约占所有省级广电媒体短视频账号"粉丝"总量的 11%。同样，浙江省广电媒体短视频"粉丝"总量是全国省级广电媒体短视频平均"粉丝"数量的 3 倍，约占所有省级广电媒体短视频账号"粉丝"总量的 9.8%。虽然湖南省、浙江省广电媒体短视频账号数量均不是最高值，但账号获得了大量关注。湖南省广电媒体在抖音平台开设的卫视频道类账号"湖南卫视"的"粉丝"量约达 2,137.9 万，单一账号的"粉丝"量就超出了下游区域 11 个省级广电媒体短视频账号的"粉丝"总量，足以证明其强大的影响力。浙江省广电媒体开设的卫视频道类账号"浙江卫视"在抖音平台

的"粉丝"量约 2,005.3 万，同样超过了下游区域 11 个省级广电媒体短视频账号"粉丝"总量。而从短视频"粉丝"量较低的省份看，宁夏回族自治区与西藏自治区广电媒体短视频账号"粉丝"量分别仅为 243.81 万与 12.7 万，在"粉丝"量千万甚至上亿的省级广电媒体短视频中缺乏影响力。

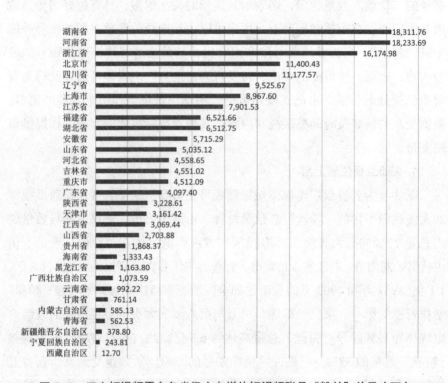

图 3-4　四大短视频平台各省级广电媒体短视频账号"粉丝"总量（万）

（统计时间：2021 年 8 月 31 日）

2. 抖音显现平台优势

图 3-5 为四大短视频平台中各省级广电媒体短视频账号"粉丝"数量的分布情况，由该图可知，各省级广电媒体在抖音平台的"粉丝"总量最多，约占四大平台"粉丝"总量的 56.3%。《2021 中国网络视听发展研究报告》显示，抖音与快手两强格局稳定，尤其抖音平台在网络视听行业中占据主导地位，这也使得短视频平台的行业地位首次超过了其他视频

平台。① 当然，"粉丝"总量除与平台优势相关外，还与其账号数量和发布内容数量有一定关联。表 3-5 是省级广电媒体短视频账号在单一平台的最大"粉丝"量和单一账号最大"粉丝"量以及所在平台的分布情况。由该表可知，在 31 个省级广电媒体中，有 23 个省份单一平台的最大"粉丝"数量属于抖音平台。其次，少量的省级广电媒体单一平台最大"粉丝"量属于西瓜视频。在排除账号数量叠加对"粉丝"数量的影响后，仅从单个账号来看，各个省级广电媒体"粉丝"数量最高的平台仍以抖音为主。在所有省级广电媒体中，"粉丝"数量最大的单一账号属于抖音平台的占到了总量的 80.65%，具有压倒性优势。可见，抖音以其平台优势为各省级广电媒体短视频账号吸引了更多关注，成为各省级广电媒体布局优质账号的"主战场"。此外，各省级广电媒体在西瓜视频与快手两大平台的短视频账号"粉丝"数量分别位列第二、第三。而微视平台的账号"粉丝"数量较少，仅约占"粉丝"总量的 1.3%。这也反映出各省级广电媒体布局短视频账号受到关注、获得热度的平台主要是抖音、西瓜视频和快手。

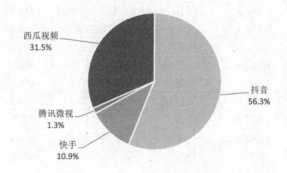

图 3-5　四大短视频平台各省级广电媒体短视频账号"粉丝"数量分布情况

（统计时间：2021 年 8 月 31 日）

---

① 中国网络视听节目服务协会：《2021 中国网络视听发展研究报告》，中国网络视听节目服务协会官网，http://www.cnsa.cn/home/industry/industry_week.html?page=1，2021 年 6 月 2 日。

表3-5　省级广电媒体短视频最大"粉丝"量平台与最大"粉丝"量账号

序号	省级行政区划	单一平台最大"粉丝"量（万）	最大"粉丝"量所属平台	最大"粉丝"量短视频账号名称	单一账号最大"粉丝"量（万）	单一账号最大"粉丝"量所属平台
1	河南省	12,214.3	抖音	河南广播电视台民生频道	2,539.4	抖音
2	湖南省	10,465.6	抖音	湖南卫视	2,137.9	抖音
3	辽宁省	7,343.9	抖音	辽宁电视台 辽宁之声	1,867.3	抖音
4	浙江省	6,912.6	抖音	浙江卫视	2,005.3	抖音
5	北京市	6,260.3	抖音	BTV养生堂	1,620.4	西瓜视频
6	四川省	5,349.5	抖音	四川观察	4,807.8	抖音
7	上海市	4,138.7	抖音	东方卫视	2,193.2	抖音
8	江苏省	3,903.2	抖音	江苏卫视	1,044.7	抖音
9	山东省	3,791.2	抖音	闪电新闻	1,389.2	抖音
10	湖北省	3,645.7	抖音	湖北新闻	1,618.3	抖音
11	福建省	3,056.3	西瓜视频	海峡新干线	2,125.2	西瓜视频
12	重庆市	2,915.2	抖音	谢谢你来了	1,523.5	抖音
13	广东省	2,232.2	抖音	DV现场	889.3	抖音
14	安徽省	2,172.8	西瓜视频	AHTV第一时间	601.2	抖音
15	吉林省	2,144.1	抖音	吉林卫视好久不见	633.1	抖音
16	河北省	2,130.1	抖音	河北广播电视台	794.5	西瓜视频
17	天津市	1,851.6	抖音	天津卫视	790.9	抖音
18	陕西省	1,662.4	西瓜视频	陕西都市快报	879.3	西瓜视频
19	江西省	1,408.9	西瓜视频	都市现场	456.3	抖音
20	山西省	1,401.4	西瓜视频	山西新闻	523.5	西瓜视频
21	贵州省	1,171.6	抖音	百姓关注	892.9	抖音
22	黑龙江省	1,043.7	抖音	新闻夜航	667.2	抖音
23	海南省	811.3	抖音	海南广播电视总台	402.5	抖音
24	广西壮族自治区	729.1	抖音	广西卫视第一书记	183.3	抖音
25	云南省	452.3	西瓜视频	云南广播电视台	329.2	抖音
26	甘肃省	388.3	西瓜视频	甘肃网络广播电视台	130.2	抖音
27	青海省	342.6	西瓜视频	青海电视台经视法案	153.8	西瓜视频
28	新疆维吾尔自治区	313.1	抖音	新疆949交通广播	102.2	抖音
29	内蒙古自治区	275.8	抖音	内蒙古卫视	121.8	抖音

续表

序号	省级行政区划	单一平台最大"粉丝"量（万）	最大"粉丝"量所属平台	最大"粉丝"量短视频账号名称	单一账号最大"粉丝"量（万）	单一账号最大"粉丝"量所属平台
30	宁夏回族自治区	176.4	抖音	宁夏影视频道	129.1	抖音
31	西藏自治区	12.7	抖音	西藏广播电视台	12.7	抖音

（统计时间：2021 年 8 月 31 日）

（三）地方广电媒体短视频账号运营情况

相比于反映整体布局水平的短视频账号数量与反映账号关注度的"粉丝"数量，各省广电媒体短视频账号作品数量可反映其账号的活跃程度，同时也能体现平台的运营能力，一定程度上反映了其短视频的发展情况。

1. 中部地区脱颖而出

图 3-6 为各省广电媒体在抖音、快手、微视与西瓜视频四大短视频平台的短视频账号发布作品总数量。由该图可知，中部地区的安徽省、江西省与河南省广电媒体短视频账号发布作品数量位居前三。安徽省凭借其短视频账号数量的优势，账号发布短视频作品数量高达 47 万余条，占据全国省级广电媒体短视频账号发布作品总量第一的位置。其在抖音平台的"安徽卫视海豚君"单一账号发布作品数量达 1 万余条，在西瓜视频的"中国安徽卫视"单一账号发布作品数量约 4.6 万条，在所有省级广电媒体的短视频单一账号中表现突出。可见，安徽省广电媒体在积极布局短视频账号的同时也投入大量精力制作发布内容、运营账号。江西省广电媒体短视频账号发布内容数量高达 40 万余条，位列所有省级广电媒体短视频账号发布作品总量排行榜第二。其于西瓜视频平台的"今视频+"单一账号发布内容总量就达 15.5 万条，单一账号发布作品数超越了上游前八名省级广电媒体短视频账号发布作品的总数量。在账号发布作品数量层面，安徽与江西两个中部地区的省级广电媒体在全部省级广电媒体中脱颖而出，成为省级广电媒体积极发展短视频的代表。

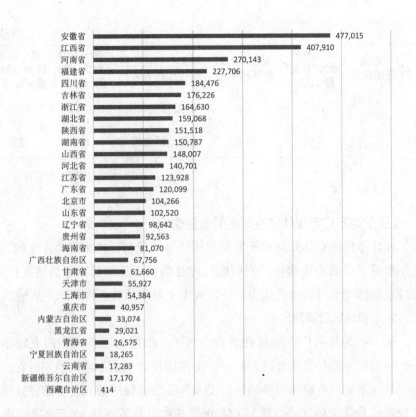

图 3-6　四大短视频平台上各省级广电媒体短视频账号作品总数量（条）

（统计时间：2021 年 8 月 31 日）

2. 西瓜视频成为重心

图 3-7 为四大短视频平台中各省级广电媒体短视频账号发布作品数量分布情况。如图所示，各省级广电媒体在四大短视频平台发布的所有作品中，西瓜视频以约 209 万条的数量占比最高，约占总量的 54.9%。表 3-6 为各个省级广电媒体短视频最高发布数量的平台与单一账号最高发布数量及其所属平台。由该表可见，共计 18 家省级广电媒体在四大平台中将西瓜视频平台作为短视频账号发布作品的阵地，约占全部有作品发布的省级广电媒体的 58%。除去账号数量叠加对作品数量的影响，仅从单一账号来看，共有 21 家省级广电媒体短视频发布量最高的账号属于西瓜视频平台。由此可见，西瓜视频平台是各省级广电媒体进行内容发布的主要阵地。值

得注意的是，西瓜视频平台发布数量高与其横屏的观看模式有关。这种观看方式与电视端更加适配，因此节约了视频制作的成本，降低了视频制作难度，更便于及时发布广电媒体视频内容。另外，由图3-7可知，省级广电媒体在四大短视频平台的账号发布作品数量中，抖音以27.2%的占比位列第二，快手与腾讯微视位列第三、第四，占比分别为11.7%与6.2%。

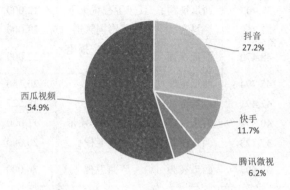

图3-7　四大短视频平台中各省级广电媒体短视频账号发布内容数量分布情况

（统计时间：2021年8月31日）

表3-6　省级广电媒体短视频作品最高发布量平台与作品最高发布量账号

序号	省级行政区划	单一平台最高发布量（条）	最高发布量所属平台	最高发布量短视频账号名称	单一账号最高发布量（条）	单一账号最高发布量所属平台
1	安徽省	376,482	西瓜视频	中国安徽卫视	46,000	西瓜视频
2	江西省	293,582	西瓜视频	今视频+	155,000	西瓜视频
3	福建省	163,823	西瓜视频	福建新闻频道	51,000	西瓜视频
4	四川省	139,989	西瓜视频	四川观察	98,000	西瓜视频
5	山西省	134,980	西瓜视频	山西社会与法制	42,000	西瓜视频
6	河南省	131,317	抖音	河南民生频道	33,000	西瓜视频
7	吉林省	111,514	西瓜视频	吉林卫视官方号	27,000	西瓜视频
8	湖南省	90,011	抖音	芒果TV	32,233	抖音
9	陕西省	90,875	西瓜视频	陕西都市快报	47,000	西瓜视频
10	浙江省	80,486	西瓜视频	浙江卫视综艺	37,000	西瓜视频
11	山东省	67,645	抖音	山东三农新闻联播	12,172	抖音

序号	省级行政区划	单一平台最高发布量（条）	最高发布量所属平台	最高发布量短视频账号名称	单一账号最高发布量（条）	单一账号最高发布量所属平台
12	河北省	60,958	西瓜视频	河北广播电视台	47,000	西瓜视频
13	湖北省	59,596	西瓜视频	湖北新闻	12,834	抖音
14	海南省	54,062	西瓜视频	蓬勃新闻	12,000	西瓜视频
15	辽宁省	52,403	西瓜视频	辽宁卫视说天下	12,000	西瓜视频
16	江苏省	52,369	抖音	江苏影视频道	23,000	西瓜视频
17	甘肃省	48,470	西瓜视频	甘肃网络广播电视台	22,000	西瓜视频
18	广东省	45,794	西瓜视频	DV现场	20,166	抖音
19	贵州省	42,491	抖音	百姓关注	38,527	抖音
20	北京市	40,337	西瓜视频	北京卫视季播带	11,000	西瓜视频
21	天津市	37,123	西瓜视频	天津卫视	20,000	西瓜视频
22	广西壮族自治区	33,997	西瓜视频	广西卫视	16,000	西瓜视频
23	上海市	29,819	抖音	东方卫视	13,465	抖音
24	黑龙江省	23,637	抖音	新闻夜航	17,548	抖音
25	重庆市	21,747	抖音	重庆卫视	2,171	抖音
26	青海省	21,397	西瓜视频	青海视界	11,000	西瓜视频
27	内蒙古自治区	14,321	抖音	内蒙古广播电视台	3,019	西瓜视频
28	宁夏回族自治区	11,960	抖音	宁夏影视频道	7,083	西瓜视频
29	新疆维吾尔自治区	11,118	抖音	电视日记	4,793	腾讯微视
30	云南省	6,115	抖音	云南网络广播电视台	5,696	西瓜视频
31	西藏自治区	414	抖音	西藏广播电视台	414	抖音

（统计时间：2021年8月31日）

二、特色地方广电媒体的短视频建设

各地方广电媒体短视频发展可分为三种类型：第一类是头部广电媒体，依托自身的优质资源充分开拓短视频领域；第二类是部分深耕内容的地方广电媒体，依托地理位置、人口、文物古迹等自然与社会资源优势，发展特色短视频账号；第三类是少量进行广泛布局的地方广电媒体，试图以"广撒网"的方式获得短视频用户的关注。

（一）头部地方广电媒体的短视频

凭借优质的广电媒体资源，头部地方广电媒体依托颇受欢迎的品牌栏目和节目，更容易获得网民关注。湖南卫视、浙江卫视、北京卫视、东方卫视与江苏卫视是我国五大省级头部广电卫视，资源丰富、受众广泛，在短视频领域成绩优异，均获评"2020抖音娱乐年度大赏·抖音年度影响力平台"。根据上文统计数据，湖南、北京与浙江三大省级广电媒体无论是短视频账号数量、作品数量，还是"粉丝"量，均位居前列。而上海与江苏省级广电媒体同样拥有较为可观的"粉丝"数量，但就短视频账号数量与作品数量而言，略逊一筹。

1.湖南广电媒体：搭建"芒果"融媒生态

依靠湖南卫视、芒果TV等优质头部卫视及网络平台资源，湖南省广电媒体短视频的综合实力位居全国省级广电媒体前列。这既得益于其得天独厚的平台资源，也归功于湖南广电在媒体深度融合发展上的努力。一方面，其积极完善深度融合的顶层设计，成立中国（湖南）广播电视媒体融合发展创新中心，并于2021年上线以中短视频为特色的泛资讯平台"风芒"App，探索媒体深度融合的体制机制、产品形态与产业模式。另一方面，湖南广电媒体实施深度融合的人才计划，在湖南卫视"创新飙计划"、芒果TV"芒果青年说""青芒计划"基础之上，推出"创新合伙人""双聘管理"等制度，为其融合发展吸引人才。

湖南广电媒体短视频的发展战略和策略确有成效。通过前文中对抖音、快手、腾讯微视及西瓜视频四大平台各省级广电媒体短视频账号基本信息的统计与分析可知，无论是账号数量还是"粉丝"数量，湖南省广电媒体都处于上游位置。湖南省广电媒体短视频在四大平台的账号数量共有108个，在所有省份广电媒体中位居第三且在四大平台均有分布，并以抖音为主要阵地。截至2021年8月31日，湖南省广电媒体官方认证短视频账号"粉丝"总量超1.8亿，位居所有省份广电媒体短视频账号"粉丝"

数量之首。其中，湖南卫视官方抖音账号"粉丝"量为 2,137.9 万，官方西瓜视频账号"粉丝"量约 2,136.9 万，湖南卫视官方短视频账号在两大平台的"粉丝"数量基本持平。单一账号的"粉丝"数量超过了全国下游区域的 11 个省级广电媒体短视频账号"粉丝"数量之总和。而其知名品牌综艺栏目《快乐大本营》的抖音官方账号"粉丝"量达 2,118.5 万，官方快手账号"粉丝"量达 1,502.1 万，均处电视栏目类型账号上游。

湖南省广电媒体短视频账号类型多元，不仅有"湖南卫视""湖南娱乐""湖南经视"等省级卫视和省级地面频道类账号、"快乐大本营""天天向上""向往的生活"等知名栏目类账号以及"湖南卫视剧透社"等资源聚合类账号和"芒果 TV"等网络平台类账号，还有一些独一无二的账号类型。例如，抖音账号"湖南卫视的大黄"就是一个以卡通人物的视角切入，带领观众探索台前幕后的账号。"大黄"是湖南卫视的频道吉祥物，其借助可爱的外形，以"拟人化"的独特方式，走进湖南广电大楼的化妆间、工作室、机房等幕后场地，以解密形式满足受众的好奇心。同样，快手账号"小 H 的成长日记"也是以拟人化手法创建的短视频账号。"小 H"是湖南卫视生活体验类综艺节目《向往的生活》中的一只宠物柴犬。该节目善用拟人化手法，将动物的日常行为与人类活动相结合，产生了啼笑皆非、引人注目的特殊效果，逐渐为节目的特色之一被保留放大。节目中一只名为"彩灯"的鸭子，因常常发呆而被塑造为一个爱思考的"哲人"形象，并赋予它"尼古拉斯·灯"的称谓。其于新浪微博开设的账号吸引了众多"粉丝"，还成功接到"咸鸭蛋"的商业代言，实现了短视频创新账号的商业价值转化。而"小 H"也以同样的方式在快手平台开设账号，一边作为"萌宠"类账号向观众展示自己的生活日常，一边又以拟人化的方式带领观众了解节目进展。截至 2021 年 8 月 31 日，"小 H 的成长日记"官方快手账号累计发布短视频 669 条，"粉丝"量约 235.1 万，获得了受众的关注与喜爱。

在政策支持下，湖南广电媒体还设立了广电 MCN 机构，加速媒体深度融合进展。广电媒体天然具备 MCN 形态，广电 MCN 的内容生产、整体运营以及商业模式基本符合广电媒体逻辑，广电 MCN 实际上是将原来的频道与栏目变成短视频平台上的账号，这种基于中腰部的矩阵模式，将频道内容重新聚集。①2018 年以来，湖南娱乐 MCN 机构在母婴、美妆、美食、娱乐、竖屏剧等众多赛道布局，到 2020 年年初，湖南娱乐 MCN 从新入局者发展到跻身广电第一，签约达人涵盖传统明星艺人、节目主持人、网络达人等，"粉丝"量超 2 亿。现已成功打造出"张丹丹的育儿经"（主持人张丹丹谈育儿）、"张之助竟然"（大学生张之助讲搞笑趣事）、"丸糯本丸"（百变少女一人分饰三角）、"叨叨酱紫"（"话痨"女孩分享美妆心得）等诸多知名 IP。

综上所述，湖南省广电媒体在内容、技术与人才等方面的资源优势，为其在短视频领域的发展贮藏了巨大潜力。此外，规模化的账号群体、类型化的账号功能，广电频道 / 频率与节目的受众基础，以及广电 MCN 机构的设立与运营，均保证了其在短视频领域处于领先位置。

2. 北京广电媒体：凸显品牌栏目优势

北京广电媒体依托北京广播电视台良好的平台资源与受众基础，创立了一系列依托广播电视节目的短视频账号。截至 2021 年 8 月 31 日，北京广电媒体官方共设立短视频账号 86 个，其中有 66 个为节目类型账号，约占账号总量的 80%。传统媒体栏目和节目资源对北京广电媒体短视频发展的重要性不言而喻。

《档案》是北京广播电视台推出一档纪实类名牌栏目，曾在 2015 年由国家新闻出版广电总局、《中国广播影视》杂志社主办的"TV 地标中国电视媒体综合实力大型调研发布会"上获得"上星频道最具创新影响力节目"。截至 2021 年 8 月 31 日，基于该栏目的短视频账号"北京卫视档案"在抖音、快手和腾讯微视三大平台的"粉丝"总量已达 504.1 万。节目中的精彩片段被剪辑为短视频，一般先以"提问"的方式引出谜团，继而让观众随着主持人的讲述了解事件。

北京卫视的三大健康服务类节目《生命缘》《养生堂》和《我是大医生》亦是有全国收视口碑的品牌栏目，均在四大平台开设了官方短视频账号，并分别侧重于不同的节目定位，从医疗故事纪实、养生文化服务及医学知识科普等不同角度，促进观众对生命、医疗常识与知识的理解，获得

---

① 唐瑞峰：《专访湖南娱乐频道总监李志华：广电做 MCN 关键在于"有没有决心、有没有耐心"》，《电视指南》2020 年第 8 期。

了极高关注度。其中,《养生堂》在抖音和西瓜视频开设的短视频账号"养生堂"与"北京卫视养生堂"分别以 1,617.9 万与 1,620.4 万的"粉丝"数量,位列北京广电媒体抖音及西瓜视频短视频账号"粉丝"数量排行榜之首。而《生命缘》开设的抖音官方账号"北京卫视生命缘""粉丝"数量高达 1,094.6 万,处于北京广电媒体抖音账号"粉丝"数量排行榜第二位。新冠肺炎疫情期间,此类短视频账号积极宣传防疫知识,传播社会正能量,既有对防疫知识的科普,也有对防疫者辛苦付出的展现。例如"北京卫视生命缘"抖音账号于 2020 年 4 月 16 日发布的一条名为"感染新冠医生醒来后说不愿变成废人!"的视频,讲述了抗疫一线的医生在感染新冠肺炎后与病魔顽强抗争,并表达了自己依然会在康复后回到第一线继续抗击疫情的故事,截至 2021 年 10 月 12 日,该视频点赞量近 40 万,远超同时期其他视频。同时《养生堂》《我是大医生》等栏目短视频账号均在疫情期间针对个人防护、疫苗接种、核酸检测、防疫规定等多个人民群众切实关注的话题发布了众多作品,展现了面对重大公共卫生事件时广电媒体的责任担当。

除老牌栏目外,北京卫视的"后起之秀"也开设了大量短视频账号。如,北京卫视"跨界"系列节目《跨界歌王》《跨界喜剧王》与"暖暖"系列《暖暖的味道》《暖暖的新家》的官方短视频账号在各个平台均取得了不错的反响。这些节目的官方抖音账号"北京卫视跨界歌王""北京卫视跨界喜剧王""北京卫视暖暖的味道""北京卫视暖暖的新家"均收获了百万以上的"粉丝"量。而它们在快手平台的账号"粉丝"量也在同平台的北京广电媒体短视频账号中居于中上游。

除节目类型的短视频账号外,北京广电媒体下设的调频广播与新闻中心也开设了短视频账号。例如北京交通广播(FM103.9MHz)在抖音设立的同名账号将交通情况可视化,通过短视频形式展现行车安全的重要性,在调频广播短视频账号中获得了较多关注。北京广播电视台新闻中心的官方抖音账号"BRTV 新闻"也着眼于全国范围内各类切口较小的日常社会新闻事件,至 2021 年 8 月 31 日,"粉丝"量近 240 万。四大短视频平台之外,北京电视台于 2017 年 8 月打造了独立的新媒体泛资讯类短视频品牌——京视频,至 2021 年 8 月 31 日,其新浪微博账号已收获约 163 万"粉丝",

原创短视频的累计播放量达 6000 万以上。

3. 浙江广电媒体：依托"蓝云"平台资源

浙江广电媒体拥有良好的技术、人才与内容等资源，在四大短视频平台账号数量和类型分布较为均衡，不仅有广播电视频道 / 频率账号，还有电视剧、热门综艺等节目内容账号，同时也设有新媒体平台账号，不断完善以"中国蓝云"为依托、富有浙江广电特色的融合传播平台矩阵。

浙江卫视平台本身具有良好的受众基础，截至 2021 年 8 月 31 日，其于官方抖音、快手、西瓜视频的同名短视频账号"粉丝"量分别高达 2,005.3 万、1057 万、2,005.3 万。抖音平台官方"浙江卫视"短视频账号综合了卫视频道正在热播的各类电视剧、综艺内容。另外，广播频率和其他电视频道也在短视频平台开设账号，在不同领域深耕内容，满足不同用户的需求。如浙江之声（FM88、AM810）、浙江电台城市之声（FM107）等广播频率以及新闻频道、国际频道等地面频道分别开设的官方抖音账号"浙江之声""浙江城市之声""浙江新闻频道""中国蓝国际 SHOW"等，"粉丝"量从十几万到几百万不等。此外，浙江卫视头部综艺节目《奔跑吧》《王牌对王牌》《中国好声音》等都通过将节目播出后话题度高的内容进行二次剪辑，在各大短视频平台上获得极高关注度。例如，在电视端被广为熟知的户外游戏类节目《奔跑吧》，在四大短视频平台均开设账号，至 2021 年 8 月 31 日，各平台"粉丝"总量约 2,661.4 万，处于全国同类型节目账号前列。账号依托优势的节目内容资源与广泛的受众基础，在移动端短视频平台仍备受瞩目，且能起到以短代长的引流作用。

浙江广电媒体高度关注原创短视频内容。时任中共浙江省委常委、宣传部部长的朱国贤曾提到"在互联网时代，移动化传播平台是推进媒体融合发展的基础要件"，"随着 5G 时代到来，短视频成为新闻生产标配。"[①] "中国蓝新闻"是浙江广播电视集团坚持广播电视与新兴媒体"一体两翼、双核驱动"而打造的新媒体产品之一，官方抖音账号与微信公众号依托传统媒体的新闻资源，抓住重要时间节点，深挖短视频内容创作潜力，在庆祝改革开放 40 周年之际，策划推出新媒体短视频《奋斗者的梦想》，选择李

---

① 朱国贤：《争当媒体融合发展排头兵》，《人民日报》，2019 年 10 月 22 日第 9 版。

书福、马云、宗庆后三位具有典型性的创业者为对象，记录他们抓住机遇努力奋斗、最终实现梦想的故事，视频还被众多新媒体平台转发。"中国蓝TV"是浙江广播电视集团旗下唯一的互联网视频平台，其整合浙江广播电视集团的各类资源，打造以综艺为主体的视频特色网站。其官方抖音账号以独家花絮与原创短视频为特色，制作了以电视端热门文艺节目为主体的多样衍生内容。

4. 上海广电媒体：加深与新媒体产品的耦合

作为国内体量仅次于中央广播电视总台的媒体集团，近年来，上海广播电视台SMG强化融合发展战略，全面深化短视频布局。上海广电媒体于四大短视频平台的账号类型多样且数量较为可观，在所有地方广电媒体中处于中上游位置。至2021年8月31日，其短视频账号"粉丝"总数量近9000万。同时，上海广电媒体并未局限于入驻专业短视频平台，还开辟了独有的新闻客户端发力短视频赛道。

上海广电媒体拥有头部省级上星频道东方卫视，其官方同名短视频账号在四大短视频平台均为上海广电媒体短视频"粉丝"量最高的账号，尤其是在抖音与西瓜视频平台，"粉丝"量均超过2000万，处于各省级广电媒体单一短视频账号前列。东方卫视官方短视频账号以当下电视媒体热播的电视剧、综艺等为主要内容，将电视剧中的关键情节及综艺节目中或有趣滑稽，或令人动容，或引发看点的片段进行二次剪辑，达到对大屏电视端内容的传播和引流。在广播频率短视频建设上，上海外语频道的官方抖音账号"上海外语频道ICS"以及上海人民广播电台（FM93.4、AM990）与上海交通广播（FM105.7、AM648）的官方同名抖音账号"上海人民广播电台""上海交通广播"等，作为广播频率类型账号，拓展了上海广电媒体短视频内容版块。

东方卫视还开设了聚合电视剧资源的抖音账号"剧耀东方"，以及聚合综艺节目资源的快手账号"东方卫视综艺"，将电视端热播的电视剧及综艺节目中可能具有话题度的部分再次剪辑，以期引起关注与讨论。至2021年8月31日，"剧耀东方"账号"粉丝"数量达830万，在各省广电媒体同类账号中名列前茅。部分热播综艺节目既以聚合资源的形式呈现出来，又单独开设了短视频账号，进行独立宣传。《极限挑战》《梦想改造家》《追光吧！哥哥》《神奇公司在哪里》等新老综艺IP，以及具有上海地方特色的综艺节目《沪语人气王》等都设有独立的同名短视频账号。上海广电集团打造的"besTV"、东广新闻台推出的移动端电台"话匣子FM"等新媒体产品，同样在短视频平台开设了账号，在社交媒体端扩大传播范围。

除入驻短视频平台这一常规路径外，上海广播电视台融媒体中心出品了上海广播电视台官方新闻客户端"看看新闻Knews"，以短视频推动融合发展。上海广播电视台融媒体中心总编室主任刘卫华提到，"随着5G加速到来，短视频成为融合传播的主战场和激战区，而视频生产，恰恰是融媒体中心的先天基因和核心内功"。"融合以来，'看看新闻Knews'每天生产约1500条视频，其中，原创视频100条，且不乏传播量破亿的现象级产品"。[1]

5. 江苏广电媒体：多平台联动寻求突破

江苏广电媒体在四大短视频平台的账号数量在各省级广电媒体中处于中上游水平，其充分利用各类资源，大力发展新媒体产品，在媒体融合之路中不断探索。其开发了新闻客户端"荔枝新闻"，寻求媒介融合新方式、新路径。

江苏广电媒体拥有头部省级卫视江苏卫视，其官方同名短视频账号在四大平台的江苏广电媒体短视频账号中"粉丝"量均为最高。江苏部分广播频率与其他电视频道也设立了短视频账号。例如，江苏广播总台设立了"江苏广播"，江苏新闻广播（FM937）设立了"江苏新闻广播"，江苏交通广播网（FM101.1）设立了"江苏交通广播"等短视频账号。部分地面频道如"江苏教育频道""江苏国际频道""江苏影视频道"开设了同名短视频账号。截至2021年8月31日，"江苏广播"和"江苏新闻广播"抖音账号"粉丝"量分别约534万和387万，在地方广电媒体广播频率设立的短视频账号中排名靠前。同时，江苏广电媒体还为众多品牌栏目开设短视频账号，被评为中国新闻奖电视名专栏的《新闻眼》以及24小时专业地面新闻频道江苏公共·新闻频道的《网罗天下》《政风热线》等栏目，

---

[1] 刘卫华：《省级广电媒体融合发展的路径选择、挑战及出路——以上海广播电视台融媒体中心的实践探索为例》，《新闻与写作》2019年第9期。

均在短视频平台获得关注，甚至与电视端进行报道联动。如《网罗天下》栏目主持人录制"竖屏"互动视频并上传至抖音平台，将收到的受众反馈运用于电视端节目的编排之中。"新版《网罗天下》推出一段时间来，每天晚上6点节目播出前，视频的平均阅读量就能突破10万+，由此也带动了《网罗天下》的电视收视持续走高。"①

江苏广电媒体还在热门短视频平台上为其新媒体产品开设了账号。例如，由江苏广电打造、集多样态内容为一体的新闻资讯类应用"荔枝"与"我苏"两网两端（荔枝网、我苏网及其客户端），以及将短视频、移动直播与电视直播相融合的新媒体产品"荔直播"。在专业短视频平台之外，这些新媒体产品还运用自身影响力互相联动。"荔枝新闻"是江苏广播电视台为加速媒介融合步伐，自主开发的移动新闻客户端。其中既包含图文类报道，也包含短视频资讯，将国内外尤其是省内热点事件以灵活多样化的形式进行呈现。

（二）深耕内容的地方广电媒体短视频

此类广电媒体卫视自身平台优势不明显，但其根据地域特点，建设优势账号，凸显地方特色，吸引受众注意力。此类广电媒体呈现出特色栏目短视频账号"粉丝"量远超其所在卫视频道短视频"粉丝"量的特征。本部分以四川、河南、福建与辽宁为例，对地方广电媒体在短视频领域的发展现状进行分析。几家广电媒体均以自身独特优势深耕内容，获得了明显区别于其他省份广电媒体短视频账号的关注度与影响力，颇具典型性。

1. 四川广电媒体：培育"四川观察"网红账号

经官方认证的四川广电媒体在四大平台的短视频账号数量较少，处于所有省级广电媒体短视频账号数量的下游位置。然而，四川广电媒体贯彻"以头部为主、中腰部为支撑"②的发展思路，在数量不占优势的情况下，打造出了具有极高关注度的"网红账号"——"四川观察"。

---

① 季建南：《守正创新 做大做强主流舆论——以江苏广电总台融合实践为例》，《传媒》2020年第2期。

② 林沛：《独家专访"四川观察"总编辑岳学渊："粉丝"一年暴涨3000万，流媒体战略是最核心的打法！》，广电独家微信公众号，https://mp.weixin.qq.com/s/rZhpPeljQ7HcktEiQl2QeA，2020年10月11日。

　　"四川观察"是四川广播电视台创立的一款新闻资讯类产品，截至2021年8月31日，其同名的官方抖音账号"四川观察""粉丝"总量高达4807.8万，在各平台各地方广电媒体的所有短视频账号中位居第一，具有强大的传播力和影响力。相较而言，同平台的四川卫视官方账号"粉丝"量仅212万，不及"四川观察"的二十分之一。"四川观察"以独具特色的视频内容迅速成为"网红"账号，因其内容质量高、发布频率高，单日发布作品数量达20条左右，一年内"涨粉"近3000万，堪称广电媒体转型的"经典范式"。

　　"融·见格局，合·创未来"是"四川观察"的产品定位。"四川观察"总编辑岳学渊在采访中提到："'融·见格局'是说我们愿意和一切平台做融合，'合·创未来'是说我们的利益要下发、要共享。"①该账号内容直击社会热点，涵盖了各群体受众感兴趣的话题，赢得了用户口碑，也被广大网友戏称为"四处观察"。例如，2021年10月上旬，山西省暴发的洪涝灾害引起了全国各界关注。"四川观察"官方抖音账号于2021年10月7日发布了名为《山西运城子弟兵连续抗洪20小时》的短视频，并且配以抗洪战士在泥地中席地而睡的画面，引发了网民的热烈讨论。截至2021年10月12日，此条视频点赞量高达36.3万，评论量达1.1万，网民们纷纷在该视频的评论区表达对抗洪战士的崇拜与敬意。除了此类牵动民心的严肃报道之外，账号中还有对生活点滴温暖与感动的内容呈现，以及对日常滑稽趣事的捕捉。例如，"四川观察"官方抖音账号2021年10月6日发布了名为《93岁抗美援朝老兵电影院观看〈长津湖〉散场时全场观众为他鼓掌》的视频，发布后仅一周时间，视频点赞量高达51.4万。该视频记录了电影中的人物出现在现实世界的瞬间，观众们流露出对这些"最可爱的人"发自肺腑的敬仰之情。而其于2021年10月3日发布的《"如果感到幸福你就拍拍手"小区鹦鹉魔性哼歌》视频记录了广州某小区的一只鹦鹉重复唱《哆啦A梦》主题曲与《幸福拍手歌》的过程，这条趣味视频不仅让在场居民捧腹大笑，还为不在场的网民们带来了欢乐。

---

　　① 林沛：《独家专访"四川观察"总编辑岳学渊："粉丝"一年暴涨3000万，流媒体战略是最核心的打法！》，广电独家微信公众号，https://mp.weixin.qq.com/s/rZhpPeljQ7HcktEiQl2QeA，2020年10月11日。

四川省广电媒体在四大平台的短视频账号中还包括了部分地面频道及具有地方特色的广播频率。例如，新闻频道的短视频账号"四川电视台新闻频道"，民族广播频率（AM95.4）的短视频账号"四川民族广播""四川彝语广播"及"四川藏语广播"。此外，由成都广电成立的"成都广电云上新视听"，将"短视频"作为孵化重点，并与"音频、图文、内容电商及直播"等多种形态共同发力，[①] 获得了"2020年度最具影响力的广电MCN机构"称号。[②]

2. 河南广电媒体：深耕中华优秀传统文化，发力民生内容

河南省广电媒体在四大短视频平台的账号总量较多，处于所有省级广电媒体前列，其打造的展现中华优秀传统文化和聚焦民众实际生活的账号最受网民喜爱，这也反映出河南省广电媒体在短视频领域的深耕方向。

豫剧发源于河南，是我国最大的地方剧种，居全国各地方戏曲之首。其中《花木兰》和《穆桂英挂帅》等著名剧目受到了人民群众尤其是豫剧爱好者的喜爱，传唱度颇高。河南电视台于1994年推出的戏曲类栏目《梨园春》时至今日仍屹立不倒，该节目已通过英国世界纪录认证机构（WRCA）认定，成为世界上持续播出时间最长的中国电视戏曲节目。[③] 截至2021年8月31日，此节目的官方抖音账号"河南卫视《梨园春》"和官方快手账号"梨园春官方"的"粉丝"总量约为373.3万，在同类戏曲账号中占比较高。

同时，河南广电媒体不仅将传统戏曲元素发扬光大，还利用先进技术，将沉寂于历史长河中的中华优秀传统文化"复活"，创造出一系列观众喜闻乐见的节目。2021年，河南广电"中国节日"系列连续破圈，如"春晚"中的《唐宫夜宴》《天地之中》，"清明奇妙游"中的《纸扇书生》《精忠报国》，"端午奇妙游"中的《祈》《入阵曲》，"中秋奇妙游"中的《鹤舞来兮》《墨舞中秋帖》，刹那间令历史人物跃然而出。此后，河南广电乘胜追

---

① 唐瑞峰：《专访成都广电云上新视听总经理邓苏君：没有壁垒的广电MCN模式更适合城市台》，《电视指南》2020年第8期。

② 传媒内参：《2020尖端融媒榜、尖端MCN榜发布》，主编温静微信公众号，https://mp.weixin.qq.com/s/5ykHafYrbQfGhXk7NnyoYw，2021年1月1日。

③ 新华网：《河南卫视〈梨园春〉栏目即迎来开播1000期盛典》，新华网，http://www.xinhuanet.com/newmedia/2018-06/14/c_137253825.htm，2018年6月14日。

击。2021 年 11 月，河南卫视与哔哩哔哩共同推出一档舞蹈综艺节目《舞千年》，该节目以人物漫游历史的方式将舞蹈与文化场景相融合，增强观众的"沉浸感"，创造出视觉盛宴。这些文化节目在短视频平台上取得了良好的传播效果，以抖音为例，账号"河南卫视"于 2021 年 11 月 6 日发布的《舞千年》节目"《孔子》书简舞"片段时长 30 秒左右，截至 2021 年 12 月 1 日，点赞量已超 15 万。由河南广电主办的省级新闻客户端平台"大象新闻"官方抖音号发布的《舞千年》短视频合集，2021 年累计播放 2.3 亿次，得到了网民的一致好评。

除对传统文化的创新传承之外，河南广电媒体还发挥本省人口优势，根据 2021 年 5 月国家统计局最新发布的《第七次全国人口普查公报（第三号）》的数据，河南省以约 9.9 千万的人口总量位列全国第三，[①] 是当仁不让的人口大省。河南卫视对有关人民衣食住行的内容进行深入挖掘，设立了"河南广播电视台民生频道""河南广播电视台小莉帮忙"等短视频账号，其官方抖音账号"粉丝"量分别高达 2,539.4 万和 1,346.8 万，尤其是民生频道账号相较于河南卫视官方账号"粉丝"数量高出 10 倍左右。这些账号将节目中民众关心的热点话题与容易引发网友情绪共鸣的片段进行剪辑与传播，深受大众欢迎。例如，抖音账号"河南广播电视台民生频道"于 2021 年 9 月 6 日发布了名为《情侣入住酒店 在空调软管里发现摄像头，拆下时还亮着》的短视频，截至 2021 年 10 月 12 日，该视频评论量达 9.7 万，转发量达 34.6 万。此条视频涉及大众关注的"个人隐私问题"，在引发网民热烈讨论的同时有助于提高民众的安全意识。河南广电媒体不仅在民生新闻类短视频领域深耕，其设立的"百姓调解""晓辉在路上""河南医聊"等生活服务类短视频账号均受到较多关注。

3. 福建广电媒体：洞悉海峡两岸新闻资讯

福建省位于我国东南沿海地区，隔台湾海峡与我国台湾省相望，在关注与了解两岸情势发展中具有无可替代的地缘优势。福建广电媒体在四大短视频平台开设的短视频账号既包括如"FM100.7 福建交通广播""FM96.1 福建经济广播""东南卫视"等广播频率与上星卫视，也包括"东南军

---

① 国家统计局：《第七次全国人口普查公报（第三号）》，国家统计局，http://www.stats.gov.cn/tjsj/tjgb/rkpcgb/qgrkpcgb/202106/t20210628_1818822.html，2021 年 5 月 11 日。

情""海峡新干线""现场"等与电视栏目同名的短视频账号。

其中，"东南军情"与"海峡新干线"两大账号在福建广电媒体开设的所有短视频账号中"粉丝"数量具有明显优势。《东南军情》是福建东南卫视的一档军事评论类节目，该节目聚焦军事热点，追踪时事动向，通过专家点评，为观众呈现紧随军事时政脉搏的节目内容。《海峡新干线》是东南卫视创办的新闻类栏目，其关注两岸新闻资讯，追踪热点话题，对两岸的新闻事件进行深入剖析。以因地缘优势而创办的两档栏目为基础，东南卫视开设了同名短视频账号"东南军情"与"海峡新干线"，这也成为内地人民了解海峡两岸新闻以及海内外军情的新媒体窗口。"东南军情"官方抖音号以"纵览全球军情动态，聆听专家权威解读"为定位，发布了一系列与军事题材相关的短视频。例如，其于 2021 年 10 月 19 日发布的名为《外媒：中国在 8 月份试射的高超音速导弹所展示的能力远超美国官员预料》的视频，展示了我国的军备实力。仅 3 天时间，该视频获赞量达 110.6 万，评论量达 3.8 万，增强了民众对我国军事实力的认知与信心。除此类展现"大国重器"的视频外，此账号还开设了"台海军事""中美军事博弈""美俄争锋"等版块，丰富了账号内容，成为军事迷的"心头好"。"海峡新干线"官方抖音号于 2021 年 7 月 31 日发布了名为《台湾中学生怒斥民进党当局：我们不要当"狗奴才"，我们要当中国人！》的视频，视频时长虽只有短短的 35 秒，但这名台湾中学生的演讲振奋人心。截至 2021 年 12 月底，该视频获得了 958.5 万的点赞量，是全年省级广电账号中获赞量最高的短视频。[1]"东南军情"在抖音的"粉丝"量最高，达 834 万，而"海峡新干线"在西瓜视频的"粉丝"量最高，达 2,125.2 万。在单一账号"粉丝"总量中，这两个账号甚至超越同平台"东南卫视"官方短视频账号"粉丝"数量，处于各省级广电媒体于四大平台设立的单一短视频账号的中上游水平。

由此可见，福建省广电媒体以得天独厚的地域优势和节目特色发展出独特的短视频账号，吸引对两岸新闻资讯特别是军事资讯感兴趣的人群，形成了具有地缘特色的短视频发展格局。

---

① 肖建兵：《榜样的力量-2021 广电爆款短视频盘点（省级台篇）》，收视中国微信公众号，https://mp.weixin.qq.com/s/KJMbVWuLviuup7Y0lucomw，2022 年 1 月 10 日。

4. 辽宁广电媒体：彰显喜剧特色，营造欢乐氛围

辽宁省广电媒体同样发挥其地域文化优势，以"喜剧"为特色打造本土短视频特色账号。众多辽宁省喜剧艺术家创作了观众喜闻乐见的喜剧小品、电视节目和电视剧，使得辽宁广电媒体在喜剧类节目上具有无可比拟的优势。这类内容往往适合全家一同观赏，这也符合辽宁卫视以"家"为主题的频道定位。

辽宁省级广电媒体在四大平台开设了"辽视春晚""欢乐视界""欢乐营地""辽宁卫视欢乐集结号"等短视频账号，将电视节目中的小品、影视剧等喜剧片段二次剪辑后放到短视频平台进行传播。由国家广播电视总局"中国视听大数据（CVB）"统计可知，2021 辽视春晚首播日位居所有上星频道同时段收视排名第一，语言类节目《如此排练》成为收视率最高的节目。[①] 而"辽宁春晚精选"官方快手账号、"辽视春晚"官方抖音账号分别有 178.6 万、53.2 万的"粉丝"量，均获得了晚会类节目短视频账号阵营中较高的关注度。辽宁卫视有效利用春晚资源，通过电视端与短视频平台相互借势，拓展收视人群，全面提升了节目影响力。

除晚会类节目账号外，垂直喜剧类节目同样受到了短视频平台用户的追捧。依托辽宁卫视同名节目开设的短视频账号"欢乐视界"，节目组将电视端节目播出的小品以分割为 6 段短视频的方式制作传播。观众既能看到如《美丽的传说》《办公室的故事》等新创作的优秀作品，又能回顾 1989 年宋丹丹主演的《懒汉相亲》和由陈佩斯、朱时茂创作表演的《姐夫与小舅子》等经典作品。其将幽默的方言配以逗趣的动作，演绎或发人深思，或令人感动的故事。截至 2021 年 10 月 12 日，"欢乐视界"官方抖音账号"粉丝"量已突破 1111 万。

由此可见，辽宁省广电媒体以"喜剧"为深入挖掘的内容，在短视频领域发展特色账号的策略收获了一定的成果。

（三）广泛布局的地方广电媒体短视频

此类型广电媒体的特征表现为，广泛布局短视频领域，增强账号数量

---

① 中国视听大数据：《CVB｜2021 年春节主题晚会收视数据盘点》，中国视听大数据微信公众号，https://mp.weixin.qq.com/s/bGMxPVBZY0B0HqUWxNogtQ，2021 年 2 月 20 日。

优势。这些广电媒体在各短视频平台上大量创建账号，并分门别类，大量发布短视频内容，以吸引更多受众群体。这其中最典型的是账号数量排名第一的安徽省广电媒体和发布作品数量巨大的江西省广电媒体。

1. 安徽省广电媒体：电视剧类账号聚集

截至 2021 年 8 月 31 日，在已统计的四大短视频平台上，安徽省广电媒体官方认证短视频账号共有 123 个，位列全国第一，其账号内容主要集中在各类电视剧剧集剧场。例如，仅播放电视剧的海豚剧场就分出了"安徽卫视海豚经典剧场""安徽卫视海豚第一剧场""安徽卫视海豚逗乐剧场""安徽卫视海豚星光剧场"以及"安徽卫视海豚晨光剧场"等十多个相似主题账号。此外，截至 2021 年 8 月 31 日，安徽省广电媒体的短视频账号在四大短视频平台中的作品发布量超过 47 万条，远超其他所有省级广电媒体的短视频账号。整合频道资源的"安徽卫视"官方短视频账号、《东方纪事》《说出你的故事》《国剧盛典》等各类综艺节目开设的短视频账号，以及安徽广电融媒体中心与其新媒体产品"海豚听听"App 创设的短视频账号均成为安徽广电媒体短视频领域"广撒网"布局的一部分。

值得注意的是，虽然安徽广电媒体短视频账号数量与发布内容的数量远高于其他省，但其短视频账号"粉丝"总量仅处于中游水平，与其数量优势形成了一定差距。这也从侧面表明，若想使短视频账号受到关注，达到更好的传播效果，不能仅仅依靠广泛布局策略，而更应依靠短视频优质内容的呈现与运营的迭代更新。安徽省广电媒体的所有短视频账号中有近三分之一的账号"粉丝"数量不超过 1 万，甚至还有"粉丝"量仅为个位数的账号。以快手平台账号为例，关注度明显落后的账号已超过其在快手平台账号总量的一半。广泛布局的方式也容易造成资源的浪费，使后续内容创作和运营乏力。

由此可见，安徽省广电媒体在短视频领域进行了积极探索，不仅在各大短视频平台开设了大量账号，而且尽可能多地丰富账号类型。但也应注意，广电媒体短视频的布局不能只追求"量"，而忽略了"质"。

2. 江西省广电媒体：内容发布主动，作品数量大

截至 2021 年 8 月 31 日，四大平台中江西省级广电媒体短视频账号数量共 46 个，在所有省级广电媒体中处于中上游水平。其账号数量虽不占优势，但发布作品数量突出，超 40 万条，在所有省级广电媒体中排名第二（排名第一的是安徽省级广电媒体，约 47 万条）。其中西瓜视频平台账号发布内容最多，超 29 万条，约占总量的 72.5%，甚至超过了多家省级广电媒体短视频账号发布作品数量的总和。截至 2021 年 8 月 31 日，江西网络广播电视台在官方西瓜视频的账号"今视频＋"以约 15.5 万条的作品数量，成为全国所有省级广电媒体短视频账号作品数量排行榜的第一位。而"江西卫视根据地"与江西卫视《家庭幽默录像》节目官方西瓜视频账号"江西卫视家庭幽默录像"也分别以 3.8 万条与 3.6 万条的作品数量排名位居前列。"江西卫视根据地"账号将江西卫视历史讲述节目《经典传奇》中的大量片段进行二次剪辑，在短视频平台将鲜闻的历史轶事展现出来。"江西卫视家庭幽默录像"则把《家庭幽默录像》这一电视节目中收录的普通大众在生活中拍到的有趣瞬间以短视频的形式再次传播。与安徽省广电媒体相似，截至 2021 年 8 月 31 日，江西省级广电媒体短视频账号"粉丝"数量不具优势，共计约 3,069.4 万，处于全国省级广电媒体的中下游位置，并没有获得与其作品数量相匹配的关注度。截至 2021 年 8 月 31 日，江西省级广电媒体在四大平台的所有短视频账号中，关注度最高的分别为抖音账号"都市现场"和西瓜视频账号"今视频＋"，其"粉丝"数量分别为 456.3 万与 301.7 万，在全国省级广电媒体单一账号中也并不突出。

如上所述，江西省广电媒体在短视频领域进行了较为主动的作品发布，但其设立的短视频账号类型较为单一，大多为广播、电视频道以及电视端的各类节目二次剪辑，原创作品和特色内容的产出不足。

第三节　广电媒体短视频的经验与问题

一、广电媒体短视频的发展经验

近年来，我国广电媒体在自建移动客户端和各类第三方平台的短视频作品与账号数量不断攀升，"粉丝"不断集聚，在逐步嵌入短视频生产与传播的内在逻辑后，生成了一些独有的发展经验，有效提升了传统广电媒体的竞争力。

（一）内容二度创作，延伸广电媒体资源

1. 短视频延伸大屏传播链条

广电媒体短视频的内容呈现主要有"大屏拆条"和"小屏原创"两种方式。虽然具有移动化、碎片化、场景化特征的短视频是与传统广电媒体内容不同的传播形态，但广电媒体的短视频内容与广电大屏内容有着渊源关系。作为有强大公信力的传统媒体，广播电视在自觉与不自觉之间成了自媒体话题和短视频内容的"上游"，成了"瞬间爆点""热议分发"的源头。[①]

当前，多数广电媒体短视频账号的生产采用"大屏拆条"的方式，其各色内容仍多来源于大屏电视端正在播出的电视剧、新闻节目、综艺节目与纪录片等。各级广电媒体将自身平台独播或联播的剧集和节目以短视频方式进行二次创作发布。各广播电视频道／频率与资源聚集类账号统筹更

---

① 冷淞：《论短视频对传统电视新媒体化赋能的独特性》，《现代传播（中国传媒大学学报）》2019 年第 10 期。

新各类节目内容，而热门剧集或节目也会开设专门账号进行运营。例如，近期因"国风"舞蹈频频出圈的河南卫视在其官方抖音账号中将"唐宫夜宴""丽人行"等晚会中的舞蹈段落与 2021 年末推出的《舞千年》等节目以及热播电视剧《流金岁月》《花开山乡》和纪录片《黄河人家》《足迹》等内容资源整合，剪辑拆条发布。同样，CCTV 文化类综艺节目《中国诗词大会》在抖音官方账号"CCTV 中国诗词大会"中将节目的精彩片段剪辑拆条成短视频进行传播。作为节目看点的"飞花令"部分展现了选手的诗词储备能力与应变能力，紧张激烈的角逐扣人心弦。发布于 2021 年 5 月 3 日的短视频《S 级难度！数字接龙飞花令真"神仙打架"！》截至同年 12 月 10 日，获得了 60 万以上点赞，远超同时期发布的其他作品，网友在评论中直呼"精彩""过瘾"。这些账号在进行大屏拆条时往往会挑选原节目中具有较高话题度的内容进行二次剪辑，在宣传节目的同时也达到了扩展大屏资源传播链的目的。

不仅如此，各级广电媒体还通过"小屏原创"的方式，进一步延伸大屏空间。广电媒体借助传统媒体资源优势，运用更加专业化的人才和制作设备，能够更为准确地把握新闻动态与热点话题。广电媒体账号除将原节目内容进行拆条二创以外，还会发布与节目或剧集相关的衍生内容或花絮短视频，以达到宣传造势的效果。而这部分短视频往往采用竖屏模式进行内容产出，更符合短视频用户的使用习惯。广电媒体利用短视频将电视端的内容凝练为精彩片段或有料话题，在吸引关注、增强大屏传播效果的同时也能得到及时的观众反馈，有利于进一步反哺电视端的创作。"大屏"内容嵌入"小屏"，极大延伸了传统广电媒体内容的传播链长度与广度。

2. 多频次化生产制造热点

广电媒体的短视频账号常采用多频率、多角度的方式进行内容生产，弥补了短视频碎片化形式带来的信息不完整的缺陷，在顺应短视频内容特征的同时也满足了广电媒体更为全面地展现事件的需求，从而使观众获得更加全面立体的观看体验。

各级广电媒体的新闻类短视频常采用"多频次化"的生产模式发布新闻内容。当前，我国广电媒体在新闻报道领域仍具有无可替代的权威作用，极具公信力与影响力。在《2020 年中国社交媒体使用行为研究报告》的"突发事件或舆论热点信息传播渠道的可靠性认知"统计中，中央广播电视总台在"非常可靠"频次统计中占据 53.8%，在"基本可靠"中占据 31.6%。①广电媒体短视频在帮助公众迅速知悉重大新闻事件的同时，会通过多频次、多角度地发布同一事件的短视频内容，弥补每条短视频因时长较短而无法让用户窥见事实全貌的劣势，也能够让公众全方位了解事件进展。2021 年 9 月 25 日，经过中国政府的不懈努力，孟晚舟女士在被非法关押 1000 多天后平安回国。"央视新闻"抖音号从中国驻加拿大大使馆相关人员为孟女士送行、飞机还有近 1 小时落地、孟女士在中国政府包机上的感言和飞机落地后深情感言、采访任正非先生等多个角度，在 9 月 25 日一天内共发布 9 条关于孟晚舟女士回国消息的短视频，截至 2021 年 11 月 30 日，其中 6 条短视频点赞量破百万，《被拘押 1000 多天后，孟晚舟终于回到祖国的怀抱！欢迎回家！》的短视频点赞量更是超千万。通过多频次、多角度地报道此次事件，广电媒体最大限度地调动了观众对事件的关注度，达到快速制造热点、引导舆论的目的，彰显了广电媒体的社会责任，实现了短视频与广电媒体的多频共振。

"多频次化生产"在广电媒体非新闻类节目类型短视频账号中也屡见不鲜。这类账号往往会针对同一期节目的同一环节多频次地剪辑发布，以此较为全面地展示节目内容。浙江卫视游戏类节目《王牌对王牌》中，"拉水桶游戏"以犀利的问题和刺激的惩罚获得大量关注与讨论。节目官方同名抖音账号于 2021 年 2 月 19 日连续发布了 9 条同一期节目中有关该游戏环节的短视频，已获得了超 320 万点赞量。这样多频次的内容发布较为完整地展现出游戏全貌，多角度地呈现各个嘉宾的"窘态"，增添了不少笑料。同样，弥补"短"视频体量的不足，电视剧集短视频内容也会进行序列化发布，伴随着剧情推进，观众通过一条条短视频感受人物成长过程，持续跟进剧情进展。

（二）贴合社交媒体话语表达

广电媒体不断适应短视频用户的观看习惯，关注"小切口"的社会热

---

① 安珊珊：《2020 年中国社交媒体用户使用行为研究报告》，《传媒》2021 年第 14 期。

点话题，力求展现丰富的新闻叙事角度，生产出更符合新媒体传播规律的内容产品。

当前，中央级广电媒体不断提升内容呈现的亲和力、趣味性，力争与用户达成内容共享、思维共识与情感共鸣，[①]增强作品从话题、内容到互动的活泼感，助推中央级广电媒体构建贴近民众的新型主流媒体品牌形象。中央广播电视总台《新闻联播》短视频账号推出的短视频子栏目《主播说联播》，主持人转变自上而下的联播体语态，用接地气的话语模式进行硬核评论。该系列短视频注重主播与用户之间的交流感，以竖屏形式、接地气的话语模式和硬核的评论风格传递主流声音。作品中，主播在播报不同新闻内容时产生的带有不同情感倾向的微表情，以及不时出现的十指交叉与伸展前臂等肢体动作，将"播"新闻变成了"聊"新闻，带给用户对话般的体验。这样的手势动作、头部姿态和面部神情等非语言符号的运用，打造了总台主播的亲民化样态，营造出面对面的对话感。[②]央视主播在公众注视下回归其人格化形象，开始对新闻事件流露出自己的态度和情绪，[③]他们使用第一人称的口吻讲述新闻事件，将主观情感融入其中，引发观众的共鸣。地方级广电媒体也因对社会民生新闻"接地气"的展现而备受关注，浙江广电《1818黄金眼》、河南广电《小莉帮忙》等节目均因小切口和独特视角在各类短视频平台受到热捧。

此外，Vlog也成为广电媒体短视频的表达新形式。Vlog意为"视频博客"，它强调人格化表达，以期透过拍摄者的镜头屏幕，达到"面对面"沟通的效果，更符合当下年轻人记录生活的潮流。"Vlog+新闻"为代表的短视频也成为广电媒体制作短视频的一种新型方式。部分广电媒体也运用Vlog形式对节目的台前幕后进行展示，满足观众对节目生产的想象。

---

① 崔林、陈昱君、林嵩：《"互动"与"亲民"：融合发展背景下主流媒体电视新闻的语态变革——以央视〈新闻联播〉为例》，《新闻与写作》2019年第11期。

② 吴晔、樊嘉、张伦：《主流媒体短视频人格化的传播效果考察——基于〈主播说联播〉栏目的视觉内容分析》，《西安交通大学学报（社会科学版）》2021年第41期。

③ 段峰峰、王琳：《短视频化新闻叙事的表达范式研究——以〈主播说联播〉为例》，《电视研究》2020年第8期。

（三）内容布局广泛，账号类型多样

广电媒体短视频经历了从"相加"到"相融"，再到"纵深发展"的历程，逐渐呈现出分布广泛、类型多元的格局。在自建客户端进行短视频内容传播的同时，大多数广电媒体形成了在抖音、快手、腾讯微视及西瓜视频等短视频平台均有涉足的局面，也有的媒体入局哔哩哔哩等网络视频平台，以此满足不同圈层用户群体的观看习惯。例如，山东广电形成了以"闪电新闻"为核心、省市县（区）三级融媒体共同发力的账号矩阵。在广泛布局下，广电媒体短视频账号也呈现出多样化类型，其中既有各类电视频道与广播频率的账号，也有节目和电视剧场的账号，还有网络平台与融媒体中心创办的新媒体账号，以及对电视端同主题内容进行整合的资源聚集型账号和部分主持人开设的账号等类型。

第一类是电视频道和广播频率账号。以河南广电为例，既有上星频道河南卫视的官方短视频账号，又有主打"品质生活"理念的河南民生频道，突出"都市风格"、集社会热点与影视娱乐于一体的河南都市频道，以"爱心、帮助、公益、慈善"为频道定位的河南公共频道等地面频道短视频账号，以及河南交通广播、河南经济广播等广播频率短视频账号。

第二类为广播电视节目账号。一般以节目名称命名，并且只播放来自节目本身的内容，将节目中有话题度、容易引起共鸣的内容进行二次剪辑与创作。这类账号既包含日播、周播或季播节目，又包含各类电视剧剧场，形式多样、内容丰富。例如，"CCTV1 开讲啦""CCTV– 你好生活""央视夜线""央视国家记忆"等短视频账号分别来源于总台综合频道《开讲啦》、综艺频道《你好生活》、社会与法频道《夜线》以及中文国际频道《国家记忆》栏目。截至 2021 年 11 月 31 日，《国家记忆》官方抖音账号"粉丝"量高达 1500 万，累计获赞量超 3.5 亿次。"江西新闻联播"与"江西新闻晚高峰"是江西卫视的两档新闻节目，其直接将新闻内容以短视频形式呈现出来，在及时传递信息的同时又拓展了电视新闻的互动评论功能。以电视剧为发展主线的安徽卫视将其主打的"海豚经典剧场""海豚星光剧场""海豚活力剧场"等电视剧剧场悉数搬上短视频平台，将电视剧中容易引发讨论与热议的片段进行剪辑与传播。

第三类是资源聚集的内容垂类账号，将广电媒体的资源整合起来，形

成了"术业有专攻"聚集型内容。例如，东方卫视创建的"剧耀东方"和"东方卫视综艺"，分别对东方卫视播出的电视剧集和综艺节目进行整合，形成了两个不同的垂类内容账号。

第四类为网络平台与融媒体中心账号。中央广播电视总台主办的新闻网站"央视网"旗下的"小央视频"打破央视"严肃、高端"的调性，选择以吐槽、幽默、草根演绎等更贴近用户的方式，增加视频内容的趣味性。再如地方广电中的湖南广电"芒果TV"、辽宁广电"辽视TV"均为广电媒体的网络平台账号，"知河北"与"山东卫视传媒有限公司"均为各地的融媒体平台账号。

第五类包括广电媒体从业者开设的账号。例如，在地方广电媒体中，有打造户外竞技类节目《你真的太棒了》的"湖南卫视王琴工作室"、创建音乐竞演类节目《歌手》的"湖南卫视洪啸工作室"等账号。而湖南卫视频道吉祥物，被称为"快乐执行官"的卡通形象"大黄"也有专属账号"湖南卫视的大黄"，带领观众了解与探索湖南卫视各类节目的台前幕后。此外，在中央级广电媒体中，主持人康辉、董卿、海霞等主持人均开设了央视频号。同样，地方广电媒体中也涌现出优质的主持人、记者等短视频账号。例如，专注于新闻时评的浙江城市之声主持人账号"新闻姐"、安徽广电主持人账号"王小川"以及江苏广电《零距离》主持人账号"大林评论"等，在抖音、快手平台的"粉丝"量均达百万以上。

（四）PGC+PUGC，形成多元化制作模式

广电媒体适应短视频创作规律，在专业生产内容之外也为用户生产内容提供空间，形成了PGC+PUGC的多元化制作模式。

央视频将自身强大的专业生产能力和独家资源与拍客、创客的用户生成内容相结合，吸引拥有专业内容生产技能的用户涌入央视频平台创作短视频。[①] 在重大突发公共卫生事件面前，非官方的用户生产短视频为主流广电媒体新闻短视频报道提供了大量一手素材，成为传统广电媒体快速获取新闻素材或进行短视频制作的补充。新冠肺炎疫情暴发后，中央广播电

---

① 龙耘、潘晓婷：《央视频"PGC+PUGC"模式创新与主流价值引领》，《电视研究》2021年第4期。

视总台以及时的融媒体反应力，将镜头交给普通民众，迅速收集现场素材，第一时间将疫情下的武汉真实地展现给大众。《武汉：我的战"疫"日记》是总台出品的融媒体系列短视频纪录片，采用视频日记的方式纪录武汉疫情，每集时长不超过 5 分钟，通过武汉的医护人员、普通市民、志愿者等普通人的第一拍摄视角，向公众讲述疫情亲历者在抗疫过程中的故事。截至 2020 年 2 月 13 日，该系列视频在央视频移动客户端累计播放量达到674 万人次，推荐量达到 7 亿；在快手短视频平台，累计 1409 万人次观看。[①]中央级广电媒体利用自身深厚的专业性和强大的资源统筹能力，吸引用户提供 UGC 短视频素材，最终整合成完整的短视频作品，做到全方位、立体化地展现真实的新闻现场。

同样，地方级广电媒体也大量吸纳用户生产内容，拓宽新闻来源，吸引各类受众。四川广电的新媒体产品"四川观察"短视频账号包罗了类别丰富的用户生产新闻内容。其中，既有催人泪下的《缉毒警察蔡晓东中弹牺牲，妻子凌晨发的朋友圈令人泪目"儿子女儿想爸爸了"》、温暖治愈的《网传卖红薯老人被欺负，学生们得知后自发排队照顾老人生意》等内容，又有引人发笑的《发现主人偷拍，二哈一秒端庄》、激动人心的《2021 英雄联盟 S11 总决赛中国 EDG3∶2 韩国 DK，EDG！世界冠军！》等内容。这些作品分别获得了几十万到几百万不等的点赞量，达到了良好的传播效果。

（五）产业跨域联动，打造新生态格局

当下，短视频作为新的信息传播载体，经历了急剧扩张与用户规模化积累后成为移动互联网的流量高地。融媒时代，广电媒体将短视频平台作为新的传播阵地，将传统电视"大屏"与移动端"小屏"联动，达到"电视有料，移动有趣"的跨媒介联动。同时，广电媒体积极探索与头部电商平台"直播带货"的跨界合作，借助强大公信力的口碑，履行主流媒体社会责任，探索突破单一盈利模式窠臼的可能。

---

① 张雅欣、钟逸人：《〈武汉：我的战"疫"日记〉记录疫情亲历者的真实故事》，《广电时评》2020 年第 2 期。

1.跨媒介平台联动

短视频以其碎片化的传播方式，"见缝插针"地贯穿于整个传播过程，在各个平台形成联动之势。同时，伴随互联网的发展，不同产业资源逐渐形成聚合之势，"媒体+"的模式下，跨界融合理念正在成为媒体深度融合的新景观。

广电媒体将电视端"大屏"内容向移动端"小屏"拓展，实现大小屏联动传播，大幅度提高广电媒体内容的传播效果。快手发布的《2020春晚数据报告》显示，2020年快手春晚直播间累计观看人次达到7.8亿，用户共送出426万个"武汉加油"公益礼物，春晚红包互动总量高达639亿，累计红包站外分享次数超过5.9亿。[①]巨大的短视频流量拓展了总台春节联欢晚会的传播范围，用户在短视频平台同步观看电视春节联欢晚会直播的同时，也可以通过短视频点赞、抢红包等互动环节参与春节联欢晚会的游戏活动，实现"大屏"与"小屏"的跨媒介联动。

为更好地实现跨平台联动，在机制上，广电媒体进行跨媒介平台内容生产的探索，整合资源成立MCN机构，推动传统广电媒体的融合转型。MCN（Multi-Channel Network）是一种多频道网络的产品形态，其存在价值和核心逻辑在于将不同类型和内容的PGC聚合在一起，通过资本和资源使它们持续盈利。[②]"2020年以来，布局MCN（多频道网络）机构成为广电系统提高自我再生能力，打造新媒体生态的热门方式。"[③]MCN机构通过结构化的组织与系统化、数据化的管理，为广电媒体短视频的发展提供了更为专业的生产管理模式。其将广电媒体内容生产进行有机整合，探索迎合短视频用户习惯的传播模式，并使广电媒体短视频与各垂直领域层出不穷、种类繁多的自媒体短视频同台竞争。广电媒体MCN机构的建设，依靠电视端节目制作经验、品牌效应，以及市场MCN机构所不具备的大小屏联动机制等独特资源优势，将传统广播电视逻辑切换到新媒体逻辑，通过生产新媒体内容重构传播影响力，并实现商业变现。

---

① 快手大数据研究院：《2020春晚数据报告》，快手大数据研究院新浪微博，https://weibo.com/u/7006475303?layerid=4464598897856024，2020年1月25日。

② 燕晓英：《后疫情时代省级电视媒体融合策略探析》，《新闻与写作》2021年第4期。

③ 唐绪军、黄楚新、王丹：《媒体深度融合：中国新媒体发展的新格局——2020—2021年中国新媒体发展现状及展望》，《新闻与写作》2021年第7期。

广电媒体在 MCN 领域有三种实现形式：其一是依托自身资源独立创办 MCN 机构，如依托浙江广电的浙江广电布噜文化、依托江苏广电的江苏广电荔星传媒 MCN。其二是广电媒体与商业平台合作建设 MCN 机构，如黑龙江广播电视台与贝壳视频共建的 MCN 短视频品牌"龙视频"。其三是借鉴 MCN 模式组建融媒体工作室，如安徽卫视成立了部门与个人两大类共 60 余个融媒体工作室，培育内部人员成为 KOL，增强区域的话语影响力，并且培育垂直服务类账号以形成账号或地域特色，打造优质的短视频账号。[①] 广电媒体 MCN 机构在开展短视频内容制作的同时也进行网红孵化、直播带货、垂直服务等业务，助推广电媒体产出更优质的内容，将广电媒体跨媒介平台联动做深做实。

2. 跨产业资源整合

近年来，各级广电媒体与不同产业进行合作，利用直播带货、短视频带货等形式，促进广电媒体跨产业资源整合。艾媒咨询发布的《2020—2021 中国在线直播行业年度研究报告》显示，2020 年中国直播电商市场规模达到 9610 亿元，同比 2019 年增长 121.5%，电商直播为用户最常观看的直播类型，约五成用户频繁观看，其中 17.0% 的用户观看电商直播非常频繁。[②] 可见，视频消费日益受到网民青睐，各级广电媒体也加快产业融合步伐，破除发展壁垒，助力跨界发展。

"短视频 + 直播""短视频 + 电商"的联动屡见不鲜。如新冠肺炎疫情期间，从最初的明星网红直播带货，到中央级广电媒体为助力武汉复工复产进行公益直播，再到各地政府官员"接地气"式助农扶贫，短视频直播逐渐成为常态。2020 年 4 月 27 日，中央广播电视总台联合湖北省委宣传部、湖北省农业农村厅和快手合作进行"搭把手，为爱买买买"湖北公益直播活动，仅主持人朱迅与李梓萌二人"迅猛下单，快来助力"的组合就卖出 8012 万元的商品，创下助力湖北公益直播销售额新高。[③] 四川广

---

① 韩诚、韩轶青：《论广电媒体 MCN 转型的现状、困境与发展策略》，《电视研究》2020 年第 8 期。

② 艾媒大文娱产业研究中心：《艾媒咨询 |2020-2021 中国在线直播行业年度研究报告》，艾媒网，https://www.iimedia.cn/c460/77452.html，2021 年 3 月 15 日。

③ 黄勇军、时已卓：《央视"谢谢你为湖北拼单"系列公益直播活动主持人功能转换分析》，《当代电视》2020 年第 7 期。

电媒体的新媒体产品"四川观察"、福建广电媒体电视节目"海峡新干线"等短视频账号均凭借其较好的受众基础进行直播，增强其传播效果与账号影响力。各广电媒体还借助热门短视频平台的商品链接功能，在部分短视频账号主页设置商品链接版块，以实现商业变现。"北京卫视活过100岁"的官方抖音账号在其主页有"推荐好物"的链接，链接里是节目推荐的"养生好物"相关内容。同样在"北京卫视养生堂"的官方快手账号主页上，也有其"快手小店"的链接，用户可直接进行购买，节省了跳转到其他平台购买的时间成本。

此外，近年来，广电媒体还与短视频平台广泛开展跨界战略合作。山东广播电视台、江苏广播电视台与快手签署战略合作协议，浙江广电集团与字节跳动合作成立新媒体产业孵化园开展媒体MCN等产业合作。

综上所述，当前，多产品形态的联动使广电媒体短视频的发展不再局限于单一的媒介样态，而是在多元的市场需求下，超越自身大众媒体属性，发展电商、教育、旅游、演艺等模式，进一步推动产业做大做强。多领域的跨界融合已经成为许多媒体转型发展的突破点，传统广电媒体有效融合媒体资源与社会资源，逐步形成广电媒体短视频发展的新生态。

二、广电媒体短视频的主要问题

广电媒体借助短视频顺应媒介融合的潮流与趋势，开辟全新发展赛道，产生了巨大的流量效应，扩展了传统媒体的信息传播渠道。但在依托短视频加速媒体融合发展的进程中，广电媒体还面临路径依赖严重、内容原创力不足，横屏形态嫁接竖屏、视听创意有待提升，各地区账号发展不平衡、运营效果差异明显，广电体制机制有待优化、MCN模式尚不成熟等问题。

（一）路径依赖严重，内容原创力不足

1. 缺乏定制化原创内容生产

目前，绝大多数广电媒体短视频的内容生产采取对原节目内容进行二次剪辑再发布的方式，严重依赖传统媒体原本的内容资源。尽管部分截取

自关注度较高的热点节目视频，发布在短视频平台后获得了较多的流量和关注，受到了用户的喜爱，但如此大量地重复同质化内容、缺乏适应短视频平台的原创内容，会降低观众的好奇心与观看兴趣，不利于增强用户黏性，失去广电媒体在短视频领域布局的意义。欠缺优质且专业化的短视频内容是移动短视频当前面临的最大挑战。[①] 同时，为适应短视频竖屏观看习惯，电视端的横屏内容往往采用分栏的形式呈现。这虽成为横屏节目跨媒介传播至短视频平台的有效方式，但此形式大大降低了画面内容的呈现空间，弱化了细节，不利于用户获得良好的视听体验，忽视了在新媒介环境下，短视频内容生产和信息传播模式的革新需要。因此，传统广电媒体想优化短视频的发展路径，势必要突破短视频仅仅是"长视频的缩减版"和"长视频的终端迁移"的路径依赖。面对新的媒介环境，广电媒体需要做出调整，为短视频平台"定制"更符合短视频传播规律的专业化内容，才能拥有长久生命力。无论媒体融合进展到何种阶段，"内容为王"始终是立命之本。

2. 短视频的内容类型过于集中

以往收视率调查显示出，电视剧、新闻和综艺节目是广电媒体收视率的主要来源。但随着海量短视频的涌现，用户对短视频内容类型的需求朝着多元化的方向发展，这就要求广电媒体在巩固和发展已有优势内容基础上，拓展更多的内容类型，扩大广电媒体短视频的影响力。《2021年短视频用户价值研究报告》显示，与2020年相比，用户对短视频内容类型多样化的需求不断增加，观看短视频不再仅仅为了娱乐休闲和获取新闻信息，对生活记录、社会记录、情感婚恋、购物分享、健康养生类短视频内容的偏好明显增强。[②] 目前，各级广电媒体的短视频内容类型都较为集中，缺乏对多元类型的探索。

中央级广电媒体发布的短视频内容主要以新闻内容为主。如前文所述，对中央广播电视总台在抖音、快手开设的短视频账号"粉丝"量进行

---

① 王琼、王曼玉：《传统电视媒体新闻短视频内容生产特征及传播策略——以〈主播说联播〉为例》，《电视研究》2020年第4期。

② 中国广视索福瑞媒介研究所：《2021年短视频用户价值研究报告》，中国广视索福瑞媒介研究（CSM）官网，https://www.csm.com.cn/yjdc/，2021年10月14日。

统计，"央视新闻""新闻联播"位居总台所有账号"粉丝"量前三位。"央视新闻"作为总台及时发布新闻资讯的主要账号，也是广电媒体在短视频平台唯一"粉丝"量破1亿的官方账号。毋庸置疑，相比地方媒体而言，新闻，特别是国际新闻和国内重大时政类新闻是中央级广电媒体无可比拟的内容优势。多数地方级广电媒体偏重电视剧集与综艺节目等娱乐类内容。如湖南卫视以"湖南卫视""湖南娱乐""快乐大本营""天天向上""芒果TV"为首的众多账号，聚焦娱乐内容的生产，截取电视节目中最有看点的片段进行发布，娱乐化倾向较为明显。"东方卫视"官方抖音号以"剧综"联动、协同推广为主，主要发布卫视在播的热门电视剧和综艺节目片段。同样，偏向于休闲娱乐类剧综题材，聚合电视剧资源的账号"剧耀东方"，也在抖音平台上获得了巨量关注，在全国省级广电媒体同类账号中位居前列。以"好剧行天下，大爱传万家"为口号的安徽卫视以电视剧立台，其短视频账号类型与发布的内容也显现出休闲娱乐的题材倾向。

各级广电媒体要想在短视频领域长足发展，应扩展创作思路，在延伸各级广电媒体主打的特色内容之外，探索更多适应短视频传播规律的类型，在增强用户黏性的同时，尽可能满足不同内容偏好的用户需求，以此扩大媒体影响力。

（二）横屏形态嫁接竖屏，视听创意有待提升

媒介技术的飞速发展，推动视听产品的呈现形式不断革新。短视频的兴起使得竖屏观看成为当代信息传播的新常态，这种观看方式符合用户单手持握手机的习惯，满足了用户的便携式观看需求和视听体验。因此，广电媒体传统的横屏制作如何与短视频竖屏形式进行有机融合，是融媒时代面临的考验。

融媒时代，对传统广电媒体短视频的生产而言，形式的融合绝不仅仅是观看屏幕比例从16:9到9:16的变化，更应该包括内容逻辑、叙事风格、视听语言等方面的全面革新。如，"小央视频"将画面上下两端加入模糊化的遮罩，形成上下两条随画面内容变换的模糊边层，最大限度地提升了画面整体性和画面中心的聚焦度，将标题放置于上遮罩层并标黄，字幕放大置于下遮罩层，有利于改善用户观看竖屏短视频的整体观感。而目前大

部分广电媒体的多数短视频内容并未适配短视频竖屏的呈现形式，不利于手机用户获得良好的感观体验。

此外，充分借助短视频视听传播逻辑，将背景音乐、音效、字幕、表情包等元素加入短视频的生产制作，也是适应新媒介环境的手段，能够最大限度地在有限的竖屏空间中，改善用户的视听体验。相比大量受欢迎的UGC原创内容直接适配竖屏传播的短视频平台而制作，传统广电媒体如何打破横屏内容制作思维，利用好各种新媒体视听手段进行创作，充分发挥短视频的独特优势，是达成传统媒体与新媒体深度融合的艰巨考验。

（三）各地区账号发展不平衡，运营效果差异明显

由笔者前文对广电媒体短视频账号的统计可知，我国广电媒体短视频账号的开设和运营呈现出"东高西低，南高北低"的发展状况。截至2020年8月31日，以浙江省、上海市、江苏省等为代表的东部沿海地区，以及以安徽省、河南省、湖南省等为代表的中南部内陆地区15个省级广电媒体的短视频账号数量居于前列，共有851个，约占账号总量的76%。而以新疆维吾尔自治区、西藏自治区等为代表的西部地区，和以山西省、河北省等为代表的中北部地区17个省级广电媒体的短视频账号有275个，仅约占账号总量的24%。东南部省级行政地区的账号数量远多于西北部地区。

在我国各地区广电媒体短视频传播效果上，CTR市场研究发布的《2020年主流媒体融合传播效果年度报告》显示，在38家省级以上广电机构的网络传播力之短视频分榜单中，排名前十的媒体机构分别是中央广播电视总台、湖南广播电视台、河南广播电视台、四川广播电视台、浙江广播电视集团、上海广播电视台、北京广播电视台、福建广播电视台、山东广播电视台、湖北广播电视台。[①] 可以看出，总台是短视频传播效果最好的主流媒体，东部地区、南部内陆共七个省份的广电媒体上榜。东部地区短视频传播效果较好的省市为浙江省和上海市，南部内陆短视频传播效果较好的省份为湖南省、河南省、福建省、湖北省、四川省，而北部地区

---

① CTR洞察：《2020年主流媒体融合传播效果年度报告》，央视网，http://news.cctv.com/2021/02/02/ARTIKPTyquTYK3toUljM56j4210202.shtml，2021年2月2日。

和西部地区广电媒体短视频传播效果稍弱，北部地区仅有北京市和山东省两个地区上榜。

由此可见，现阶段我国广电媒体短视频账号存在区域发展不平衡、运营效果不均衡的特点。部分地方广电媒体短视频账号开设和发布数量较少、传播效果较差，在短视频内容建设、运营与管理方面均需加强。

（四）广电体制机制有待优化，MCN 模式尚不成熟

媒体融合攻坚阶段，广电媒体深化体制机制改革仍在推进。无论是建立适应全媒体生产的组织架构，构建新型采编流程，还是融合进程中发挥市场机制作用，增强自我造血能力等，我国传统广电媒体的体制机制仍有较大提升空间。

在管理体制方面，事业单位传统思维与市场机制下的媒体运行存在"鸿沟"，行政壁垒阻碍创新步伐。[1] 在运行机制层面，针对各台情况的企业化管理改革配套政策仍需落实，采编业务流程打通较慢、领域较窄，上下游深度融通有待提高；在用人机制层面，较多地区广电媒体缺乏有效的人员流动、绩效考核、人才晋升及薪资分配，新型用人制度尚未完善。

广电 MCN 机构的建立能够在一定程度上反向推动广电媒体的体制机制改革，推动广电媒体与平台、市场和产业进行跨媒体、跨体制的融合。如何完善广电 MCN 机构的建设，逐渐革除体制机制弊端，盘活内部资源，实行产业化运作和商业化变现，是传统广电媒体推进市场化改革的最大挑战。

现阶段，部分广电媒体通过试水 MCN 模式盘活内部优质资源，以短视频、直播带货等形式，助力广电市场化布局。截至 2021 年上半年，全国已有 28 家广电媒体成立了 36 家 MCN 机构。[2] 新冠肺炎疫情期间，直播带货模式的走红，不断验证着网红经济变现的可能性，由此加速了广电媒体 MCN 的布局和发展。从盈利模式看，只有部分广电媒体能够通过打

---

　　[1] 黄楚新：《全面转型与深度融合：2020 年中国媒体融合发展》，《现代传播（中国传媒大学学报）》2021 年第 8 期。

　　[2] 姜涛、李岳、周晶：《2020 年中国短视频行业发展报告》，皮书数据库，https://www.pishu.com.cn/skwx_ps/databasedetail?SiteID=14&contentId=12773910&contentType=literature&type=%25E6%258A%25A5%25E5%2591%258A&subLibID=，2021 年 8 月 1 日。

造 MCN 机构进行商业市场化运作，且只有较少部分的广电 MCN 能够实现商业变现，如安徽广电 MCN、芒果 MCN、河北广电 MCN。目前来看，MCN 机构仍在起步期，商业变现也只是 MCN 机构发展的最初级阶段，"聚用户，做服务"的新型媒体经营模式尚未建立。①

　　主持人是广电媒体的优势资源之一，在 MCN 模式下，只有部分广电媒体能够达到主持人 IP 出圈的效果。相较传统广电媒体，广电 MCN 更倾向于通过孵化主持人 IP 的方式来提升"粉丝"黏性和市场竞争力，同时利用主持人 IP 的影响力助力广电媒体的商业化变现。如中央广播电视总台打造的"央视 boys"，借助康辉、撒贝宁、朱广权和尼格买提的网络热度，开展了一系列短视频生产、直播带货、综艺制作等活动，通过公益助农、城市推介等独特方式，探索出一条央媒"社会影响力"变现之路。黑龙江广电"龙广电 MCN"充分盘活台内主持人资源，吸纳黑龙江广电旗下超 280 位主持人，成功孵化出叶文、袁哲、晓雪等主持人 IP 账号，提升了黑土地特色文化的影响力和吸引力。但其他地方级广电媒体获得用户大量关注的主持人较少，大多数媒体也未把打造主持人 IP 作为 MCN 模式运作中的重要一环。因此，很难通过主持人 IP 来助力广电媒体商业化变现。

　　传统广电媒体如何借助合理的考评与奖励机制激励内容生产部门增强短视频内容生产投入与运营的积极性，如何借助 MCN 机构产出优质内容、打造主持人 IP，依托 MCN 模式形成成熟的"优质内容生产—流量运营—商业变现"闭环模式，是融媒时代 MCN 机构助力广电媒体发展的关键问题。

---

① 唐瑞峰：《2020 年广电 MCN 调研报告 超 20 家广电机构借 MCN 弯道超车，广电 MCN 向产业化、生态化演变》，《电视指南》2020 年第 23 期。

第四章

域外主要国家传统媒体短视频的经验借鉴

在新兴媒体迅猛发展的今天，全球媒介生态和传媒产业格局正呈现出全新面貌。报纸、广播电视等传统媒体面临着受众流失、业务模式僵化、收入规模下滑等巨大压力，需要在媒体融合时代积极寻求改革转型的出路。随着5G技术的发展，低时延、高速率、大容量等技术特性使移动短视频发展如虎添翼，海外传统媒体不约而同地将目光投向短视频阵地，将发展短视频作为传统媒体改革的重大战略。在全球传统媒体格局巨变和转型发展中，美国、英国、日本、韩国等代表性国家凭借其媒体基础、技术优势和前瞻视野，努力探寻传统媒体在新媒体时代发展的突破口，巩固和重塑传统媒体核心竞争力。透视这些域外代表性国家的传统媒体融合转型之路，总结其短视频发展经验，有助于为我国传统媒体的融合转型与短视频发展提供有益借鉴。

第一节　美国传统媒体短视频的发展经验

美国是最先发展移动短视频社交应用领域的国家，其主要短视频平台和带有短视频分享功能的平台有YouTube、Twitter、Instagram、Facebook。字节跳动旗下的抖音海外版TikTok也在美国运营。

源自美国影音分享网站的YouTube是目前全球最大的视频搜索和分享平台，其于2005年2月14日注册成立，支持用户上传、观看、分享及评论视频等功能。2005年4月23日，YouTube联合创始人卡里姆（Jawed

Karim）就在 YouTube 上传了第一个短视频，时长只有 19 秒。[①] 自 2006 年起，YouTube 网站开始蓬勃发展，成为美国成长速度最快的头部视频分享网站。自 2020 年开始，受新冠肺炎疫情影响，YouTube 浏览量大增，根据皮尤研究中心（Pew Research Center）报告显示，YouTube 视频平台的使用率从 2019 年的 73% 增长到 2021 年的 81%。[②] 2020 年 9 月，YouTube 上线了"Shorts"功能页面，用户可以直接在 YouTube 上拍摄和发布竖屏短视频，并于 2021 年 5 月 11 日推出"Shorts Fund"计划，筹集约 1 亿美金资助 YouTube 平台的短视频创作者。[③]

除 YouTube 外，同样主打视频分享的社交应用平台还有于 2011 年 4 月 11 日正式上线的 Viddy，其既是视频创作工具，又是用于分享和观看用户生成的视频的社交网络，为用户提供了及时摄取、快速编辑、同步分享等功能，后因发展状况不好被 YouTube 的大内容提供商 Fullscreen 收购。[④]

被称为"互联网的短信服务"的 Twitter，是于 2006 年建立启动的知名社交网络服务平台。2013 年 1 月，Twitter 推出视频分享应用 Vine，用户可以拍摄时长 6 秒的视频短片。[⑤]Facebook 平台起源于 2004 年 2 月 4 日马克·扎克伯格与他的哈佛大学室友们所创立的照片分享网站，逐渐发展成为支持文字消息、图片、视频、文档和声音媒体等多种内容分享的社交化媒体平台。2010 年，Facebook 公司（2021 年更名为"Meta"）旗下风靡全球的图片社交平台 Instagram 也推出视频分享功能，迅速收获了美国甚至全球的大量用户，并于 2013 年 6 月添加了短视频分享功能，允许用户拍摄和分享时长 15 秒之内的短视频。[⑥] 随着短视频社交平台的流行，短视频编辑应用也逐渐得到开发，大大降低了普通用户短视频制作的成本，

① YouTube. *Me at the zoo*. https://www.youtube.com/watch?v=jNQXAC9IVRw. Apr.24,2005.

② Pew Research Center. *Social Media Use in 2021*. https://www.pewresearch.org/internet/2021/04/07/social-media-use-in-2021/. Apr.7,2021.

③ YouTube Official Blog. *Introducing the YouTube Shorts Fund*. https://blog.youtube/news-and-events/introducing-youtube-shorts-fund/. May.11,2021.

④ 王晓红、包圆圆、吕强：《移动短视频的发展现状及趋势观察》，《中国编辑》2015 年第 3 期。

⑤ Gerry Shih. *Twitter's new service suggests its future may lie in video*. reuters. https://cn.reuters.com/article/idCNL1N0ATC0320130124. Jan.25,2013.

⑥ Heather Kelly. *Instagram launches 15-second video feature*. CNN. https://edition.cnn.com/2013/06/20/tech/social-media/instagram-video/index.html. June 21, 2013.

进一步助推短视频应用在全球的传播与应用。

除了美国本土的短视频社交平台外，抖音海外版 TikTok 自 2017 年上线以来，已成为美国甚至全球最热门的视频应用之一，根据 2021 年 Sensor Tower 数据显示，在全球范围内通过 App Store 和 Google Play 下载的 TikTok 下载量（包括中国 iOS 版本抖音，不包括第三方 Android 市场）已超过了 30 亿次。① 值得一提的是，近年来由于美国陆续推出针对 TikTok 的限制政策，在 2020 年 8 月 5 日，Instagram 在美国、印度、英国等 50 多个国家和地区推出了具备 TikTok 类似功能的短视频应用 "Reels"，允许用户根据音乐或音频创建时长 15 秒的视频，并添加特效，② 在 2021 年 8 月 1 日又宣布将上线新功能，可支持用户上传时长 60 秒的短视频。③

除了具有社交属性的短视频平台之外，美国各大传统媒体的短视频布局还涵盖了官方网站、垂类 App 等，与社交应用共同形成了短视频传播生态。

一、美国报纸媒体的数字化转型与短视频发展

从 20 世纪 90 年代开始，美国新闻业在互联网的冲击下经历了前所未有的挑战，新闻出版的数字转向为传统印刷新闻生产带来了巨大冲击。据美国皮尤研究中心 2021 年 6 月推出的《新闻媒体状况调查报告》显示，近五年来的美国报纸发行量呈现持续下滑态势。2020 年，美国周一到周六的日报总发行量（印刷版和数字版，下同）为 2430 万份、周日的日报总发行量为 2580 万份，均比上一年下降了 6%。④

---

① Sensor Tower. *TikTok Becomes the First Non-Facebook Mobile App to Reach 3 Billion Downloads Globally*. https://sensortower.com/blog/tiktok-downloads-3-billion. Jul.14,2021.

② Kaya Yurieff. *Instagram's TikTok copycat Reels is now available in the US*. CNN Business. https://edition.cnn.com/2020/08/05/tech/instagram-reels-us/index.html. Aug.5,2020.

③ Katie Sehl. *Instagram Reels can now be up to 60 seconds long*. Hootsuite. https://blog.hootsuite.com/social-media-updates/instagram/reels-up-to-60-seconds-long/. Aug.18,2021.

④ Pew Research Center. *Newspapers Fact Sheet*. https://www.pewresearch.org/journalism/fact-sheet/newspapers/. Jun.29, 2021.

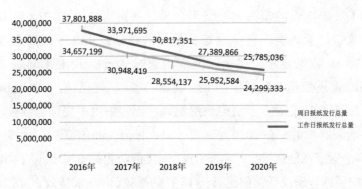

图 4-1　2016—2020 年美国日报总发行量

[数据来源：皮尤研究中心（Pew Research Center）]

　　与报纸发行量的下滑呈现鲜明对比的是美国民众通过移动设备获取新闻的频率呈现增长趋势。根据皮尤研究中心 2020 年 7 月的一项调查，86% 的美国成年人表示"经常"或"有时"通过智能手机、计算机或平板电脑等数字设备获取新闻，而通过印刷出版物获取新闻的频率要低得多，仅有 10% 的人经常从印刷出版物中获取新闻。[1] 由此可见，美国传统报纸受众正快速地向数字移动端转移，媒体融合与数字化转型成为美国报业继续生存发展的必然选择。

（一）美国报纸媒体数字化转型

　　在互联网发展浪潮中遭受重创的美国报业奋起改革，从 2008 年起就开始大规模地进行融合转型。美国各大报纸在变革中逐渐发展出差异化的转型路径和实践策略，努力探索新媒体时代的发展路径，重塑媒体核心竞争力。

1. 华尔街日报：数字化探索与"无处不在"战略

　　创刊于 1889 年的《华尔街日报》（ *The Wall Street Journal* ）是美国颇

---

　　[1]　Pew Research Center. *More than eight-in-ten Americans get news from digital devices*. https://www.pewresearch.org/fact-tank/2021/01/12/more-than-eight-in-ten-americans-get-news-from-digital-devices/. Jan.12,2021.

具权威性的财经类报纸，隶属于新闻集团旗下的道琼斯公司。该报侧重金融、商业领域的报道。华尔街日报的数字化转型策略十分积极，于 1996 年建立官方网站 WSJ.com，不同于其他报纸媒体直接将纸质版内容搬运上网，该报纸媒体实施差异化的新闻资讯服务，印刷版与网络版产品分别进行内容生产和运作。随着新闻业务的深度融合发展，日报进行了编辑部的大规模重组和媒体集团的重新整合，将各部门的内容资源与人员整合在一起，逐渐放弃了按渠道划分业务的运营模式，实现了全媒体平台新闻生产的高效运转和良性循环。

随着业务融合不断深入，日报在转型过程中逐步确立了"无处不在的日报（Journal Everywhere）"战略，主要体现在三个方面。一是无处不在的 WSJ.com 扩展网站，除了美国国内版网站之外，日报还有中文版、欧洲版、亚洲版、印度版、日文版、德语版、韩语版、印尼版、土耳其版等网站，到 2013 年以后在线内容开始以 9 种语言、12 种版本服务于国际受众；[1] 二是无处不在的移动终端，在网页、手机、平板设备、互联网电视、Kindle 阅读器等多终端融合布局发展，并结合不同平台的传播特点提供精准定制服务，满足不同群体的多样化使用需求；三是无处不在的社交媒体参与，日报十分注重通过社交网络来大规模聚合用户，尤其是与 Facebook 和 Twitter 平台的合作为报纸留住了大量忠实用户。

2. 纽约时报：数字订阅先行者与多元移动端搭建

创办于 1851 年的《纽约时报》（*The New York Times*）是具有全球影响力和读者群的美国大报，在业内一直被视为美国的"档案记录报"。纽约时报一直保持着对数字技术和新传播方式的高度敏感，并且在很多方面都是媒体转型的先行者。其于 1996 年 1 月创建了互联网官方网站"www.nytimes.com"，为用户提供在线阅读服务；2011 年 3 月，"付费墙"商业模式的实施带来了新的收入增长点。"付费墙"模式即数字订阅模式，指媒体只为付费会员提供完整的内容阅读服务，同时根据会员用户的阅读兴趣推送特定内容。数字订阅成为延续报纸生命的关键，逐渐建构起可持续的盈利模式，刺激美国其他报纸纷纷效仿。

---

[1] 张利平：《西方报媒的媒介融合战略与启示——以〈华尔街日报〉为例》，《江西财经大学学报》2015 年第 6 期。

除了网页版报纸，移动客户端也是纽约时报的重要转型发展路径。其在 2008 年 7 月推出了全球第一款 iPhone 报纸客户端，成为首先入驻苹果公司移动应用商店的报纸媒体。目前，纽约时报旗下的 App 十分多元，大体可以分为以下几类：一是新闻类，包括主 App——NY Times、纽约时报中文版新闻；二是服务类，包括房地产、美食等；三是娱乐类，如填字游戏；四是视频类，最突出的是虚拟现实。① 纽约时报在 2015 年与谷歌、通用电气公司合作推出了虚拟现实客户端 NYT VR，并向百万订阅用户免费发放了谷歌纸板虚拟现实眼镜，用户只需下载手机软件并配合 VR 眼镜使用，就可以体验全新形式的 VR 视频新闻内容。② 这有效增加了报纸订阅用户对内容的下载量，成为 VR 新闻的有益尝试与成功探索。另外，社交媒体也是纽约时报内容投放的重要阵地，该报纸媒体曾专门开发了一个帮助优化在 Facebook 和 Twitter 上内容投放的新工具。该工具能够推测哪些文章最能吸引特定受众的社交参与，摆脱对传统营销方法的依赖并降低人工运营成本，为投放调整、内容筛选等提供决策依据。

值得一提的是，纽约时报还是"报业播客"的成功实践者，其于 2017 年创立数字音频产品"日报"（The Daily），进行每周 5 次（周一至周五）、每次 20 分钟的音频直播，由迈克尔·巴巴罗（Michael Barbaro）主持，时报提供新闻内容支持。日报在创建仅仅两年半后，就突破 10 亿下载量，超过该报任何已有客户端等数字产品。③

3. 华盛顿邮报：平台模式创新与订制新闻生产

创刊于 1877 年的《华盛顿邮报》（The Washington Post）是诞生于华盛顿特区的美国大报之一。20 世纪 70 年代初通过揭露水门事件和促使尼克松（Richard Milhous Nixon）总统退职受到关注，尤其擅长于报道美国国内政治动态。2013 年，亚马逊集团创始人兼 CEO 杰弗里·贝佐斯（Jeff Bezos）收购华盛顿邮报，正式拉开了该报数字化转型的序幕。同年，华盛顿邮报推出了"Post TV"栏目，采用电视直播形态，打造集娱乐、政

---

① 辜晓进：《重走美国大报：美国报业转型：颠覆与重生》，南方日报出版社，2018，第 351 页。

② 杨毅：《融媒体时代 VR 新闻的探索与启示——以〈纽约时报〉为例》，《传媒》2020 年第 10 期。

③ 辜晓进：《"报业播客"爆红背后的大众传播演进逻辑——纽约时报成功进军音频世界的启示》，《新闻与写作》，2020 年第 9 期。

治和体育于一体的网络直播电视平台，但结果并不理想。此后于 2015 年改为"Post Video"短视频平台，通过"原创＋整合"模式丰富内容输出渠道，打造了一个迎合年轻受众的短视频新闻专属平台。[①] 华盛顿邮报十分重视自身品牌建设，于 2014 年启动"合作伙伴项目"，向有合作关系的地方报纸媒体免费提供数字内容，以此扩大自身品牌的知名度和影响力，在项目启动的一年内合作伙伴就从 6 家扩大到了 260 家，包括数字第一媒体（Digital First Media）、斯克里普斯报社（Scripps）、达拉斯晨报（The Dallas Morning News）等。[②]

除了多终端平台搭建，从内容生产角度看，华盛顿邮报十分重视定制新闻的生产，即从新闻不同接收终端的用户特征出发，提供符合终端特性的"适应性"新闻，这体现了邮报坚持受众为本的理念。另外，邮报还针对不同终端用户的阅读习惯采取不同的更新方式，在信息接收较为碎片化的手机端提供全天候新闻推送，而在阅读要求相对完整的平板电脑端提供每日 5 点和 17 点两次推送。[③]

4. 今日美国：新锐版面改革与多元客户端开发

《今日美国》（USA Today）于 1982 年创刊，是具有百余年历史的甘尼特报业公司（Gannett company）的旗舰报纸，以版式新颖、色彩丰富、图表可视化表达等为风格，是美国唯一的彩色版全国性对开日报。《今日美国》在创刊 30 年即 2012 年时进行了一次较大规模的版面改革，面对全新的传播环境，其对印刷版报纸、网站页面做了新的调整。印刷版报纸启用了全新的标志，压缩了具有品牌特色的彩色天气信息版块，增加了社交媒体评论精选"你说"版块等；[④] 其网站页面也进行了版面改革，主要体现在大大增加了视频的呈现单元。今日美国成立了自己的视频制作中心，约有 30% 的人员专注于视频内容生产，保证视频内容的原创性和高质量。[⑤]

另外，今日美国是美国报业中开发移动客户端数量最多的媒体之一，

① 祝东江：《〈华盛顿邮报〉短视频平台传播的实践与启示》，《传媒》2020 年第 16 期。
② 张蕊：《〈华盛顿邮报〉数字化转型的五大策略》，《传媒》2017 年第 12 期。
③ 徐妙：《〈华盛顿邮报〉互联网转型的五大转变》，《传媒》2016 年第 24 期。
④ 辜晓进：《重走美国大报：美国报业转型：颠覆与重生》，南方日报出版社，2018，第 34、35 页。
⑤ 赵玲：《〈今日美国〉如何应对媒体融合时代的挑战》，《传媒》2019 年第 1 期。

报纸除了主客户端"USA Today"外,还有更多针对不同受众群体的垂直客户端,如体育、财经等,以及 VR 客户端和适配穿戴类终端,如苹果手表的客户端。今日美国开发的客户端总量多达 27 个,截止到 2018 年实际数量为美国四大全国报纸之最。[①] 这些 App 不仅提供了丰富的文字和视频新闻,也融合应用了 AR、VR 等前沿技术,为其吸引读者提供了更多可能。

(二)美国报纸媒体短视频发展经验

在报纸数字化转型浪潮中,原本以图文为安身立命之本的美国报纸媒体纷纷开始在视频生产领域发力,发展短视频也逐渐成为纸媒内容形态转型的重点策略之一。当下,美国报纸媒体的短视频生产已经实现了日常化,发展出多元成熟的生产路径。

1. 视频生产全面布局,大力拓展终端渠道

美国报纸媒体视频转型的重要战略之一是多终端、多渠道的全面布局。首先是网页版的视频生产,美国各大报纸媒体都十分重视网页视频生产,纽约时报网站首页有视频专区,提供十余个视频系列专栏;今日美国网站首页增设了专门的"特色视频"栏目,提供时长 2 分钟以内的新闻短视频;华尔街日报网站首页右侧有专门的"推荐视频"栏目,提供时长 5 分钟以内的新闻短视频等。其次是移动客户端的视频生产,报纸媒体开创多类型客户端,将网页短视频内容同步更新于客户端,提供多样化短视频内容。

在当下更加值得关注的是报纸媒体在社交媒体平台上的短视频生产。社交媒体如今已无处不在,渗透美国人的日常生活,逐渐成为人们获取信息的重要来源。在皮尤研究中心调查的 97 家高流量美国新闻媒体(在该报告中指 2020 年 10 月至 12 月平均每月至少有 1000 万独立访问者的新闻媒体)中,如图 4-2 所示,所有媒体在 Facebook 和 Twitter 上都有官方账号,而至少十分之九的媒体在 Instagram(96%)和 YouTube(93%)上设有账号,在 TikTok(57%)和 Snapchat(26%)上也拥有少量账户。[②]

---

① 辜晓进:《重走美国大报:美国报业转型:颠覆与重生》,南方日报出版社,2018,第 44 页。
② Pew Research Center. *Newspapers Fact Sheet*. https://www.pewresearch.org/journalism/fact-sheet/digital-news/. Jul.27,2021.

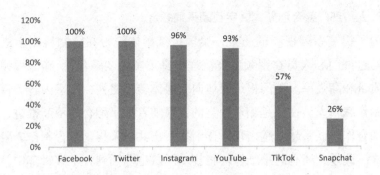

图 4-2 美国高流量新闻媒体在社交媒体上的分布情况

[数据来源：皮尤研究中心（Pew Research Center）]

由此可见，社交媒体已成为美国报纸媒体短视频生产的重要阵地。报纸受众不仅可以在网页和移动客户端获取新闻短视频，还可以在Facebook、Twitter、Instagram、YouTube 等社交媒体上观看到相同甚至更加丰富的短视频内容，符合当下人们的信息获取习惯，这是美国报纸媒体争夺受众注意力的重要途径。

2. 短视频生产精品化，打造高质量内容生态

美国报纸媒体的短视频生产不是简单地嵌入视频内容和零散的视频汇集，而是逐渐形成了系列化、精品化的短视频布局。以纽约时报为例，在其网站首页的视频专区内，视频内容按照主题分为十余个系列专栏，既有按照观看次数排行的"最受关注"视频专栏，也有"竞选活动""2020 年山火灾难""冠状病毒"等全国甚至全球性大事件消息类新闻专栏，还有"音乐日记"等生活娱乐类专栏，甚至连"新闻评论"也进行了视频制作的尝试，拥有固定专栏。值得一提的是其极具特色的"Op-Docs"专栏，提供了大量独立电影制作人的短片纪录片，其中有大量时长 10 分钟左右的短视频纪录片。从新人导演到奥斯卡获奖者，Op-Docs 为独立纪录片制作人提供了展现的舞台，为用户带来了世界各地的纪实短视频。这些视频通常跟一篇新闻文章捆绑在一起，用户点击视频下方的文章链接即可拓展阅读文字内容，同样，阅读文字版报道的用户也可以便捷跳转到对应的视频内容中。

3. 人员部门整合创新，文字视频采编融合

为了提高新闻视频的质量，美国报纸媒体纷纷在体制机制上进行革新，通过部门和人员在视频生产流程中真正实现"融合"，确保视频制作的高质量和高效率。美国报纸媒体向新媒体转型之初，文字内容和视频内容的制作编辑人员往往是相对独立的，但随着数字融合的不断推进，编辑人员的合作与联系越来越密切，逐渐探索出共同采集、配合制作的融合采编模式。此外，还有的报纸媒体将技术团队也分插到各个编辑部中，例如仅2016年春天华盛顿邮报就有80位工程师进入编辑部，[①]通过人员部门的整合创新推进内容的采编融合。

4. 重视前沿技术应用，积极探索 VR 模式

美国在多个领域拥有领先全球的科学技术，报纸媒体在转型过程中十分重视前沿媒介技术在短视频内容生产中的应用。纽约时报在2015年就察觉到了 VR 技术的发展趋势，与谷歌、通用电气等互联网和技术巨头公司合作推出了虚拟现实版的客户端"NYT VR"，推出全新形式的 VR 视频新闻内容，实现了内容生产的技术飞跃，为用户带来了前所未有的身临新闻现场的体验，也对其他报纸媒体的转型提供了借鉴。今日美国在2016年先后推出 iOS 版 VR 客户端"USA Today VR Stories"和谷歌版 VR 客户端"Google Daydream"，并且通过 Google、Facebook 和 YouTube 三大视频平台抵达广大受众，实现了 VR 报道的日常化。[②]

二、美国广播电视媒体的融合转型与短视频发展

美国广播电视作为世界广播电视业的先驱之一，在全球市场上有着强势竞争地位。在以私有制为主体的商业化传媒体制主导下，美国商业电视台居于主导地位，并通过加盟、兼并等方式形成全国性的广播电视网，如全国广播公司（NBC）、哥伦比亚广播公司（CBS）和美国广播公司（ABC），以及后起之秀福克斯广播公司（FOX）。进入21世纪之后，在线

---

① 徐妙：《〈华盛顿邮报〉互联网转型的五大转变》，《传媒》2016年第24期。

② 辜晓进：《重走美国大报：美国报业转型：颠覆与重生》，南方日报出版社，2018，第43页。

视频的迅猛发展已严重危及传统广播电视的生存空间，传统广播电视市场遭受巨大冲击，美国广播电视业由此开始了融合转型的探索。

（一）美国广播电视媒体的融合转型

1. 融合播出平台，打造品牌网站与移动终端

传统广播电视时代，广播电视节目的播出窗口局限在广播电视本身，而互联网的蓬勃发展带来了新的机会。美国传统广播电视网参与推广"电视无处不在"（TV Everywhere）业务，首先借助网络平台搭建各自的门户网站，其次还致力于将播出终端延展到智能手机、平板电脑等移动智能终端。基于更多样的传播渠道，各大广播电视网不仅可以重新整合自身在传统媒体端的节目内容资源，还可以利用网络优势开发新的内容形式，拓展更为广阔的发展空间。

广播电视媒体还尝试打造新兴媒体，典范之一就是 2007 年 3 月由全国广播环球公司（NBC Universal）和新闻集团（News Crop）共同出资创办的在线视频服务网站互录网（Hulu）。Hulu 以福克斯、NBC 环球、迪士尼、华纳兄弟、米高梅公司等超过 200 个内容提供商提供的影视剧、电视节目为主体，提供在线视频浏览等一站式服务体验。除了打造自有的新兴媒体，传统广播电视网也重视与已有新兴媒体合作以占据市场先机，例如 2015 年哥伦比亚广播公司与谷歌合作，在谷歌网络电视平台 Chromecast 上播出自有节目。

广播电视媒体还积极开发移动客户端，打造新型互动平台。美国有线电视新闻网（CNN）早在 1992 年就着力开拓移动业务领域，率先建立 CNN 移动，2010 年又适时推出 iPhone 版和 iPad 版客户端；2013 年，美国广播公司推出了名为"收看美国广播公司"（Watch ABC）的应用程序；哥伦比亚广播公司推出的应用程序功能丰富，除了播放和回放黄金时段、白天时段和深夜时段电视节目的完整版之外，还提供更多热播节目片段、整合社交媒体以及强化用户与明星的互动功能等。[①]

---

① 李宇：《美国电视研究：历史、产业、技术与国际传播视角的系统阐释》，中国广播影视出版社，2016，第 96 页。

2. 拓展内容分发渠道，积极发展网络电视

随着媒介环境的深刻变革，传统广播电视网在内容生产的主导地位受到威胁，开始借助网络电视构建新的内容分发渠道。以哥伦比亚广播公司为例，其于 2014 年推出了网络电视新闻频道（CBSN），面向多个平台终端提供新闻网络直播；同年 10 月，又推出了 "CBS All Access" 网络电视业务，订阅用户可以通过多种播出平台收看直播和视频点播节目，截至 2015 年 4 月，"CBS All Access" 在已订阅用户中的触达率接近 55%。[①] 网络电视的发展有效整合了广播电视媒体的优质资源，为其提供了新的业务增长点。

3. 强化社交媒体布局，增加广播电视受众黏性

社交媒体的发展深刻影响着广播电视媒体的传播方式，美国电视网紧跟发展趋势进行自身革新，通过社交媒体布局建构更趋完整的传播网络。可以说，广播电视媒体与社交媒体之间具有一种天生的内在关联，社交媒体已经渗入传统媒体节目生产的各个环节，二者主要存在两种融合方式。

一是借助社交媒体开展宣传推广，扩展传统媒体品牌和节目影响力。有研究显示，Twitter 的使用与电视收视率之间存在直接关联，如果一个节目在 Twitter 上的转载量上升 8.5%，其收视率会相应提升 1%，[②] 社交媒体上的宣传推广会为电视带来可观的收视效果。二是借助社交媒体平台强化与节目观众的互动。例如 CNN 鼓励电视主持人在 Facebook、YouTube 等社交媒体上注册账号并与平台用户展开互动讨论，以便更高效地搜集节目反馈信息和帮助了解受众喜好，从而针对性地调整节目内容、增强用户黏性。[③] 又如，Facebook 曾推出一款实时投票工具，帮助电视媒体更好地在 Facebook 上收集观众反馈信息，并将其及时融合到节目中。

---

① 李宇：《传统电视台在网络电视时代的创新路径——以美国主要电视台为例》，《电视研究》2015 年第 9 期。

② Nielsen. *New Study Confirms Correlation Between Twitter and TV Ratings*. https://www.nielsen.com/us/en/insights/article/2013/new-study-confirms-correlation-between-twitter-and-tv-ratings/. Mar.20,2013.

③ 段鹏：《中国主流媒体融合创新研究》，中国广播影视出版社，2016，第 60 页。

（二）美国广播电视媒体的短视频发展经验

当下，广播电视对年轻用户群体的吸引力正在下降，因此越来越多的传统媒体选择入驻短视频平台以开拓短视频内容赛道，利用日益受到用户欢迎的短视频平台巩固舆论阵地。

1. 搭建官网短视频专栏，展现最新节目看点

美国各大广播电视网官方网站上的内容以完整版的剧集、节目为主，短视频形式主要体现为电视节目剪辑（Clips）栏目。例如 CBS 官网首页的分别提供美国脱口秀节目《斯蒂芬·科尔伯特深夜秀》和《詹姆士·柯登深夜秀》时长 5 分钟左右精彩片段的专栏；NBC 官网有《吉米今夜秀》的最新节目片段专栏；FOX 官网提供音乐竞选节目《蒙面歌王》时长 15 秒左右的虚拟歌手演唱片段，提供拉丁文化主题短视频访谈内容等。这些短视频专栏可以让用户在浏览官网时快速、便捷地获悉当下热播电视节目的最新讯息，从而吸引用户搜索并观看完整节目。

2. 全面入局社交媒体，构建全新内容生态

美国广播电视官网只提供了有限的短视频内容，其最重要的短视频生产与传播阵地是各大商业社交媒体平台。借助社交媒体进行广泛化、精品化的短视频内容生产是美国广播电视媒体融合发展必经的途径，通常以广播电视公司、广播电视频道、节目等入驻社交媒体的形式为主。

广播电视媒体全面入局社交媒体为自身增添了两方面的优势。一方面，社交媒体受众是对传统媒体观众的有力补充，广播电视媒体借助社交媒体平台能够吸引更广泛的受众特别是年轻受众。全球视频测量联盟在 2021 年发布的一项报告显示，美国超过一半的社交媒体视频消费来自 18～34 岁的人群，而电视媒体的这一比例不到 10%，并且从 2020 年 2 月到 2021 年 2 月，18～44 岁的人群在社交媒体上花费的时间增长了近 50%，是社交媒体视频的核心消费群体；而与之相反的是，超过 60% 的电视观众在 50 岁及以上，该人群在社交媒体视频观众中的比例只为 15%。[①]另一方面，美国广播电视媒体借助社交媒体融合自身资源，打造了全新的短视频内容生态，具体体现为以下特征。

---

① Global Video Measurement Alliance. Special Report: Discovering Audiences on Social Video. https://www.gvmalliance.org/news/special-report-discovering-audiences-beyond-linear-tv. Jun.3,2021.

（1）融合广电媒体新闻资源，拓展新闻发布渠道

基于新媒体平台的多样化功能，短视频社交应用为美国广播电视媒体提供了更丰富的新闻报道渠道和报道形式。目前，广播电视新闻与社交媒体的融合主要有两种方式，如表 4-1 所示，一是广播电视新闻频道直接入驻社交媒体，如美国全国广播公司财经频道（CNBC）、福克斯商业频道（FOX Business），将原频道的新闻节目内容精简化，以短视频的形式报道重要新闻事件；二是打造具有新闻功能的垂直账号，如 ABC News、NBC News、CBS News，这些账号并不是广播电视媒体的专有频道，而是整合广播电视网的新闻资源，以垂直账号的形式提供新闻服务。以 YouTube 为例，美国四大无线广播电视网通过频道入驻和垂直账号入驻的形式扩大新闻影响力。

表 4-1　YouTube 平台美国部分电视新闻账号信息

账号名称	所属电视网	类别	总获赞数	每天推出视频数
CBS News	CBS	广电新闻垂直账号	6,028,165	10~30 条
ABC News	ABC	广电新闻垂直账号	14,909,745	10~30 条
NBC News	NBC	广电新闻垂直账号	10,166,263	0~5 条
FOX News	FOX	广电新闻垂直账号	18,832,728	1~10 条
CNBC	NBC	广电频道账号	3,383,908	0~5 条
FOX Business	FOX	广电频道账号	7,785,941	0~10 条

（统计时间：2021 年 10 月 6 日）

（2）扩展综艺受众规模，提高品牌知名度

以综艺节目为主体入驻社交媒体平台已经成为美国广播电视媒体最广泛和有力的融合发展手段。社交媒体短视频对综艺节目推广具有日益重要的作用，以融合媒体资源为综艺节目提供新的受众触达方式，从而稳固原有受众和吸引新的受众，有效提升综艺内容的覆盖面和影响力。目前，美国广播电视综艺在 YouTube、Facebook、Instagram 等提供短视频功能的重要社交媒体上均有分布，各大广播电视网的热播综艺入驻头部社交平台，开设自有账号。

表 4-2　美国代表性电视综艺节目社交媒体账号情况

节目名称	所属广播电视网	社交媒体平台		
		YouTube	Facebook	Instagram
《吉米·法伦今夜秀》（The Tonight Show Starring Jimmy Fallon）	NBC	总订阅量 2850 万 总作品量 7091	"粉丝"量 1595 万 总视频量 11,487 总获赞数 14,174,916	帖子数 3368 "粉丝"量 852 万 关注量 2265
《美国达人秀》（America`s Got Talent）	NBC	总订阅量 2020 万 总作品量 2512	总获赞数 14,005,675	帖子数 6088 "粉丝"量 214 万 关注量 908
《好声音》（The Voice）	NBC	总订阅量 865 万 总作品量 1345	总获赞数 17,315,297	帖子数 6774 "粉丝"量 211 万 关注量 1363
《詹姆斯·柯登深夜秀》（The Late Late Show with James Corden）	CBS	总订阅量 2690 万 总作品量 4901	"粉丝"量 839 万 总视频量 13,143 总获赞数 3,485,090	帖子数 1678 "粉丝"量 328 万 关注量 332
《斯蒂芬·科尔伯特深夜秀》（The Late Show with Stephen Colbert）	CBS	总订阅量 864 万 总作品量 8562	"粉丝"量 361 万 总视频量 26,321 总获赞数 1,954,112	帖子数 4177 "粉丝"量 189 万 关注量 941
《吉米·坎摩尔直播秀》（Jimmy Kimmel Live）	ABC	总订阅量 1810 万 总作品量 5584	"粉丝"量 439 万 总视频量 12,407 总获赞数 3,995,410	帖子数 6798 "粉丝"量 290 万 关注量 2109
《你会怎么做？》（What Would You Do?）	ABC	总订阅量 576 万 总作品量 339	总获赞数 842,627	帖子数 665 "粉丝"量 6.2 万 关注量 179

（统计时间：2021 年 10 月 19 日）

（3）依托新媒体平台多样功能，灵活运营视频内容

得益于通信技术和新媒体技术的高速发展，社交媒体为广播电视媒体的内容传播提供了更加灵活多样的视频浏览功能。首先是组群功能，视频发布提供了分类合集上传的方式，短视频呈现主题化、系列化的特征。例如 YouTube 上有专门的"播放列表"栏目单，短视频按照不同事件主

题分为各种短视频合集，用户可以清晰地看到每一个主题的视频合集；Facebook 账户主页上的"视频"专栏也同样提供了分类上传功能。

其次，社交媒体平台增加了电视关联账号之间的推荐联动，YouTube 账号主页的"频道"栏目单里推荐了与该账号相关的其他账号，例如用户在浏览"ABC News"时可以在该栏目页面里看到 ABC 的其他媒体账号，轻松点击跳转到推荐账号，即可浏览其他账号的短视频内容。另外，用户在社交媒体平台上浏览广播电视内容的同时还可以通过点赞、评论、转发等行为发表观点、分享视频，和视频账号发布者进行互动。以上这些新媒体功能都是传统单向传播的广播电视媒体并不具备的。

第二节　英国传统媒体短视频的发展经验

作为网络视听的新兴业态，英国短视频行业发展整体特征表现为用户规模持续扩大，平台竞争越发激烈。据英国通讯管理局 Ofcom 调查，2021 年第一季度，15 岁以上每天在线观看短视频的网民占比达 33%。YouTube 和 Facebook 依然是英国使用人数最多的两大社交媒体平台，其短视频用户普及率分别达到互联网成年用户的 96% 和 88%。[1]中国北京字节跳动科技有限公司（ByteDance）旗下的短视频软件 TikTok 在 2020 年至 2021 年的一年间发展迅速，尤其受到年轻网民的追捧。截至 2021 年 3 月，TikTok 在英国成年互联网用户中的渗透率达 31%，15 岁以上网民使用 TikTok 观看短视频的比例从 2020 年第一季度的 5% 上升至 2021 年第一季度的 16%。[2]

短视频对青年群体具有强大吸引力，对英国传统媒体而言，既是机遇，也是挑战。在全球社交媒体平台充当英国人日常通信和获取新闻重要渠道的背景下，传统媒体面临着用户流失的严峻危机，尤其是年轻用户大量流失。因此，传统媒体纷纷转向短视频阵地，推出短视频产品，满足用户新需求，这是媒体融合背景下英国传媒产业转型的勇敢动作。

---

[1] Ofcom. *Media nations: UK 2021*. https://www.ofcom.org.uk/research-and-data/tv-radio-and-on-demand/media-nations-reports/media-nations-2021. 2021.

[2] Ofcom. *Online Nation 2021 Report*. https://www.ofcom.org.uk/research-and-data/internet-and-on-demand-research/online-nation. 2021.

一、英国报纸媒体数字化转型与短视频发展

（一）英国报纸媒体的数字化转型

21 世纪初，面对互联网技术迅速发展带来的冲击，全球各国的报纸媒体开始尝试进行媒体融合的转型。英国是全球传统媒体最为发达的国家之一，其报业在互联网浪潮下开始突破新闻纸本身的介质限制，演变为一个融合印刷纸张、广播电视、移动电子设备等多种传播载体的综合性机构。对报纸媒体而言，数字化转型不只是在新旧两种媒介思维中寻找最优解，而是一次全新的质变。

1. 卫报：数字转型中的领军者

《卫报》（*The Guardian*）是英国的全国性综合内容日报，于 1821 年 5 月 5 日，由约翰·爱德华·泰勒（*John Edward Taylor*）创办于曼彻斯特。该报在报道上重视国际新闻，与《泰晤士报》《每日电讯报》并称为英国三大报。在互联网技术兴起之际，卫报率先嗅到传统报业将面临的危机，在踏入 21 世纪前便开启了报纸数字化转型探索，成为传媒产业数字转型中的领军者。1995 年，成立新媒体实验室，研发电子刊物。1999 年 1 月，正式推出线上网站。2004 年，《卫报》数字版正式开发上线。2006 年，卫报以"网络优先"的战略思维，力图打造全球领先的新闻网站。2009 年，该报宣布推出"开放平台"服务，开始尝试开放报纸的新闻资源，用户可以在自己的网络应用系统中免费使用报纸内容资源，但前提条件是必须在使用新闻的同时嵌入卫报指定的广告或其报纸标志，这一措施在一定程度上保障了媒体的商业利益。2011 年，为了适应移动网络等多种数字平台的出现带来的改变，卫报提出"数字优先"（Digital First）战略，包括营造数字创新的文化氛围、强调对数据和数据科学的解读、培养"数字优先"的思维方式、采用持续灵活的产品开发方式、营造开放式的企业文化等具体策略。2011 年 10 月，该报实行了"开放编辑部"（open news）测试，借助受众互动参与推出以受众为导向的产品，其将编辑部讨论的各项新闻选题在门户网站和以 Twitter 为代表的社交媒体平台上向读者开放，根据读者的讨论与反馈意见，确定报纸的最终选题，同时网民参与互动的内容

也有机会纳入报纸报道，卫报由此开始了将报纸内容制作与社会化媒体有机结合的生存策略改革。[①] 开放新闻资源平台，公开新闻选题，鼓励读者在看到感兴趣的话题时通过上传视频、音频、图片、文字等内容的方式提供新闻素材、参与新闻生产，这些举措不仅拓宽了新闻来源渠道，也增强了用户互动体验。2016 年，卫报在社交平台 Facebook 上开通视频频道"Dab"，以视频、文字与图像相结合的方式发布内容，目标受众定位于乐于在社交媒体上观看视频新闻的网民。社交媒体平台上的视频以简单有趣的方式帮助读者更好地理解科学、时政、社会热点等深刻又严肃的题材内容，其"视频化"策略迅速获得读者的认可和好评。

2. 泰晤士报：综合性日报的"全媒体化"

《泰晤士报》（*The Times*）由约翰·沃尔特（John Walter）创刊于 1785 年，是英国历史最悠久的综合性日报，也是全球连续出版时间最长的报纸之一。

"全媒体"（Omnimedia）是指包含纸质媒介、局域电视网、国际互联网、移动互联网等传输渠道的各种传播形态的复合形态，以实现用户通过报纸、电视、电脑、手机等多种终端均可完成信息接收的目标。"全媒体"生产实践是泰晤士报数字转型的重要途径。1996 年，泰晤士报率先触网创办网络报刊。2006 年，泰晤士报网站开始采用文字、图片与音视频结合的新闻报道模式，实行全天候新闻报道。2010 年 5 月，该报针对不同移动终端带来的差异化体验发布了 iPad 版本的电子发行物。2010 年 7 月，泰晤士报创建网络"付费墙"模式（Pay Walls）以支撑报业经营，即媒体为在线内容实行付费阅读而建立收费门槛，并率先开发移动客户端。2013 年，为进一步适应"全媒体"生产模式，泰晤士报开展"新闻 360 计划"，从工作到文化，从纸质媒体到多媒体生产，重新设计新闻生产架构和流程。[②] 泰晤士报推出包含门户网站和移动客户端的"数字化"订阅套餐，数字订阅用户也可享受原来报纸用户的"泰晤士报增值会员（Times +）"

---

① 王垂林、张志安主编：《英国媒体数字化转型案例与模式》，南方日报出版社，2017，第 46 页。

② 王垂林、张志安主编：《英国媒体数字化转型案例与模式》，南方日报出版社，2017，第 120 页。

身份，会员不仅可以阅读新闻内容，还能享受其他增值服务，其以此来增强对用户订阅的吸引力。在数字化转型中，泰晤士报以视频、图文结合的方式打造可视化新闻内容，创建新视觉团队，对新闻资源进行多媒体加工，以适应全媒体的发行模式。

3. 每日电讯报：Web2.0 理念下的数字化转型

《每日电讯报》（*The Daily Telegraph*）创刊于 1855 年 6 月 29 日，是英国销量最高的报纸之一。每日电讯报自 2004 年开始的数字化转型已涉及 Web2.0 的各种实际应用，如博客、聚合订阅、超链接，并越来越明显地体现了 Web2.0 的思维。Web2.0 是相对于 Web1.0（2003 年以前的互联网模式）的新一类互联网应用统称，由蒂姆·奥莱理（Tim O'Reilly）在 2005 年发表的定义推广而来。Web2.0 有三大特征：一是易于互动的平台，二是所有用户能够平等参与，三是多媒体内容与介质的集成。[1] 在 Web2.0 理念支持下，每日电讯报的数字化革命包括强化多媒体内容在报纸网站的集成与展现，从独立电视台购买电视节目放在自己的网站上，以弥补在视频服务上的不足。[2] 近年来，每日电讯报着重发展视频内容，视频部不断壮大，其在每日电讯报门户网站上开辟视频栏目版块，与文章排行榜并列。在一些重大新闻事件的报道中，每日电讯报视频部也和英国广播公司（BBC）、天空卫视（Sky）等广电媒体竞争。每日电讯报内部还专门组建大数据部门，该部门与每个采编部门特别增设的计划师对接，沟通近期网民搜索的关注焦点，并以此策划新闻专题，让新闻报道贴近读者需求。每日电讯报 Web2.0 式的数字化转型使其成为整个欧洲报业数字化转型的先锋，同时也为其日后应对社交网络的蓬勃发展打下了坚实基础。

尽管各大报业都在积极进行数字化转型，但毫无例外，英国传统报业也面临着日渐式微这一难以避免的全球性趋势。2008 年金融危机以来，诸多英国地方报纸印刷版的发行量均以两位数的百分比缩减，关停者亦不在少数。新冠肺炎疫情更使英国全国性报纸发行量进一步缩水，英国传统

---

① Tim O'Reilly. *What is Web2.0？Design patterns and business models for the next generation of software.* http://www.oreillynet.com/pub/a/oreilly/tim/news/2005/09/30/what-is-web-20.html. Sep.30,2005.

② 王正鹏：《报纸突围：数字时代传统媒体变身记》，中山大学出版社，2010，第 37 页。

报业也在不得不调整经营策略，提出"数字优先""移动优先"等发展策略，将在线业务作为重点，主动拥抱新媒体，尝试新的视听形态。

（二）英国报纸媒体短视频发展经验

英国报纸媒体向新媒体拓展的重要方向之一，是开发出适应互联网、数字电视、手机等传播渠道的视频内容。视频技术的发展也催生了多元化的内容提供方式和多样性的信息服务，带动了整个传媒业媒体融合的进程。

1.整合短视频分发渠道，打造多元媒体库

在数字化转型中，英国报纸短视频发展路径主要包括搭建自有短视频渠道和入驻社交媒体平台两种模式。

第一，借助门户网站或客户端，搭建自有短视频渠道。报纸网站在内容上及时更新新闻报道，增加记者专业评论内容，在形式上进行新闻内容多媒体化，搭建视频渠道，充分利用平台内部的丰富资源。作为一家领先的全球性财经报纸媒体，英国金融时报（Financial Times）网站创建于1995年，定位于打造一个全新的用户体验平台。金融时报官方网站内设视频版块"金融时报视频"（FT Video），版块内包括世界观察、市场观点、生活与艺术、新闻特写等专栏，并开设短视频专区"90秒内"，用户可通过观看时长90秒内的短视频了解国内外前沿财经信息，并可通过社交媒体平台分享、传播视频。报纸通过制作新闻短视频将音频、视频整合到新闻故事中，以强烈的现场感和视听吸引力增强了图文性报纸媒介的感官体验。

第二，入驻社交媒体平台，通过已有平台建立用户联系。根据路透社研究所《2021年数字新闻报告》，随着智能手机的广泛普及，社交媒体已成为越来越重要的新闻来源，通过社交媒体获取新闻的用户占比从2013年的20%上涨到2021年的41%。[①] 入驻社交媒体平台成为新闻机构增强自身传播影响力的重要途径，如表4-3所示，以英国用户普及率最高（96%）的社交媒体平台 YouTube 为例，英国主要报纸机构先后开通视频

---

① Reuters Institute. *Digital News Report 2021*. https://reutersinstitute.politics.ox.ac.uk/sites/default/files/2021-06/Digital_News_Report_2021_FINAL.pdf. 2021.

频道，其中每日电讯报以大量视频内容收获了最多订阅数。

表 4-3　英国主要报纸机构入驻 YouTube 情况统计

英国报纸机构	订阅数（万）	视频总数	注册时间	观看次数
每日电讯报	228	26,163	2006-11-19	1,828,419,438
经济学人	206	388	2009-03-24	183,869,968
卫报新闻	197	10,798	2014-10-22	1,596,534,913
卫报	174	6,955	2006-02-15	555,104,305
太阳报	171	8,173	2007-06-12	1,107,209,796
金融时报	60.5	616	2009-03-26	105,885,189
独立报	26.3	6,078	2006-08-15	135,397,202
泰晤士报	5.74	583	2007-06-29	45,195,141

（统计时间：2021 年 9 月 25 日）

目前，Instagram、Facebook 和 Snapchat 等平台已成为传统新闻机构与数字用户建立联系的常用渠道。例如，太阳报、每日邮报和 Hello 等媒体通过 Snapchat 的短视频功能 Stories，以快速简便的方式与 Snapchat 用户建立联系。卫报以独特视角深入挖掘社交媒体中的有用信息并进行深度整合，将社交媒体上的新闻进行吸引眼球式的包装和适合读者口味的开发，在卫报门户网站 "The Guardian" 上设有 "卫报电视" 视频专栏，下设新闻、观点、时尚、体育、娱乐、科技、谈话、独家以及赞助等分栏，各个版块实时更新短视频，视频时长为两分钟左右，用户可通过点击社交平台图标进行分享。

2. 依托差异化平台精准营销，拓宽盈利模式

融媒体环境下，纸质媒体针对不同社交媒体平台用户消费习惯实施精准营销，进行短视频差异化布局，成为英国纸媒谋求商业变现的生存策略之一，其直接盈利模式主要包括视频内容付费、视频贴片广告、赞助品牌定制内容等途径。此外，借助视频化战略增强用户黏性、提升用户忠诚度，也是传统媒体通过打造自身品牌效应以实现间接盈利的潜在逻辑。以英国的新闻和商业周刊《经济学人》（*The Economist*）为例，《经济学人》将 Twitter 视为推广媒体内容的新闻服务平台，在 Twitter 平台上

24 小时实时更新新闻报道，而在 Facebook 上则选择发布一条包含相关新闻深度报道的官网文章链接的帖子，并借助大数据算法分发给更多用户，以独家深度调查或评论性文章吸引用户前往《经济学人》杂志官网进行付费订阅。Instagram 则是经济学人用作其新闻内容共享插图、动画、数据和短视频的"橱窗"，该媒体每月设法将超过 100 万用户从 Instagram 转移到网站和应用程序上。经济学人了解到其 86% 的读者每周定时在线观看视频，基于这一用户习惯，经济学人强化其在 YouTube 平台的战略，将其优质的新闻和财经信息介绍给潜在订户，目前已经发展超过 200 万订阅者。在众多报纸筑起"付费墙"的浪潮中，卫报则希望以不设"付费墙"的方式支持其新闻业务。为了减轻财务压力，卫报于 2014 年推出会员订阅制度，此外还采取向读者募捐的经营策略，在社交媒体平台上发布募捐广告。通过"开源节流"的经营策略，2021 年卫报集团收入增长 0.9% 至 2.255 亿英镑（2020 年为 2.235 亿英镑），数字业务持续增长，读者收入（募捐和订阅）增长了 61.3%，达到 6870 万英镑（2020 年为 4260 万英镑），抵消了广告收入和报摊销售的持续下降带来的不利影响。①立足自身产品定位，根据差异化平台调性定制视频内容，其目的不在于从这些平台直接获利，而是通过触及更多数字化平台，通过利用免费的视频推广其付费产品或传播品牌理念以赢得读者的认可，拓展自身盈利模式，增强品牌影响力。

3. 重视用户参与，凸显目击者力量

随着媒体的移动化、网络化和社交化趋势日益加深，英国新闻机构也进一步借助用户生产内容（User Generated Content）促进参与式新闻生产。英国传统报业增加短视频的形式来报道新闻，其重要特征之一就是强调现场直击，突出目击者的力量。新闻现场直击短视频以其时效性、原创性带给用户直观、鲜活的视听体验。2013 年，卫报与英国最大的电信网络运营公司 EE 合作，上线"卫报见证"（Guardian Witness）数字平台，希望通过"众包"模式鼓励用户提供时事、突发新闻原创素材。用户只需在平

---

① Guardian Media Group plc. *Annual Report and Consolidated Financial Statements for the year ended 28 March 2021*. https://uploads.guim.co.uk/2021/07/27/GMG_Financial_Statements_2021.pdf. 2021.

台上进行注册，便可以随时随地通过"卫报见证"网站和客户端 App 提交图片、文字、视频等原创素材，并由平台管理人员进行审查。卫报新闻编辑团队可以阅览通过审核的原创素材，并根据需求筛选原创内容融入报道，最终报道将在"卫报见证"栏目内呈现。此外，部分通过审核的视频，将通过 YouTube 平台上"卫报见证"的账号发布。"卫报见证"也逐渐从一个独立创办的门户网站转变为卫报门户网站下设的子栏目，成为卫报"内容管理系统"的一部分。新闻机构在跟踪每个视频的来源方面格外投入，还与快速提供有效新闻视频的内容生产伙伴合作，以保证内容生产的可持续性。采用新闻"众包"模式的"卫报见证"对原创内容有一套严格的审核、把控机制，在平台呈现的用户生产内容必须首先通过平台运营审核，在内容被采纳后，负责该内容编辑的记者个人简况将公布在平台上，方便用户与之联系。[1]

4. 依托技术支持，提供 VR 沉浸式体验

短视频以其视听体验弥补了纸质媒体的听觉与动态视觉缺失，而智能技术的不断革新又进一步强化了用户体验，VR、AR、AI 等技术的加持一方面为用户提供了沉浸式体验，另一方面也是传统媒体打造差异化、凸显独特性的重要手段。2017 年，英国卫报在其 Facebook 账号下开通"卫报VR"频道（Guardian Virtual Reality），将社会性新闻与 VR 技术相结合，创新视听产品形式，增强用户体验。

5. 打造精品微剧，聚焦社会问题

移动互联网时代，碎片化、高节奏、高密度的内容形式切割着用户的注意力。在短视频用户规模不断提升的当下，微剧作为短视频精品化发展的重要方向，以其时长短、互动性强、情节紧凑等特征，满足了社交媒体平台的用户需求，同时剧情的虚构性也使以关注社会问题为使命的传统媒体拥有更大的表达空间。在社交媒体平台，纸质媒体的短视频探索不再局限于实时新闻报道，其不断探索新闻报道的边界，尝试将新闻议题化，以制作微型短剧手段聚焦社会问题，并以创新性的视听表达赋能，吸引用户关注社会议题和新闻媒体。

---

[1] 叶珂、贺咏柳：《国外媒体 UGC 内容的引入机制、实践模式及效果》，《传媒评论》2018 年第 12 期。

二、英国广播电视媒体的融合转型与短视频发展

（一）英国广播电视媒体的融合转型

媒体融合背景下，全球广播电视业正经历着深刻而全面的转型。在这场由技术引发的广播电视媒体的重新洗牌中，英国广播电视媒体不仅没有走向衰落，反而迎来了新的发展契机。

1.BBC：面向未来的数字革命

1922年11月，经英国邮政大臣独家特许授权，英国广播公司（British Broadcasting Corporation，缩写BBC）开始提供广播服务，1926年12月31日，BBC由商营改制为公营，英国国王批准了第一个皇家特许状，公营的BBC于1927年开始广播，并于1936年11月2日获准正式播出电视节目，开启电视事业。自此，英国广播公司正式迈向公营广播电视体制时代。[①]

面对互联网技术带来的挑战，BBC在媒体融合发展进程中表现突出。迫于互联网技术的冲击和英国政府的财政压力，2006年，BBC提出了"创造未来"战略，标志着BBC台网融合模式的正式开启，其基本理念是超越传统广播电视模式，改造成根据用户需求提供视听节目和视听信息服务为主的新型传播媒体。[②]在这样的背景下，BBC对其内容的生产形式进行了革新，所有摄录、输出全部采用数据化形式，摄像机不仅可以进行视频拍摄，更承担数据传感器的功能。2007年，BBC将广播电台、电视和网络三大部门整合为一个媒体编辑部，其中包括多媒体新闻编辑部和多媒体节目部，并在团队建设上打造适应"多媒体""多语言"的报道队伍。为适应不同传播终端，拓宽新媒体的传播渠道，BBC建立了PC版及移动终端版的新闻网站。

在英国广播公司的"数字革命"历程中，BBC iPlayer的推出是不得不提的一个里程碑。iPlayer播放器于2007年12月25日正式上线，供用

---

① 陆晔、赵民：《当代广播电视概论》，复旦大学出版社，2010，第109页。
② 黄楚新：《新媒体融合与发展》，人民日报出版社，2016，第176页。

户在电脑、手机和其他移动终端上安装使用，可搜索、点播或下载播出 7 天内的节目（后扩展为 30 天）。上线至今，BBC iPlayer 历经三次迭代升级，在"终端拓展"战略思想下，BBC iPlayer 实现了广播、有线电视、卫星电视网络、互联网等全渠道，与电脑、平板、手机及其他各移动终端的全覆盖，能够通过不同移动设备终端与社交媒体平台进行深度联动。2016 年，BBC iPlayer 月均访问量达 2.46 亿人次，平均年增长率超过 9%。BBC iPlayer 已跃升成为全球最大的新媒体内容分享平台之一。[①]

BBC 在媒体内容方面的改革，还表现为其电视频道 BBC Three 的台网转换。BBC 三台（BBC Three）是针对 16～34 岁青年受众的电视频道，在传统媒体时代有大量用户。2014 年 3 月，BBC 首次对外宣称将关停 BBC 三台在电视和其他广播平台的播放而转型为一个纯线上媒体。2016 年开始，BBC 三台停播，其开支主要投放到媒介内容的制作这一环节。[②] 在媒介渠道拓展方面，BBC 也投入力量加强 BBC 三台与 YouTube、Twitter、Instagram 等平台的合作，试图让 BBC 三台覆盖主要的社交媒体服务平台。

尽管 BBC 在媒体融合进程中积极应对挑战，但也同样面临着商业电视机构的竞争和社交媒体平台异军突起带来的用户流失危机。作为英国独立运作的公共媒体，英国国民缴纳的电视牌照费和政府部门的相关补贴是 BBC 运营资金的主要来源，因此与用户流失相对应的则是收入的大幅度缩减。鉴于其经济来源的特殊性，BBC 不播放商业广告，但事实上迫于激烈的商业电视台竞争现状以及政府通过调整收取执照费的方式来施压等因素，BBC 也做出一些改变，如通过开展商业活动，出售曾经播出的节目获取资金。然而，新媒体背景下的 BBC 依旧面临资金困境，继 2019 年 6 月宣布不再免除 75 岁以上老人执照费之后，2021 年 3 月再次宣布其执

---

① 康秋洁、刘艺璇：《英国广播公司：面向未来的"数字革命"》，《中国广播》2017 年第 12 期。

② Ramsey P. *It could redefine public service broadcasting in the digital age：Assessing the rational for moving BBC Three online.* Convergence: The International Journal of Research into New Media Technologies,vol.24,no.2,2018.pp.1-16.

照费将由 157.5 英镑上调至 159 英镑，且该计划将至少延续至 2035 年。[①]

2.ITV：迈入点播市场的转型

英国独立电视公司（ITV）是总部位于伦敦的英国第二大无线电视经营商，拥有 13 家区域性独立电视特许经营权持有者，是英国历史上最为悠久和规模最大的商业地面电视联播网。2020 年，受新冠肺炎疫情重创的英国商业电台 ITV 重组商业模式，计划转战视频点播平台（VOD），并减少在伦敦的办公室占地规模。ITV 此次转战 SVOD（订阅型视频点播）将是一个长达 15 年的计划，由电视导演凯文·莱戈（Kevin Lego）负责。在该计划中，ITV 将建立一个新的媒体娱乐部门，由广播业务和点播业务两部分构成。新的点播业务包含三个现有服务：映后点播服务、免广告版 Hub Plus 和 ITV 与 BBC 联合推出的 SVOD 平台 BritBox。该重组说明 ITV 将更多资金投资于 Hub 和 BritBox。[②]

此次业务变更，帮助老牌广播电视 ITV 度过了艰难的 2020 年，并进一步促进自身转型升级。截至 2021 年 6 月 30 日，英国 ITV 在半年内外部收入增长了 27%。ITV 半年度外部总收入为 15.4 亿英镑（约合人民币 237 亿元），与 2020 年相比增长了 27%。制作和销售部门 ITV 工作室的总收入为 7.98 亿英镑（约合人民币 71 亿元），与 2020 年相比增长了 26%，ITV 工作室的外部收入为 5.23 亿英镑（约合人民币 47 亿元），增长 31%。此外，ITV 旗下媒体和娱乐总收入为 10.2 亿英镑（约合人民币 91.8 亿元），增长 25%，其中广告总收入增长 29%，其中视频点播广告（AVOD）增长 55%。[③]

（二）英国广播电视媒体的短视频发展经验

随着智能手机和平板电脑的屏幕分辨率越来越高，消费者随时随地观看视频的体验进一步升级，与此同时，许多国家宽带网费逐年降低，手机

---

① 徐佳：《2020 年英国传媒产业发展报告》，载《传媒蓝皮书：中国传媒产业发展报告（2021）》，社会科学文献出版社，2020，第 2 页。

② 李少勉译：《ITV 转战点播市场》，流媒体网，https://lmtw.com/mzw/content/detail/id/193484/keyword_id/，2020 年 10 月 26 日。

③ 应佳眠译：《英国 ITV 收入飙升 27%，半年度财务表现强劲》，流媒体网，https://lmtw.com/mzw/content/detail/id/204069/keyword_id/-1，2021 年 8 月 2 日。

自带的摄像功能、相关应用软件的推出也降低了视频制作的门槛，所有这些技术进步给视频的发展和传播提供了良好的环境。从获取视频新闻需求看，受众越来越习惯于通过移动网络和移动终端观看和分享内容。直播等新服务的诞生，也让互联网成为人们了解突发新闻的第一站。在整个网络环境转向社交化的时候，传统的广播电视媒体不得不去适应受众新闻消费模式的快速变化，包括新闻来源严重依赖社交媒体和移动终端。随着其他营收来源减少，广播电视媒体希望网络视频给广告市场重新注入活力，同时提供一种赢得受众关注和参与的更好方式。这些因素促使广播电视媒体决心奔赴视频内容，尤其是社交化的网络短视频。

1. 多元路径并驾齐驱，化危机为出海新动力

社交媒体平台的流行使英国广播电视媒体面临大量年轻观众流失的危机，为了留住年轻观众，保持英国公共服务广播在商业媒体竞争中的优势地位，英国广播电视媒体采取了积极主动的应对策略。

首先，凭借自身丰富的媒体资源和强大的技术支持，英国广播电视媒体在适应媒体融合发展趋势和社交媒体短视频潮流之际进行了诸多尝试。2012 年，BBC 成立 BBC 新闻实验室（News Lab），[①] 尝试在媒体融合时代简化记者在不同媒体和设备的生产任务，以改善新闻的用户体验，并探索新闻、技术和数据的交叉。2014 年 1 月 17 日，BBC 推出了一项名为"快照"（Instafax）的功能，利用流行的图片分享应用 Instagram 分享一段时长不超过 15 秒的新闻视频，主要用动态图像结合文字的方式传播新闻。为适应社交媒体平台调性，BBC 短视频工作室 BBC ideas 于 2018 年 1 月上线 YouTube，专业化生产时长 5 分钟以内的精品短视频。

其次，英国广播电视媒体采取与社交媒体平台合作的方式推出新的用户参与类型。2021 年 3 月，BBC 第四频道与 TikTok 合作，注册第四频道（@channel4 和 @E4）账户，提供独家内容，以及该频道其他热门节目的精彩片段。

此外，一些公共服务提供商根据社交媒体平台调性为在线观众提供专门的内容。比如 ITV 在 2019 年推出为 Instagram 和 Snapchat 用户提供的

---

① MTZ Fuster，JAG Avilés. *The role of innovation labs in advancing the relevance of public service media: The cases of BBC news labs and RTVE lab.* Communication & Society,vol.33,no.1,2020.

每日短视频 "The Rundown"。英国广播公司 BBC 则通过 CBeebies、CBB 和 BBC Bitesize 品牌提供面向儿童的在线内容。

尽管社交媒体平台的兴起给英国广播电视媒体带来了用户的流失，但广播电视媒体拥抱社交媒体也为其接触海外国家观众，并将这种国际收视率货币化提供了一条有效路径。在英国内容创作者和传媒公司上传的内容中，超过 80% 的内容在英国以外的地方被观看。如果 YouTube 上的视频有广告，电视广播公司将获得 55% 的收入，这是所有 YouTube 内容合作伙伴收益分配的标准比例。通过 YouTube 进行的国际观看，还提高了公共服务广播公司全球制作部门（如 BBC Studios 和 ITV Studios）向其他地区广播公司交易的节目和电视模式的知名度。

2. 布局"账号森林"，打造高质量内容生态

据本研究统计，英国广播公司 BBC 在 YouTube 上布局了 28 个以上的官方账号，各个账号定位清晰，分工明确，尽量避免内容同质化，短视频内容在各账号下进一步精细化、分众化。BBC 在打造账号上尤其注重全球化品牌传播，推出世界主要国家相应的新闻内容账号，根据不同国家的文化、政治、经济等因素，制作满足用户需求的短视频内容。尽管 YouTube 新上线的竖屏短视频功能 Shorts 仍在起步阶段，BBC "账号森林"下的 BBC 和 BBC My World 两个频道已率先入驻。

表 4–4　YouTube 平台 BBC 部分账号数据统计

账号名称	总作品量	总订阅量（万）	观看量	注册时间
BBC	13,389	1,160	8,344,164,699	2005-11-12
BBC Earth	2,071	1,000	3,574,190,443	2009-02-25
BBC Radio 1	4,421	768	3,224,545,880	2006-03-09
BBC Three	2,575	232	1,089,592,831	2013-09-21
BBC Radio1 Xtra	2,650	146	598,150,026	2008-02-25
BBC Earth unplugged	776	98.7	209,156,594	2012-11-02
BBC Earth Lab	890	104	143,524,586	2012-11-02
BBC sport	1,207	51.1	109,390,495	2016-05-14
BBC Stories	443	37.3	72,145,227	2016-10-04

账号名称	总作品量	总订阅量（万）	观看量	注册时间
BBC Radio2	734	12.3	70,059,516	2006-04-13
BBC Click	819	29.1	60,612,581	2014-08-12
BBC Newsbeat	224	9.75	31,104,171	2006-10-31
BBC Reel	215	16.4	30,272,965	2017-08-05
BBC Radio4	257	缺失	14,784,287	2012-01-18
BBC Radio3	733	3.63	13,296,469	2009-04-15
BBC Ideas	285	26.8	12,598,739	2018-10-26
BBC Earth Kids	253	3.57	4,981,052	2019-09-17
BBC World Service	386	4.42	4,029,856	2019-10-22
BBC My World	194	1.32	1,123,284	2019-12-11
BBC Trending	395	10.9	缺失	2014-04-01

（统计时间：2021 年 9 月 18 日）

表 4-5　BBC 新闻在 YouTube 平台的账号布局

账号名称	总作品量	总订阅量（万）	观看量	注册时间
BBC News 菲律宾语	12,481	1,240	3,997,331,264	2009-09-22
BBC News 阿拉伯语	33,277	882	3,387,874,461	2009-04-07
BBC News	14,428	1,080	2,894,402,906	2006-04-08
BBC News 西班牙语	4,249	248	520,268,375	2008-05-25
BBC News 孟加拉语	3,451	232	360,195,401	2015-05-13
BBC News 日语	4,168	23.3	186,324,907	2013-09-02
BBC News 中文	3,467	92.1	179,730,670	2010-08-24
BBC News 韩文	343	11.2	22,769,654	2019-01-28

（统计时间：2021 年 9 月 18 日）

3. 借助社交媒体平台，赋予传统品牌新形象

英国广播电视媒体根据不同社交媒体平台调性，孵化个性化的网络红人，以满足不同用户群体的观看需求，进一步扩大品牌影响力。英国广播电视媒体将 TikTok、Snapchat、Instagram 视作接触年轻观众的新路径，并积极探索如何将此类以娱乐性为主的社交媒体平台作为网络红人孵化器、

通往电视的途径以及内容分发的合作伙伴。以 TikTok 为例，鉴于 TikTok 拥有大量青少年用户这一平台特点，BBC 委托儿童频道 CBB 制作适应 TikTok 平台的系列短视频节目，孵化网络达人。此外，英国广播电视媒体尝试将自身品牌文化融入社交媒体平台，利用特有的品牌元素设置用户互动参与话题，塑造和推广品牌文化。

4. 实现"以短带长"，建立多元影视内容库

对广播电视媒体而言，其在社交媒体平台上发布的短视频扮演着产品"橱窗"的角色，短视频虽无法直接为媒体机构带来盈利，但在为媒体自有平台引流上发挥着重要作用。借助这一功能，英国广播电视媒体投放在社交媒体平台上的短视频内容也多为其长视频节目的预告，通过简短的文字描述和精彩片段吸引用户的关注，以期实现"以短带长"的目的，打造多元影视内容库。例如，在短视频的结尾和文字叙述中设置观看完整纪录片的链接。又如，在设置观看长视频链接的同时开通行动专线，用户可以根据自身情况向相关机构求助。这种设置不仅打破了网络与现实间的壁垒，还提供了公共服务。

第三节　日本传统媒体短视频的发展经验

在日本，流行的短视频应用或拥有短视频分享功能的社交平台主要有 YouTube、Niconico 动画、Twitter、Line，以及抖音海外版 TikTok 等。2005 年 2 月，YouTube 视频网站的诞生掀起了下载、观看和分享网络视频的热潮，该平台在日本也获得大量用户。Niconico 动画（ニコニコ动画）是创建于 2006 年 12 月的视频网站，后逐渐发展成为日本本土最有人气的视频分享网站之一，截至 2021 年 6 月，Niconico 的高级会员数量已有 148 万。[①]

除 YouTube 和 Niconico 动画综合性视频分享平台外，目前在日本最流行的短视频平台是抖音海外版 TikTok（ティックトック）。《日本经济新闻》在 2021 年 8 月委托 App 市场分析企业按照全球、地区和国家对 2020 年的社交 App 下载量进行调查，结果显示"TikTok"位列第一。[②] 日本区 TikTok 在 2017 年上线后，通过邀请红人创作和明星入驻打开了用户市场，TikTok 依托庞大的"粉丝"团体吸引了大量短视频用户。相当于"日本微信"的即时通讯应用 Line 在 2013 年 9 月推出了短视频分享"微片"功能，允许用户拍摄时长 4 至 10 秒的短视频，进入了短视频市场。

---

① Anime Recorder.「ニコニコ」プレミアム会員数は 148 万人。3ヶ月で 5 万人減も、生放送へのギフトなど課金機会の拡大で増収. https://www.anime-recorder.com/4521/213751/. Aug.9,2021.

② 程凯、谢坚:《日媒: TikTok 全球下载量去年居首》,《环球时报》2021 年 8 月 7 日第 3 版。

一、日本报纸媒体的融合转型与短视频发展

日本是报纸媒体十分发达的国家，其报纸的发行量和普及率高居发达国家前列，被称为"报业王国"。进入 21 世纪，受到互联网的冲击，全球传统媒体格局产生巨变，日本报纸媒体也面临生存危机，其发行量和广告收入下滑，纷纷寻求融合转型。

（一）日本报纸媒体转型概况

日本报业包括全国性报纸、跨区域报纸、地方性报纸和专业类报纸等多个类型，规模和影响最大的是被称为"五大报系"的全国性报纸，即《朝日新闻》《读卖新闻》《每日新闻》《产经新闻》和《日本经济新闻》，这五家报纸的总发行量占日本全国报纸发行量的一半以上，并且均跻身世界报纸发行量前十名之列。① 在日本五大报纸媒体中，朝日新闻、读卖新闻和日本经济新闻三家的转型发展具有代表性。

1. 朝日新闻：内容分众垂直精耕，积极探索前沿技术

朝日新闻社于 1879 年 1 月在日本大阪建立，除了出版发行日本全国性大报《朝日新闻》外，还从事杂志图书出版、体育赛事主办等业务。《朝日新闻》是日本发行量第二、社会影响最大的报纸，在数字化转型中走在日本报纸的前列。早在 1995 年，朝日新闻便开通了免费在线新闻网站"www.asahi.com"，并逐渐发展为日本最大的新闻网站之一。2011 年 5 月，该报纸媒体全方位加大开发数字产品的力度，推出收费数字报纸《朝日新闻数字版》，以 24 小时实时提供世界新闻的《24 时刊》和将纸质报纸数字化的《朝刊》两种形式进行新闻报道，又在 2012 年 1 月将免费版网站与收费数字网站合二为一。2016 年 10 月，朝日新闻开始对上网用户实施免费新闻与收费新闻分类服务，即除了常规新闻速报、体育赛事、天气等资讯可免费查阅外，具有《朝日新闻》报纸特色的深度报道、专题新闻都

---

① 崔保国：《走进日本大报》，南方日报出版社，2007，第 7 页。

采用会员收费制。①

朝日新闻在积极的数字化转型中呈现出明显的分众式内容生产特点，建立或合办了一系列个性化的专业性网站。例如互动型新闻网站"With news"、日本规模最大的免费会员制体育视频网站"SPORTS BULL"、提供 IT 商业领域资讯的"CNET Japan"、专业小众的"铁道迷"媒体——"铁道.com"、开放式会员制宠物论坛"Sippo""&Men""&Women"等一系列"&"打头的时尚网络杂志，②在医疗健康、经济、娱乐等不同领域满足分众需求，提供新闻与服务。

朝日新闻十分注重前沿技术的开发和运用。2016 年朝日新闻便开始了人工智能技术在新闻生产流程中的应用探索，基于 AI 技术的自动校对系统于 2017 年 7 月获得特许专利，减轻了人工校对的负担，为人工智能在新闻报道领域的应用发展提供了可能。③其旗下 App "arukiki"利用 AI 技术将新闻稿件转换为人类语音，实现了新闻的边走边听形式；由朝日新闻媒体实验室（Media lab）研制出的 Chatbot 系统可以为新闻稿件自动生成标题，④为记者和编辑提供参考，一定程度上节约了撰稿时间。此外，朝日新闻在虚拟现实技术应用方面也走在探索前沿，其建立了专门的 VR 新闻网站"www.asahi.com/multimedia/vr360"，并于 2017 年推出了 VR 新闻App——朝日新闻"News VR"，为用户带来新闻报道的"临场"观看体验。

2. 读卖新闻：立足市井品牌特色，保守推进数字转型

读卖新闻隶属于读卖新闻集团，该集团拥有中央公论社、日本电视台、读卖电视台、体育报知等众多子媒体，事业横跨报纸、杂志、广播、电视等传媒领域。《读卖新闻》于 1874 年创刊于东京，是日本发行量最大的报纸，也在世界报业与新闻工作者协会发布的"世界日报发行量前 100 名排行榜"中位居榜首。⑤《读卖新闻》之所以能够跻身世界报纸发行量前列，

---

① 位威、贾楚楚：《〈朝日新闻〉基于产业增长模式的数字化转型研究》，《出版广角》2019 年第 15 期。

② 尹良富：《产业收缩性结构下的增长模式——朝日新闻集团业绩分析与数字化转型特征》，《新闻记者》2018 年第 12 期。

③ 高昊、薛楠峰：《人工智能在日本传媒业的应用及功能探析》，《编辑之友》2019 年第 10 期。

④ 王君超、章蓉：《朝日新闻转型及对中国报纸的启示》，《新闻与写作》2019 年第 12 期。

⑤ 陈中原：《2010 年世界日报发行量前 100 名排行榜》，《新闻记者》2010 年第 9 期。

离不开庞大而完善的发行体系。在日本，读卖集团拥有几千家读卖新闻中心，所有营销点都具有独立运营权，支持着将报纸配送到订户家中的"宅配送"业务。并且该报社在发展中积极投资出版印刷业、创建读卖交响乐团、举办体育赛事等，十分注重全产业化发展，同时也以此为载体促销和扩张报纸发行。

相对于其他报社而言，其数字化举措显得消极，以网站在线提供信息为主，而主要受众群体定位于其传统报纸客户。该报纸媒体于 1995 年创建新闻网站"读卖在线"（Yomiuri Online），将报纸上的原有内容配合新闻图片进行线上发布。2009 年，推出医疗健康专业网站"yomi Dr"，提供全日本 8000 余家医院详细信息数据和医疗百科知识。面对日益庞大的移动阅读用户群体，读卖新闻于 2012 年 5 月推出了面向手机、平板电脑等移动终端的收费服务项目"Youmiuri Premium"，并大多只针对订购用户开放。[①]

3. 日本经济新闻：整合内容资源，确立全球化发展战略

成立于 1876 年的日本经济新闻社，是一家综合性媒体集团，旗下不仅有《日本经济新闻》《日经 MJ》《日经金融新闻》《日经产业新闻》等报纸，还经营着日经 CNBC、东京电视台等电视媒体，并承担着日本股票价格指数"日经指数"的编制与发布工作。[②]

《日本经济新闻》是全世界发行量最大的财经类报纸，也是日本报业乃至出版业中最早开始数字化进程的媒体。该报于 1978 年开通了在线新闻检索服务，于 1996 年搭建了在线免费新闻网站，后又于 2006 年推出生活信息网站"日经 Waga Maga"。2010 年，日经在免费网站的基础上创刊数字报纸《日本经济新闻·数字版》，除了提供数字版内容外还提供一系列特色会员服务：一是多领域在线检索功能，主要包括免费新闻检索、付费新闻检索、股价搜索和人事搜索；二是打造个性化服务，设置"我的日经"专栏，依据会员关心的领域和话题以及关键词检索记录自动优先排列相关报道；三是多媒介平台阅读服务，付费会员可以在电脑、手机、平板

---

① 薛宝琴、高昊：《日本报纸数字化发展战略及启示》，《新闻界》2015 年第 5 期。
② 赵原：《日本经济新闻社的三大发展战略》，《传媒》2017 年第 6 期。

等多终端进行阅读。①

日经新闻集团转型发展的重要表现之一是积极整合内容资源，不断扩大内容生产与服务领域。该报社于 2011 年 12 月创刊经济类英文电子杂志"The Nikkei Asian Review"，报道亚洲信息；2012 年创建"日经中文网"，并与日本 TBS 电视台共同制作视频节目"Channel JAPAN"，面向整个亚洲播报；2015 年 7 月以 1600 亿日元高溢价收购英国金融时报，将这家世界首屈一指的老牌财经报纸的品牌及其读者收入囊中，在全球化战略下进行了发展扩张。②

（二）日本报纸媒体的短视频

与英美报纸媒体在短视频领域的强势发展不同，日本报纸媒体的短视频生产呈现出相对保守的发展态势。日本报纸媒体在数字化转型中做出一系列变革举措，但在短视频生产领域的尝试较为有限，主要有网页版短视频专栏和短视频社交平台布局两条路径。

1. 开设网页短视频专栏，搭建主题化视频合集

首先与英美报纸媒体类似，日本报纸媒体网页版也会有短视频专栏，例如朝日新闻、读卖新闻、日本每日新闻的官网都提供了短视频内容。以朝日新闻为例，其官网首页有"精选视频"专栏，"视频"标签页专门提供时长 1 分钟左右的新闻短视频，按照主题分为"灾害信息""精选频道""铁路通道""新闻评论频道""B 联赛频道""最好的体育场馆之旅"六个短视频合集。2021 年 12 月 19 日当天，其浏览量排行位于前列的短视频如表 4–6 所示。短视频可以更好地发挥短小精悍、动态可视化的内容传播优势。由当天的短视频排行可见，朝日新闻官网上灾害与事故类新闻获得了更多网民的关注。从朝日新闻官网的总体情况看，短视频类内容仅占据网页版面的较小部分，且更新数量有限，日本报纸网站的内容仍以传统文字和图片的新闻报道为主。

---

① 薛宝琴、高昊：《日本报纸数字化发展战略及启示》，《新闻界》2015 年第 5 期。
② 尹良富：《全球发行量第一财经报纸的生存策略——日经新闻集团近年来业绩分析与转型发展》，《新闻记者》2017 年第 12 期。

表 4-6　日本朝日新闻官网短视频浏览量排行榜

排行	短视频标题	时长
1	"黑烟弥漫！一个钱包引发的大阪火灾"	54 秒
2	"一名卷入火灾的男子涉嫌洒汽油"	57 秒
3	"大量姓名、国籍不明的深色棺材搬运至此，三天前开始到明天一直在不停举办葬礼"	1 分 45 秒
4	"下雪的清晨，闪闪发光的金阁寺"	53 秒
5	"两个纸袋被踢飞后起火，嫌疑犯谷本是骑自行车到的现场吗"	41 秒
6	"专业人士称，白天发生的火灾导致 20 人以上遇难非常令人震惊，混居建筑的构造扩大了受灾风险"	35 秒
7	"男子被困在污水处理厂地下 24 米，从 1 千米深的隧道传来求救的声音"	24 秒
8	"旭山动物园出生的北极熊宝宝"	58 秒

（统计时间：2021 年 12 月 19 日）

2. 入驻短视频社交平台，构建品牌账号新生态

除了在官方网站设置短视频专栏以外，部分日本报纸媒体也入驻社交媒体平台投放短视频内容。以 YouTube 为例，朝日新闻、产经新闻、日本经济新闻等日本大报不仅以官方媒体账号形式入驻，还会搭建与之相关联的新的账号平台以提供垂直内容服务，具体账号信息见表 4-7。

朝日新闻社不仅有官方账号"日本朝日新闻社"，还有专门提供天文现象直播和天文知识短视频的垂直账号"朝日新闻宇宙部"、报道围棋赛事的垂直账号"围碁将棋 TV – 朝日新聞社 –"、提供新闻解说和人物专访的账号"朝日新闻 YouTu 部"等；产经新闻除官方账号"SankeiNews"外，还有专门发布由该报社记者拍摄的速报视频账号"SankeiUp"和专门打造的英语新闻平台"JAPAN Forward"；日本经济新闻有官方账号"日本経済新聞"，还有专门提供亚洲报道的账号"Nikkei Asia"、提供各领域专家讲解视频的账号"日经 COMEMO"和专门提供理财知识的账号"NIKKEI マネーのまなび"，共同构建起报纸品牌的账号新生态。

表 4-7　YouTube 平台日本代表性报纸媒体账号情况

账号名称	所属报纸媒体	订阅数	总观看量	推出视频频率	同报社关联账号
日本朝日新聞社	朝日新闻	42.4万	550,038,671	每天1~10条	"朝日新聞宇宙部""围碁将棋TV-朝日新聞社-""朝日新聞YouTu部""Kiss and Cry Plus-朝日新聞社フィギュアスケートチャンネル-"
SankeiNews	产经新闻	43.3万	370,337,717	每天4~10条	"SankeiUp""JAPAN Forward"
日本经济新闻	日本经济新闻	10.6万	54,043,103	每天1~3条	"Nikkei Asia""日经COMEMO""NIKKEIマネーのまなび"

（统计时间：2021 年 10 月 22 日）

　　除 YouTube 外，朝日新闻与每日新闻在 TikTok 平台也有账号，如表 4-8 所示，其"粉丝"量和推出视频数都相对较少，且视频内容大多是现场拍摄画面配以简要文字介绍。这两个媒体账号推出的每一条新闻短视频都设置了文字版报道的跳转链接，用户点击链接就可以跳转到报纸网站查看完整版的文字报道。

表 4-8　TikTok 平台日本代表性报纸媒体账号情况

账号名称	所属报纸媒体	总"粉丝"量（千）	总获赞数（百万）	总视频数	推出视频频率
asahi_digital（朝日新聞デジタル）	朝日新闻	66.2	2.8	851	每天2~3条
mainichi_news（每日新聞）	每日新闻	123.3	5	1,959	每天3~5条

（统计时间：2021 年 12 月 11 日）

二、日本广播电视媒体的融合转型与短视频发展

日本是亚洲最早建立广播电台和电视台的国家，以公营、商营广播电视共同发展的双轨制，形成了以公共广播 NHK 和商业放送五大电视网为代表的广播电视体系。NHK 属于公共广播电视机构，全称为日本广播协会（Nippon Hōsō Kyōkai），其前身是 1925 年成立的东京放送局，后发展成为日本最具影响力的公共传媒机构，涉足电视、广播、网络等传媒的各个领域；五大电视网包括东京电视台（TX / TV Tokyo）、日本电视台（NTV）、东京广播公司（TBS）、朝日电视台（EX）、富士电视台（CX / Fuji TV），属于私有的商业广播电视机构。

除五大电视台外还有许多地方台，并且日本大多数电视台都参与了放送联盟缔结，形成了以东京放送为核心的"日本新闻网"（JNN）、以日本电视台为核心的"日视新闻网"（NNN）、以富士电视台为核心的"富士新闻网"（FNN）、以朝日电视台为核心的"全日本新闻网"（ANN）和以东京电视台为核心的"东京新闻网"（TXN）五大放送联盟。[①] 由此可以看出，日本广播电视市场仍然是一个典型的寡头垄断市场，五大电视台在整个日本广播电视领域发挥着举足轻重的作用。

值得关注的是，与我国传统媒体的融合路径不同，日本大众传媒产业体系的一大特征是报业集团与电视台之间的联动关系明显。例如，日本电视台附属于读卖新闻集团，朝日电视台附属于朝日新闻社，东京电视台附属于日本经济新闻社，富士电视台附属于产经新闻集团。得益于与日本报业集团的紧密合作，日本广播电视媒体更好地实现了资源的高效整合与协调发展。

（一）日本广播电视媒体的转型概况

从 20 世纪 90 年代开始，随着日本政府对有线电视规制管控的放松和互联网的蓬勃发展，日本的电信业、广播电视业与互联网呈现出融合发展

---

① 朱江丽：《日本大众传媒产业：是"退而不衰"还是"成熟市场陷阱"？》，《现代日本经济》2019，第 1 期。

趋势。2011 年 7 月，日本废除了模拟广播电视技术，全国开始实施无线数字电视和广播。在媒体融合与数字化深入发展背景下，日本广播电视业为保持其核心竞争力，也开始了数字化转型探索。

1. 推进网络融合，打造多屏互动体验

从 2013 年 12 月到 2014 年 6 月，日本陆续召开"ICT 成长战略推进会议"，提出要将日本建设成为各产业均能通过互联网技术相联系的信息化智能社会。[①] 在此政策下，日本广播电视媒体积极搭建网络平台，推进与网络的融合。2013 年，NHK 设立免费在线视频网站，目前该官网提供"新闻""内容点播""直播与节目""日语学习"四大版块内容。2016年，由日本综合娱乐公司 CyberAgent 和朝日电视台共同开设的网络电视台 Abema TV 上线，采取强强联合、借船出海的方式进军移动互联网领域，旨在向电脑、智能移动端用户提供 24 小时不间断的移动互联网视频免费播出服务，[②] 提供电影、戏剧、动漫、音乐等约 20 个频道。

日本广播电视媒体在推进网络融合的进程中，逐渐发展出用户多屏化互动的特征。2013 年 1 月，日本推出了分布式可信内容协议（Decentralized Trusted Content Protocol，DTCP）技术，受众即使不在家也能借助视听协调器的帮助，通过手机或平板电脑远距离、即时收看电视节目，突破了空间限制壁垒。[③] 除了多屏收看电视之外，观众还可以通过手机、平板电脑实现与电视的多屏互动，例如通过手机参与电视有奖竞猜、电视游戏，这些形式丰富了电视受众的互动体验。

2. 挖掘社交服务功能，实现信息双向互动

日本致力于实现广播电视媒体的"社交媒体化"，通过社交网络服务（SNS）进行电视信息的共享和节目宣传。Teleda 是日本广播协会 NHK 设计的一款社交电视系统，依托大数据和云计算为用户提供全方位的增值服务，并通过多角度的用户行为数据分析调查打造更加匹配用户需求的电视节目。另外，在 2012 年 3 月，日本广播电视业将数据传播与 Facebook 进行整合，推出了"Join TV"服务，将配套的地面数字化广播接收器作为

---

① 刘斌：《论日本电视业的平台融合与渠道创新》，《电视研究》2017 年第 6 期。
② 陈贝贝：《朝日电视台跨屏传播的新尝试——Abema TV》，《电视研究》2019 年第 6 期。
③ 范颖、李一璠：《媒介技术革新中日本电视业的有益尝试》，《传媒》2015 年第 11 期。

平台，实现从广播到互联网的衔接服务，利用 SNS 强大的信息传送优势与他人进行交流和共享，扩大信息覆盖面。2014 年 2 月，日本推出 App 应用 "Sync Cast"，受众可以通过智能手机接收正在播出的电视节目中介绍的商品及其店铺的相关信息，而且可以通过点击地图的搜索引擎功能直接找到店铺的位置，此举充分发掘受众的市场价值。①

（二）日本广播电视媒体的短视频

目前，日本各大电视网的网页版以提供剧集内容和新闻报道为主，尚未存在专门的短视频内容服务。日本广播电视媒体的短视频内容主要分布在 YouTube、TikTok 等社交媒体中。

以 YouTube 为例，日本 NHK 与五大商业电视网在其平台上均有账号。如图 4-9 所示，除了日本电视台在 2019 年内才注册账号外，其他电视台均在 2010 年以前便开通了 YouTube 官方账号并运营至今。从短视频内容发布频率看，日本电视台的"日视新闻"（日テレ NEWS）、东京广播公司的"TBS 新闻"（TBS NEWS），以及朝日电视台所在的"全日本新闻网新闻"（ANNnewsCH）和富士电视台所在的"富士新闻网"（FNN プライムオンライン）目前都保持着较高的每日更新频率。

表 4-9 YouTube 平台日本代表性广播电视媒体账号统计

广播电视媒体	旗下账号名称	订阅数	总视频数	总观看量	推出视频频率	注册时间
NHK	NHK WORLD-JAPAN	151 万	1,512	418,813,742	每天 1～15 条	2007-03-11
东京电视台	テレビ東京公式 TV TOKYO	119 万	9,123	365,074,081	每周 1～5 条	2005-12-08
日本电视台	日テレ NEWS	47.4 万	8,061	550,320,423	每天 50 条左右	2019-11-07
东京放送网	TBS NEWS	78.7 万	22,136	771,314,253	每天 70 条左右	2009-09-15

---

① 刘斌：《论日本电视业的平台融合与渠道创新》，《电视研究》2017 年第 6 期。

广播电视媒体	旗下账号名称	订阅数	总视频数	总观看量	推出视频频率	注册时间
朝日电视台	tvasahi	43.7 万	4,285	366,345,022	每月 2~5 条	2006-07-13
	ANNnewsCH	221 万	71,617	2,249,735,141	每天 50~80 条	2009-09-10
	動画、はじめてみました【テレビ朝日公式】	73.6 万	1,521	317,740,156	每天 1~5 条	2019-10-09
富士电视台	フジテレビ公式	30.1 万	1,511	101,033,354	每月 1~10 条	2006-05-01
	FNN プライムオンライン	102 万	10,499	664,686,228	每天 15~30 条	2011-11-12

（统计时间：2021 年 12 月 11 日）

在日本各大广播电视媒体的 YouTube 账号布局中，富士电视台呈现出品牌账号系列化的特征，除了"富士电视台"和"富士新闻网"两个官方账号外，还创建了以动物、摄影、娱乐、皇室、欧洲、美国、亚洲、政治为主题的 8 个垂直账号，专门推送各个领域的短视频内容。

除了 YouTube，部分日本广播电视媒体还在 TikTok 上有账号，如表 4-10 所示，日本电视台、东京放送网和朝日电视台在 TikTok 上都开通了官方账号，其推送的短视频内容与在 YouTube 上推送的内容高度相似，但是数量相对较少。

表 4-10　TikTok 平台日本代表性广播电视媒体账号情况

广播电视媒体	账号名称	总"粉丝"量（千）	总获赞数（百万）
日本电视台	ntv.news	683.2	50.9
	ntv_official	14.0	97.8
东京放送网	tbsnews	331.9	24.8
朝日电视台	tv_asahi_news	559.3	53.4

（统计时间：2021 年 12 月 9 日）

第四节　韩国传统媒体短视频的发展经验

随着移动设备和新媒体技术的广泛普及，人们获取信息的渠道和方式日益多元化，"视频化"策略成为韩国传统媒体迎接融媒时代到来的关键举措。韩国报纸和广播电视媒体以大力发展短视频为抓手，实现由文字陈述步入影像叙事，由单向传播转向互动传播的传媒转型。作为最早实现5G商用的国家，2019年4月，韩国推出了全球首个基于智能手机的企业对消费者（B2C）5G商业服务。韩国5G用户在两年内突破1300万，占移动用户总数的20%。尽管在全球范围内，从市场和技术角度看，5G都处于发展的早期阶段。然而，韩国是在扩大国内网络规模和制定全面的国家战略以最大限度地发挥5G潜力方面取得早期成功的国家之一。[①] 韩国5G技术发展带来的媒体产业变革又将进一步引领传统媒体走向深度媒体融合，梳理韩国传统媒体在5G技术背景下的发展脉络可为我国媒体转型提供重要参考。

一、韩国报纸媒体的融合转型与短视频发展

（一）韩国报纸媒体转型概况

20世纪中后期，韩国经济历经史称"汉江奇迹"的飞速发展，韩国

---

① Een-Kee Hong, Je Myung Ryu, Elyse Jee Hyun Lee. *Entering The 5G Era: Lessons from Korea.* World Bank Group Korea Office. https://openknowledge.worldbank.org/bitstream/handle/10986/35780/ Entering-the-5G-Era-Lessons-from-Korea.pdf?sequence=1&isAllowed=y. 2021.

政府高度重视文化传媒产业发展，从顶层设计上推动了韩国媒体融合进程。1991 年至 2001 年这十年间，韩国政府先后制定《文化产业发展 5 年计划》《文化产业前景 21》《文化产业发展推进计划》等计划，明确提出文化产业发展战略和中长期发展计划，正式提出"文化立国"的方针，将发展文化产业定为基本国策。[①] 21 世纪初，随着卫星技术和数字技术的高速发展，以中央日报、朝鲜日报和东亚日报为首的传统报业率先踏上多媒体、数字化、智能化转型的道路。

1. 报纸办电视，融媒转型雏形初现

21 世纪初，韩国政府为推动有线电视产业化发展，进一步放宽有线电视频道准入门槛，大型综合性企业和通讯社允许持有有线电视系统或卫星电视 33% 的股份，允许拥有有线电视节目公司 100% 的股份。[②]2011 年 12 月 1 日，以朝鲜日报、中央日报、东亚日报三大报社为依托的综合频道（又称"综合编成频道"）TV 朝鲜、JTBC 和 Channel A 正式开播，开启有线电视发展历程的新纪元。三大报社纷纷组建全方位综合新闻编辑室，以部门合作、信息互通、资源共享为基本原则，并在地理位置、人员配置以及内容合作等方面各具特色。《朝鲜日报》创办于 1920 年 3 月 5 日，是韩国历史最久的报纸。朝鲜日报与旗下频道 TV 朝鲜同处一栋办公楼内，为降低人力成本，充分发挥记者优势，朝鲜日报从新闻编辑室派遣志愿者到综合频道 TV 朝鲜任职，报纸记者和编辑通常作为电视节目的评论员出镜，有时也担任主播职位。《东亚日报》创刊于 1920 年 4 月 1 日。东亚日报与旗下综合频道 Channel A 共建韩国第二大融合新闻编辑室，除共处一栋办公楼外，报纸记者通常会被派往综合频道常驻两年，部门之间信息共享，部分职能完全融合。《中央日报》创刊于 1965 年。中央日报与旗下 JTBC 电视台位于不同的办公场所，其报道的独家采访或独家新闻由报纸和广播记者组成的联合团队共同参与生产。以朝鲜日报、东亚日报、中央日报为首的韩国报业创办电视频道，打通了报纸、电视、网络等媒体间的信息壁垒，也标志着由报纸主导的韩国融媒转型初具雏形。

---

① 康秋洁、顾月冰：《韩国广播公司的媒体融合实践》，《中国广播》2018 年第 1 期。
② 顾芳：《韩国有线电视业的发展经验》，《广播电视信息》2002 年第 12 期。

2. 推出"付费墙"模式，捍卫报纸盈利空间

"付费墙"是指媒体对其生产的在线内容实行有价阅读而建立的支付模式。[①]20 世纪 90 年代初，韩国正式步入互联网发展快车道，中央日报、朝鲜日报和东亚日报等传统报业率先踏上数字化转型之路，从 1995 年开始创办门户网站。然而，以免费内容和廉价上网为特征的数字化进程不可避免地导致韩国报纸媒体发行量与利润下滑，同时面对日益普及的社交媒体对用户注意力的争夺，尽管韩国相关组织曾号召"全民看报"等活动以提高传统报刊影响力，数字化订阅仍收效甚微，韩国报纸媒体由此设置"付费墙"模式以捍卫报纸媒体的盈利空间。具体而言，"《朝鲜日报》纸版售价 800 韩元 / 日（约合 4.3 元人民币 / 日），PDF 版报刊（2003 年以后）售价 500 韩元 / 日（约合 2.7 元人民币 / 日），1945 年—2003 年 PDF 版售价 300 韩元 / 版（约合 1.6 元人民币 / 版）"。[②] 尽管"付费墙"模式为韩国报纸媒体产生了部分经济效益，但随着数字技术的升级加速了韩国媒体格局的变革，以 Naver 为代表的本土门户网站和全球性社交媒体平台已成为受众获取新闻的主要来源，报纸的订阅人数大幅下降，传统报业的商业模式再次面临挑战。

3. 依托人工智能技术，实现智能化转型

2019 年 12 月 17 日，韩国科技信息通信部发布由相关部门共同制定的《人工智能（AI）国家战略》[③]，以建设人工智能应用领先国家。在传媒领域，人工智能技术的应用对传统报纸的采编、生产以及分发流程产生了深远影响。依托人工智能技术，韩国报纸大力发展机器人新闻，进行传统媒体的智能化转型。机器人新闻（Robot Journalism）是以自动生成新闻的软件为基础，通过事先设定好的算法，由机器人对信息进行分类、释义，并自行写出的新闻。[④] 面对海量新闻信息和差异化的用户需求，借助智能算法技术为用户进行个性化定制已成为融媒时代韩国报纸转型的重要路径

---

① 王敏：《"付费墙"二十年：全球经验与中国省思》，《现代传播（中国传媒大学学报）》2017 年第 4 期。

② 李晖：《韩国纸媒付费墙现状与困境》，《青年记者》2014 年第 35 期。

③ 과학기술정보통신부．인공지능(AI) 국가전략 발표．https://www.korea.kr/news/pressReleaseView.do?newsId=156366736. 2021.

④ 郑沅教：《韩国媒体利用人工智能的现状与未来》，《青年记者》2018 年第 14 期。

之一。例如，朝鲜日报自 2017 年 12 月 5 日率先研发出通过与用户聊天为其提供特定新闻的"聊天机器人"程序，该程序也可与 Kakao Talk（韩国聊天软件）、Facebook 等社交媒体平台联动。人工智能技术的应用不仅提高了传统纸质媒体的运营效率，帮助报纸媒体及时了解时下用户偏好，也增强了与用户的互动，实现了智能化转型。

（二）韩国报纸媒体的短视频发展经验

1. 入驻社交媒体平台，参与用户互动

随着移动智能设备的普及，韩国纸质媒体将更多注意力投入蓬勃发展的社交媒体上，在主要社交媒体平台上陆续开通短视频频道，以多元的网络视听节目吸引年轻用户。中央日报、朝鲜日报和东亚日报均已入驻社交媒体平台，其中中央日报在 Facebook 和韩国本土社交平台 Naver TV 上的订阅数居于三者之首，朝鲜日报则以 YouTube 为主阵地，其最早入驻 YouTube 并以大量视频收获近百万订阅量，相较之下，东亚日报则较为传统，其在主要社交媒体平台上的影响力相对较弱。

表 4-11　韩国三大报纸媒体入驻社交媒体平台情况

报纸媒体名称	Facebook		YouTube			Naver TV		
	关注量（万）	点赞量（万）	订阅量（万）	视频数	注册时间	订阅数	视频数量	开通日期
中央日报（중앙일보）	168.2	164.9	20.4	6,779	2014-11-21	20,596	12,180	2018-09-23
朝鲜日报（조선일보）	52.4	52	95.9	13,410	2011-10-13	6,810	3,656	2019-01-14
东亚日报（동아일보）	11.7	11.4	缺失	1,625	2016-01-31	541	602	2019-01-06

（统计时间：2021 年 12 月 11 日）

2. 创新新闻语态，表达方式年轻化

新闻语态，指新闻的叙述方式，包括语句、用词和调式。[①] 相比报纸、电视所呈现的单向的、严肃的新闻语态，在社交媒体平台上，传统媒体需以互动性、平民化、年轻态的表达方式和碎片化的叙事节奏拉近与用户的距离，创新传统新闻语态。例如，中央日报 YouTube "中央健康" 频道推出拟人化账号，借助原创的动漫头像、第一人称表达和动画效果使健康科普内容生动有趣、简单易懂。2019 年，中央日报推出主题视频，由新闻记者体验社交媒体平台上美妆博主、游戏博主、健康博主等不同职业博主的工作生活，以年轻态的方式拉近与网民的距离。朝鲜日报积极尝试 YouTube 平台推出的 Shorts 竖屏短视频功能，将《晨间直播》等中长视频栏目内容剪辑成时长 2 分钟左右的竖屏短视频，以满足用户碎片化获取信息的需求。新闻语态的创新不只是简单的叙述方式的转变，更重要的是传播思维和态度的变化，是传统媒体从单向传播转向互动传播的重要体现。

二、韩国广播电视媒体的融合转型与短视频发展

（一）韩国广播电视媒体发展概况

韩国广播公司 KBS（Korean Broadcasting System）是韩国历史最久的公共广播机构，其电台服务于 1927 年开播。1961 年，其电视服务的开播标志着韩国进入电视时代。1963 年，KBS（1973 年由国营改为公营）开始播放商业广告，与此同时，私营商业电视台相继在韩国首尔开办。1964 年，韩国最早的私营商业电视台东洋广播公司 TBC–TV（Tongyang Broadcasting Company）开播，1969 年，韩国文化广播电视 MBC（Munhwa Broadcasting Corporation）开播。20 世纪 60 年代初到 70 年代末，韩国广播电视业始终保持着公营与私营媒体并存的格局。1980 年，韩国广播电视业进行了 "统一合并" 式的结构重组，所有的民营广播电台被纳入 KBS 旗下，形成了 KBS 和 MBC（公营体制与商业化运营相结合，KBS 控股）并营的格局。1987 年，韩国传媒业实施 "包容式控制" 政策，允许私人

---

① 孙玉胜：《十年：从改变电视的语态开始》，生活读书新知三联书店，2003，第 46—48 页。

办广播电视台，在实行单一公营制度 10 年后，首尔广播公司 SBS（Seoul Broadcasting System）于 1990 年开播，韩国广播电视业公营与私营二元并存的经营模式从此确立。2005 年 5 月 1 日，韩国卫星数字多媒体广播 DMB（Digital Multimedia Broadcasting）正式运营，韩国成为世界上最早开通商业化运营 DMB 服务的国家，各种移动终端均可接收卫星广播中心发送的信号，为传输长视频、高清画质、音质提供更为高效、廉价的技术支持。[①]2010 年，在"智能韩国"（Smart Korea）的发展战略下，韩国政府将传统广播与互联网音视频媒体的发展纳入顶层设计，通过立法促进广播电视、网络和移动通信业务融合发展，韩国广播媒体在政府牵头下踏入数字化、网络化、智能化的轨道。[②] 2011 年，韩国政府为推动有线电视产业化，进一步放宽有线电视频道准入门槛，以朝鲜日报、中央日报和东亚日报三大报社为依托的综合频道 TV 朝鲜、JTBC 和 Channel A 的开播，开启了有线电视发展的新纪元。

1. 媒体产业竞争激烈，广电生存面临挑战

不同于欧洲国家的公共广播体制，韩国的公共广播既是公共事业机构，也是由政府持有大多数股份的政府公司，并且可以收取视听费和播放广告获得经济利益，这在一定程度上保证了韩国公共广播的营收。然而，随着广播电视与新媒体技术的迅速发展，媒体间对用户注意力的争夺战愈演愈烈，传统媒体的生存空间受到严重挤占，面临严重的营收危机。尽管韩国的电视台通过多屏战略（N-screen）计划拓宽了营收来源，其广告收入在整体上仍然盈利，但自 2011 年以来，韩国传统媒体广告收入持续下降，近几年更是遭遇产业发展的拐点。韩国三大电视台 KBS、MBC、SBS 的经营业绩在 2018 年集体告急，利润率持续下降，甚至转盈为亏。KBS 和 MBC 在 2019 年 8 月相继宣布采取紧急经营管理措施，通过缩减电视剧的制作和播出、增编重播、关闭部分二级地方分台等手段，尽量节约经费，缓解危机。[③] 在激烈的广播电视媒体竞争格局中，推动媒体融合进程，寻找新的收入增长点，已成为韩国广电媒体必须直面的课题。

---

① 郎劲松：《韩国传媒体制创新》，南京日报出版社，2006，第 46 页。

② 康秋洁、顾月冰：《韩国广播公司的媒体融合实践》，《中国广播》2018 年第 1 期。

③ 朴由敬：《艰难中突围：2019 年韩国电视产业报告》，《现代传播》2020 年第 3 期。

2. 启动融媒体战略，打造大屏短视频阵地

OTT（Over The Top）泛指独立在公共互联网上运营的业务，OTT TV即指使用公共互联网提供视频服务的互联网电视，[①] 其接收终端为互联网电视一体机或机顶盒与电视机的结合。一直以来，长视频一直是OTT TV应用最为广泛的场景，而随着短视频的快速发展，小屏观看的视觉局限催生出用户对大小屏互动的强烈需求，电视大屏成为用户观看短视频的新载体。面对以Netflix为代表的全球化流媒体平台带来的用户流失危机，韩国广电媒体推出本土OTT平台，开启大屏之争。由韩国三大电视台共同出资搭建的OTT平台POOQ，韩国三大通信运营商之一的SK Telecom推出的OTT平台Oksusu是韩国本土用户最多的平台。拥有韩国最多本土节目版权的三大电视台（KBS、MBC、SBS）和最多会员基础的SK Telecom决定联手打造国家队融媒体OTT品牌，标榜保卫国内OTT市场，投资制作优质内容，基于韩国本土丰富的节目资源，携手开辟全球市场，呼吁全韩国视听频道和内容供应商都参与携手并进共渡难关。2019年9月18日，全新OTT平台WAVVE顺利出台，标志着韩国广播电视媒体实现了真正意义上的媒体联合。

3. MCN机构入局，内容专业化程度提升

MCN（Multiple-Channel Network）全称为多频道网络，是一种对接优质内容并帮助内容生产者寻找推广平台，实现内容变现的组织。在社交媒体平台上，由MCN机构孵化的网络达人一方面可以得到平台的扶持，另一方面也可增强其所属机构的品牌辨识度。韩国国家广播公司KBS于2014年成立了工作室Yetti Studio，为创作者提供管理和内容教育服务。2016年，韩国国家广播公司SBS也建立了MCN内容机构。随着韩国MCN产业和全球网络视频市场出现快速增长的迹象，其他企业也渴望进入该行业。Naver是韩国最大的门户网站，也是韩国最大的搜索引擎，推出了MCN机构Play League，专门为年轻用户创造内容。领先的娱乐公司YG娱乐也透露通过聘请知名电视节目制作人投资MCN产业的计划。提供电子商务的社交商务平台We Make Price也与以年轻女性为目标用户的

---

① 尤文奎、胡泳：《电视的未来》，《新闻爱好者》2014年第7期。

Leferi 合作以促进销售。

（二）韩国广播电视媒体短视频的发展经验

1. 强势入驻社交媒体平台，用户习惯逐渐养成

根据统计机构 Statista 2021 年 5 月在韩国进行的一项调查，大约 76% 的受访者表示他们曾在网上观看过短视频内容，[①] 韩国用户观看短视频内容的平台使用占比依次为 YouTube（77.1%）、Instagram（51.7%）、TikTok（35%）、Kakao TV（6.7%）、Naver Blog moment（6.1%）、Twitter Byte（3.6%）以及其他平台（0.4%）[②]。入驻社交媒体平台，布局覆盖新闻、生活、文娱、体育以及全球等多频道矩阵，根据自身平台定位发展短视频内容已成为韩国 MBC、JTBC、KBS、SBS 四大广播电视媒体的发展共识。

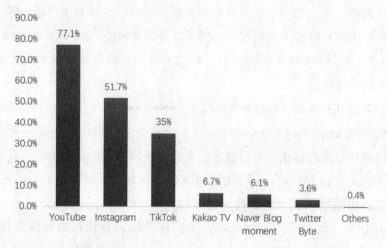

图 4-3 韩国观看短视频内容各平台用户占比（截至 2021 年 5 月）

（数据来源：Statista 2021）

---

① Statista. Social media usage in South Korea. https://www.statista.com/statistics/1254083/south-korea-short-form-video-content-experience/. 2021.

② Statista. Short-form video content watching channels South Korea 2021. https://www.statista.com/statistics/1254128/south-korea-short-form-video-content-channels/. 2021.

表 4-12　韩国四大电视台在 YouTube 平台的账号布局

账号信息		订阅者(万)	视频数	注册时间	观看总量
MBC	MBC kpop	950	40,963	2011-12-14	7,478,584,783
	MBC 广播	39.5	2,100	2018-02-22	95,589,056
	MBC 娱乐	842	86,368	2009-07-30	14,539,997,003
	MBC 影视	438	54,275	2009-03-01	4,956,198,113
	MBC 新闻	160	118,713	2006-11-06	3,669,071,609
JTBC	JTBC 娱乐	691	64,981	2012-10-04	9,881,205,859
	JTBC 影视	415	22,719	2012-02-08	4,259,808,656
	JTBC voyage	279	7,105	2013-03-28	3,180,325,943
	JTBC 新闻	175	119,110	2012-02-21	2,539,349,315
	JTBC 洞察	27.8	6,343	2019-01-21	93,703,779
	JTBC 音乐	13	2,565	2012-10-04	67,295,112
	JTBC 生活	4.6	6,385	2018-10-23	14,554,948
KBS	KBS Kpop	636	29,680	2011-12-28	4,872,036,397
	KBS 娱乐	452	100,890	2011-12-28	7,197,291,732
	KBS 影视	350	114,929	2011-12-28	4,334,161,750
	KBS 新闻	135	180,131	2013-08-06	1,921,049,094
	KBS Cool FM	114	8,439	2014-01-07	543,858,539
	KBS 体育	15.6	2,343	2013-12-19	241,022,134
SBS	SBS KPOP	599	26,599	2011-02-17	4,024,661,326
	SBS Catch	219	3,352	2016-07-29	2,086,802,705
	SBS 娱乐	581	217,400	2011-02-21	6,819,288,318
	SBS 影视	562	341,125	2011-02-21	5,904,059,902
	SBS 故事	137	79,080	2011-02-21	1,738,504,714
	SBS NOW	466	20,078	2011-01-10	4,634,310,656
	SBS 世界	123	8,124	2019-01-16	789,846,749
	SBS Dateline	45.4	658	2009-09-24	121,461,323
	SBS 新闻	9.37	2,307	2009-10-13	28,524,257

（统计时间：2021 年 9 月 27 日）

2. 主打韩流文化，助力文化出海

　　韩国流行文化，简称"韩流"，指在韩国政府大力扶持下，向其他国家输出韩国文化的一种方式。韩流文化已成为韩国文化领域中发挥世界影响力的软实力。基于全球化性质的社交媒体平台拥有广泛的用户基础，依托社交媒体平台推出本国特色文化，成为韩国进一步扩大其文化影响力的重要途径之一。韩国 KBS 在 YouTube 上推出 KBS World 账号矩阵，开发不同语言的账号频道，包括印度尼西亚语、阿拉伯语、西班牙语等，推送时下流行的韩国文化，包括韩国音乐、韩国电视剧、韩国综艺节目以及此账号专门开发的原创节目等。借助社交媒体平台 YouTube 的全球影响力，进一步扩大韩国流行文化的影响范围，破除不同国家语言障碍，助力韩国文化出海。

表 4-13　韩国 KBS WORLD 账号矩阵

账号名称	订阅者（万）	视频数	注册时间	观看总量
KBS 世界电视	1,680	52,973	2007-01-06	12,579,637,818
KBS 世界印度尼西亚	135	4,198	2011-10-24	419,102,864
KBS 世界阿拉伯	23.2	485	2011-05-11	20,562,287
KBS 世界广播	17.4	3,133	2011-04-05	26,280,619
KBS 世界西班牙	0.613	19	2021-08-25	32,075
KBS 世界新闻	0.443	1,829	2021-04-02	57,109

（统计时间：2021 年 9 月 27 日）

3. 重视互联网思维，反哺电视综艺创新

传统媒体在进行短视频转向时，不仅需要建立平台，采取"视频化"策略，还需要通过创新视角和叙事模式，研发适用于当下用户消费习惯的视听产品，满足用户需求。在短视频消费逐渐普及的市场环境下，借鉴社交媒体的互联网思维，制作贴近年轻人生活的娱乐产品，反哺电视综艺节目形态创新是韩国电视媒体推动媒体融合发展的重要措施之一。韩国 SBS、KBS、MBC、JTBC 等主要电视台均推出以短视频为创作灵感的新节目。SBS 电视台推出的《俘获芳心频道》和 JTBC《来看我吧》以明星制作并主持个人专属 YouTube 频道进行任务对决为主要内容，JTBC《最近的孩子们》则是一档以明星嘉宾与青少年视频制作者共同体验生活、拍摄创意视频的观察类真人秀。韩国 MBC 短视频综艺节目《我的小电视》，由明星在自己的 YouTube 频道进行直播，相互比拼收视率，获得最多用户

关注的明星获胜，用户可以在网上与明星实时聊天互动。这些节目利用互联网思维研发节目模式，借助短视频、直播形式开辟新的电视节目传播阵地，发掘新兴职业短视频制作者的综艺潜能，探索用户参与节目的新途径，为综艺节目创新注入生命力。

4. 聚焦年轻用户，加快数字新闻发展

在短视频新闻快速发展的潮流下，韩国广播公司注重聚焦年轻用户，提供适合 20 多岁年轻用户口味的移动新闻内容，目的是占领移动新闻使用率最高的 Z 世代群体。韩国首尔广播公司（SBS）是第一个在地面广播公司中开发聚焦年轻用户短视频内容的公司，其研发的"视频杯"（Video Mug）和"子新闻"（Subs News）利用同长视频新闻一致的新闻素材，通过重新处理视频格式，以新的故事讲述方式将新闻呈现出来。SBS 将"视频杯"的特点介绍为"世界上最有趣的新闻"。同样的，MBC 也推出了"M 大新闻"（Mbig News），对标 SBS "视频杯"新闻，用具有亲和力的语言和语气讲故事，而不是僵硬地进行新闻报道。此外，SBS 电视旗下的 UTV 报业频道正在加快数字化新闻的发展，以用年轻人的眼光看"真正世界"的概念打造数字化"影像新闻"，将严肃的社会议题通过数字化效果演绎成生动有趣的新闻视频。为了更广泛地接触互联网受众，由韩国广播局出资扶持的国营机构韩国 KBS 电视台与互联网公司、IPTV 电视公司运营商进行合作，实现三合一服务，并制订"先网后台"的全新战略，先将内容放到 YouTube 等社交媒体平台，而后投放到电视台，从而实现网络反哺，产生增值消费。

5.5G 技术下视频直播崛起，新闻直播"常态化"

韩国高速发展的 5G 技术为视频直播的应用提供了良好的硬件基础，作为一种典型的 5G 应用服务，视频直播在 5G 的 eMBB（增强型移动宽带）场景下迎来更为广泛的应用。在传媒领域，韩国的新闻直播呈现"常态化"特征，当下韩国广播电视机构已将在社交媒体平台开通直播功能视作推动融媒进程的标准配置。隶属于韩国中央日报旗下的韩国 JTBC 电视台于 2011 年 12 月正式开播，旗下的 JTBC 新闻频道不仅将自身内容资源进行多渠道分发，在各大社交媒体平台及时发布新闻短视频，还开通直播功能，在以 YouTube 为代表的视频网站上进行视频直播，实现对焦点新闻的实时跟进，在进行视频直播的同时提供在线聊天室服务，借助网络直播将议题评论互动空间拓展为用户实时交流的网络公共舆论场。KBS 新闻频道也从 KBS1 和 KBS2TV 电视频道中精选新闻、时事节目，在 YouTube 上进行全天候实时流式传输。韩国四大电视台在本土 OTT 平台 WAVVE 上均开通了直播功能，直播内容覆盖实时新闻、娱乐、体育等多个领域。在移动互联网时代，"常态化"的新闻直播为用户提供了"进入"新闻事件现场体验新闻"在场感"的途径。

第五章

我国传统媒体短视频发展的动因与路径

在"推进媒体深度融合，做强新型主流媒体"政策背景下，我国传统媒体要想在互联网空间中保持自身的影响力、占领全媒体时代舆论高地，就应充分把握短视频的传播特点及优势，将创新发展短视频作为媒介融合的发力点。短视频作为移动互联网时代新生的媒介形态，相较传统媒体，拥有不同的生产方法与分发流程。本书前四章内容对短视频发展总体现状和我国以及域外国家报纸媒体与广播电视媒体的短视频发展现状、问题与经验等进行了系统梳理，在此基础上，本章将聚焦短视频传播全流程，对我国传统媒体进一步发展短视频的内外动因、制约因素与建设路径进行系统性阐释与思考。

第一节　传统媒体短视频发展的主要动因

以推进媒体融合深度发展为目标，在新型传播平台大力发展我国报纸媒体与广播电视媒体的短视频，有助于满足新时代人民群众对媒体发展的新需求，推动主流内容的立体传播，增强我国传统媒体的传播力、引导力、影响力和公信力，壮大主流声音，构建一体化、联动式的主流舆论格局。从原因层面，我国传统媒体短视频发展受到来自外部和内部双重力量的推动作用，前者是指在客观的现实社会中的外部因素，后者则指自发的、创造性的内在驱动力量。

一、外部动因

我国传统媒体短视频发展受到多重外因推动，主要包括政策驱动、媒介技术驱动以及来自受众的媒体新需求驱动。

（一）政策驱动

党的十八大以来，以习近平同志为核心的党中央高度重视传统媒体和新兴媒体的融合发展。在国家推动媒体深度融合的政策导向下，传统媒体布局短视频发展已成必然趋势。

2014 年 8 月，中央全面深化改革领导小组第四次会议审议通过了《关于推动传统媒体和新兴媒体融合发展的指导意见》，中共中央总书记、国家主席习近平发表了重要讲话，将媒介融合发展上升到国家战略层面。2019 年 1 月，习近平总书记在中共中央政治局就全媒体时代和媒体融合发展举行的第十二次集体学习时强调，"移动互联网已经成为信息传播主渠道"，传播工作应"坚持导向为魂、移动为先、内容为王、创新为要"，推动媒体融合发展"要坚持移动优先策略，让主流媒体借助移动传播，牢牢占据舆论引导、思想引领、文化传承、服务人民的传播制高点"。[①]2019 年 11 月，党的十九届四中全会《决定》提出，"建立以内容建设为根本、先进技术为支撑、创新管理为保障的全媒体传播体系"，指明了传统媒体和新兴媒体深度融合的目标要求。2020 年 6 月底，习近平总书记主持中央全面深化改革委员会第十四次会议正式审议通过了《关于加快推进媒体深度融合发展的指导意见》。会议提出"推动媒体融合向纵深发展"等多项举措，强调"加快构建网上网下一体、内宣外宣联动的主流舆论格局""建立以内容建设为根本、先进技术为支撑、创新管理为保障的全媒体传播体系"。[②]这是以习近平同志为核心的党中央进一步推进媒体融合向纵深方向发展、深化媒体机制改革的重要战略举措。

---

① 习近平：《加快推动融媒体融合发展 构建全媒体传播格局》，载《求是》2019 年第 6 期。
② 新华社：《习近平主持召开中央全面深化改革委员会第十四次会议》，新华网，http://www.xinhuanet.com/2020-06/30/c_1126179095.htm，2020 年 6 月 30 日。

在习近平总书记提出的"推动媒体融合发展、建设全媒体"战略下，发展网络短视频成为我国传统媒体发展中一项重要且紧迫的课题。除了受到政策导向的指引外，伴随短视频的迅猛发展带来的行业乱象，相关的政策规制也在逐步完善。2017 年 7 月，国家公共信息网络安全监察规定，短视频禁止文身、色情、低俗、暴力、约架等不良行为；2019 年 1 月，中国网络视听节目服务协会发布《网络短视频平台管理规范》和《网络短视频内容审核标准细则》，对短视频平台出现的问题进行了全面规范；2020 年 7 月，国家互联网信息办公室开展为期两个月的"清朗"未成年人暑期网络环境专项整治，严厉打击直播、短视频网站平台存在的涉未成年人有害信息。2021 年 4 月，国家互联网信息办公室等七部门联合发布《网络直播营销管理办法（试行）》，针对网络直播营销（即直播电商）中的"人、货、场"全过程，将"台前幕后"各类主体、"线上线下"各项要素纳入监管范围。2021 年 9 月，中央宣传部印发《关于开展文娱领域综合治理工作的通知》，针对流量至上、"饭圈"乱象、违法失德等文娱领域的突出问题部署综合治理工作。国家监管措施不断加强，泛娱乐化、追星炒星、低俗庸俗媚俗、违规广告等问题得到深入整治，为传统媒体发展短视频创设了越来越风清气正的网络空间，有利于营造短视频健康发展的良好环境。

（二）技术驱动

2013 年 11 月，习近平总书记在全国宣传思想工作会议上指出："我们的同志一定要增强阵地意识。宣传思想阵地，我们不去占领，人家就会去占领。"[①] 媒介技术的变迁尤其是移动网络技术的发展深刻影响我国传统媒体的信息传播格局，新技术的更迭催生新兴传播手段的出现，成为重构媒介生态的重要力量，短视频的发展受到其背后的技术性媒介生态系统的影响。

在移动信息技术的上一发展阶段，伴随 4G 网络的发展和普及，移动互联网因具备便捷性、即时性和较强的社交属性而逐步成为用户获取信息的主阵地，推动了短视频平台、内容制作和分发渠道多元化发展。2019

---

① 曹征海：《一定要增强阵地意识——深入学习贯彻习近平同志在全国宣传思想工作会议上的重要讲话精神》，人民网，http://theory.people.com.cn/n/2013/1109/c40531-23485284.html，2013 年 11 月 9 日。

年 6 月 6 日，国家工信部正式向中国电信、中国移动、中国联通、中国广电发放 5G 商用牌照，我国 5G 技术的蓬勃发展与其他信息技术的综合运用，为短视频行业的发展提供重要支撑，短视频行业迎来全新机遇，将进一步在内容形态、应用场景和传播能力等方面加大转型升级力度。其一，伴随 5G 技术发展而得到广泛应用的其他新兴技术将为短视频创造更多可能，催生更加多元的短视频形态，为传统媒体发展短视频提供更开阔的创新空间；其二，5G 技术具备的高速率、低时延、大连接的优势，使得短视频拍摄、上传和观看突破了时空限制，可随时随地进行信息发布和接收。

当下迅猛发展的物联网、区块链、云计算等信息科技日新月异，为短视频快速迭代注入了强大动力。科技助力媒体革新，也有利于促进媒介高效互通与融合。例如，在人工智能和物联网技术的助力下，短视频将迎来一种新的内容生产模式——MGC（Machine Generated Content），即由机器智能生产内容。短视频的制作与 AR、VR、MR 等虚拟现实技术相结合，会给用户带来更加沉浸的体验从而增强用户黏性。区块链技术与短视频融合产生了一种新型媒介传播形态——区块链短视频，具有强大的信息整合与关系连接功能，重塑了媒体融合新生态。利用人工智能技术，短视频平台得以实现智能分发以及用机器进行信息审查把关等功能。

此外，技术的进步推动也为传统媒体拍摄、制作短视频提供了支持，实现了技术使用门槛的降低和内容制作效率的提高。例如，各种音频和视频的拍摄、剪辑等辅助工具，使得短视频制作技术上日趋便捷化、形式上日趋多样化。

（三）用户驱动

根据我国互联网络信息中心（CNNIC）第 48 次《中国互联网发展状况统计报告》的数据显示，截至 2021 年 6 月，中国网络视频用户总量已增长至 9.44 亿，其中，短视频用户数达 8.88 亿，在中国网民总数中，占比分别高达 93.4% 与 87.8%。[①] 中国短视频领域庞大的用户规模显示出短

---

① 中国互联网络信息中心：《第 48 次中国互联网络发展状况统计报告》，中国互联网络信息中心，http://www.cnnic.cn/hlwfzyj/hlwxzbg/hlwtjbg/202109/P020210915523670981527.pdf，2021 年 9 月 15 日。

视频已成为网络视频的主力军和移动互联网最重要的流量高地之一，在重塑媒体格局和舆论生态方面发挥着重要作用，越来越多的用户把短视频当作获取新闻信息的重要渠道。因此，传统媒体要意识到短视频广阔的发展前景，必须将触角延伸至短视频领域，抓住舆论新阵地。在如今的移动互联网时代，新媒体将传统媒体的受众群整合为"用户群体"，逐渐取代了昔日的"观众""听众"与"读者"。新媒体与传统媒体的重要区别之一在于前者善于运用用户思维，新媒体运营的原点是以"用户"为中心，站在用户的角度思考问题，挖掘并满足用户需求，而传统媒体的思维习惯于以"传者"为中心。因此，传统媒体要做大做强短视频，就必然需要换位思考，在媒介融合背景下，以用户需求为导向进行不同于传统的内容创新生产，注重构建移动化、社交化、场景化的信息传播语境，通过多种形式调动用户的情感，从而获得良好的传播效果。

第一，相较于传统的大众传播渠道，短视频更便于用户在各种移动终端进行信息接收，其碎片化传播的特征符合大众的阅读习惯，"短视频的兴起与社交媒体信息过载、用户注意力稀缺息息相关"，"短小精悍且内容丰富、视角多元、主题鲜明的短视频"满足了用户倾向于利用零散时间接收信息的需求。[1]譬如，在新冠肺炎疫情期间，我国主流媒体将官方会议直播和领导专家采访的视频内容进行碎片化剪辑，使公众能够快速高效地获取重点资讯。[2]第二，互联网社交的兴起和繁荣也为短视频的发展奠定了有利的环境基础，短视频是一种新型社交网络形式，传统媒体要注重用户不断增强的社交化需求，优化视频内容，激发用户的分享传播行为，发挥短视频平台的社交和互动功能，增强传统媒体的传播力。第三，短视频产品想要获得用户的自觉转发，必须要使用户获得情感共鸣或达成价值认同，因此传统媒体发展短视频要拉近和用户间的情感距离，避免空洞的、说教式的宏大叙事方式，要使用真材实料、表达真情实感，以不断满足用户的多元需求。

---

[1] 孙振虎、何慧敏：《短视频平台驱动传统媒体融合发展的创新路径研究——以央视频为例》，《电视研究》2020年第7期。

[2] 赵淑萍、李超鹏：《突发公共卫生事件报道中主流媒体情感传播策略研究——以三大央媒新冠肺炎疫情报道短视频产品为例》，《中国出版》2021年第4期。

二、内部动因

我国传统媒体短视频发展的内部动因，主要在于传统媒体的职责与困境以及短视频自身具备的天然优势两大方面。

（一）传统媒体的职责与困境

随着互联网的普及和迅速发展，新媒体进入传播领域，对我国传统媒体造成了巨大的冲击，传统媒体要发挥宣传思想工作的社会职能，必须肩负起我国媒体融合实践的重要使命，对时代挑战作出回应，在互联网发展趋势下，发展短视频成为传统媒体应对变革的突破口和争夺舆论话语权的有效工具。

传统媒体受到来自新媒体的严峻挑战。其一，传统媒体面临内容变现困难的问题，传统媒体丧失了内容分发渠道的优势，导致受众流失、广告收入下降，传统盈利模式难以维持行业生计。而在互联网时代，短视频具有广阔的商业空间，其可以与各领域的企业合作，拓展开发新型短视频应用模式和更多元的变现途径。其二，现阶段，社会舆论引导的主要战场已由之前的传统媒体转移至网络空间，这大大削弱了传统媒体所承担的社会功能。在移动互联网出现之前，传统传媒发挥着强大的社会思想引领功能，主要通过舆论引导、树立并巩固公众信仰、构建"媒介真实"和教育等策略对社会成员"进行主流社会政治文化与道德规范影响与灌输"，有效帮助"维持我国社会结构及政治体系的稳定"。[1] 然而在信息加速流通、传播主体多元的新媒体环境下，传统媒体的社会引领作用严重减弱，无法有效发挥监督环境的功能。举例来说，当某地突发重大公共事件，甚至演变为公共危机时，作为权威信源的传统媒体，其行动一旦滞后，就会导致不准确信息迅速扩散甚至谣言遍布于网络的乱象，进而造成社会恐慌，传统媒体经营已久的社会公信力也会随之遭受挑战。

因此在目前的形势之下，传统媒体要充分利用短视频打造新型主流媒

---

① 孙静、汤书昆：《论新媒体时代大众传媒社会控制功能的失调与重建——基于社会化媒体的视角》，《青海社会科学》2012 年第 6 期。

体，在新媒体时代继续承担思想引领、舆论引导、文化传承和服务人民的职责。主流媒体要承担向社会公众及时发布准确、客观、权威信息的社会责任。中央广播电视总台通过打造央视频，挖掘自身的专业人才资源与内容资源优势，作为拥有传播严肃新闻能力的平台，进行独特的生态定位，与其他商业化短视频进行差异化竞争。如在新冠肺炎疫情暴发后，央视频专门设立"疫情防控"版块，24 小时实时向广大用户发布高频度、高强度、高质量的疫情防控资讯；利用"短视频＋知识"作为科学传播的载体，"短平快"地将防疫知识有效触达普罗大众。与部分一味逐利的自媒体短视频机构不同，传统媒体短视频要立足更高远的社会文化价值标准及道德原则，挖掘有价值的社会信息，传播新时代中国价值观念和奋进力量。例如2021 年 5 月 4 日，中央广播电视总台推出的短视频《总有一些后浪，奔涌在祖国最需要的地方》，在凝聚社会共识、激发社会正向价值上，发挥了积极的作用。短视频中选取了不同职业的奋斗者，有脱贫攻坚先锋、抗洪战士、抗疫英雄、戍边战士等，代表了为推动中国特色社会主义事业发展勇往直前的中国青年。该正能量短视频选取了习近平总书记在纪念五四运动 100 周年大会上的重要讲话作为解说词，并配合激扬的背景音乐，为当代中国"后浪"注入了一股具有激励作用的精神力量，增强了网民的主流价值认同感。

（二）短视频具备的天然优势

短视频如今已成为传媒业发展的新风口，传统媒体应当抓住机遇，挖掘自身优势，进行精准定位，把短视频作为传统媒体转型升级的重要突破口和创新点，加快新型主流媒体建设步伐，逐步向"融为一体、合而为一"的深度融合目标迈进。

短视频之所以能成为用户喜闻乐见的媒介形式，存在其独特的内在动因。短视频是移动互联网时代下的媒介新形态，其具有的可视、移动、碎片、轻量等传播特点是短视频进行信息传播的天然优势所在。首先，在当下注重视觉文化的时代，短视频能够弥补文字、图片、语音等单一信息传播方式中信息不明确、缺失环境要素、缺乏"在场性"和沉浸感等问题，再叠加移动设备"随时随地观看"的属性，短视频相较于传统媒体采用的其他传播形式，具备更强的可传播性，能够实现更好的传播效果。其次，短视频的兴起有着深刻的社会基础。在我国经济高速增长阶段，快节奏的生活严重分割了社会个体的时间，受众形成了碎片化的信息接收习惯和便捷高效的信息获取需求，热门短视频普遍运用"黄金三秒""七秒定律""爆点前置""趣味干货"等创作技巧进行内容构建和呈现，以其"瞬间收看、短暂停留"的使用特点和信息输出速度快、密度高的内容特点适应当下快节奏的社会生活、契合当下时代的观看诉求，填补了用户的碎片时间，成为"短视频发展必备的内在驱动力量"。① 短视频简短、直切主题的特质与新闻报道要求简洁明了地陈述事实的要求具有高度统一性，在抗击新冠肺炎疫情期间，短视频在新闻报道中占据了绝对优势，并且在弘扬社会正能量方面取得了良好的传播效果。比如新华社对钟南山的采访，传统的文字配图片的新闻报道方式传播范围小、传播力弱，而媒体挑选钟南山讲话中的重要信息点，将其切分为几个不同主题的短视频，配以富有感染力的文案和背景音乐进行发布，瞬间刷屏各大社交媒体。在人民日报抖音号发布的一段短视频中，钟南山一边叙述一边忍不住哽咽，获得近 1800 万的点赞数，在强烈直观的视觉冲击和具有感染力的音乐渲染作用下，观众透过他的表情、泪水，体味到其鞠躬尽瘁的精神和坚定的战疫信心，得到了精神力量的鼓舞和心灵慰藉。再次，从内容制作层面看，相较于长视频，轻量化的短视频具有制作流程短、技术门槛低等特征，既能使传统媒体得以快速便捷地制作并实时发布内容，又能吸引用户参与协同创作，形成PUGC 的生产模式，增强用户使用黏性和媒体内容的丰富性。

---

① 冷淞:《论短视频对传统电视新媒体化赋能的独特性》，《现代传播（中国传媒大学学报）》2019 第 10 期。

第二节　传统媒体短视频发展的制约因素

当前我国传统媒体已陆续多方位布局短视频发展，但仍存在一些明显的制约因素。短视频是传统媒体实践与以网络短视频为代表的移动互联网实践融合下的产物，这两者历经长期实践发展形成了各自不同的核心价值诉求和较为稳定的运作流程，融合过程中出现矛盾在所难免，传统媒体短视频的发展主要受到传统媒体旧有传统和不适应短视频新鲜传播形态两方面的制约。

一、传统媒体受到旧有传统的制约

发展短视频是传统媒体向全媒体转型的重要探索方向。新旧媒体融合过程中，传统媒体面临的不只是新技术、新渠道的转变，更是全新的体制机制和思维观念的转变，需要充分认识到短视频对其传统生产方式及内容的重塑，因此没有摆脱传统制作经验和旧有体制机制束缚的传统媒体短视频只是新瓶装旧酒，是传统媒体内容到互联网平台的简单搬移。

（一）受传统媒体经验束缚，互联网思维不足

传统媒体具有内容专业、制作精良、单向传播的特征，与短视频大众化、碎片化、交互性强的特征具有较大差异，只有真正理解两者的不同，才能在互联网思维的引导下生产内容。一些传统媒体从业者并没有理解短视频之于传统媒体的真正内涵，简单地将短视频作为承载内容的形式，只把互联网当作工具或手段，忽略其产品特性和用户的需求。

一方面，在短视频制作上，部分媒体人遵循传统媒体的制作方法，部分广电媒体甚至充当机械的内容搬运工，直接将长视频进行简单裁剪，几乎未在原始视频基础上进行新的创造或增添原创性内容，内容重复率高，并未体现出两者在不同的传播形态和传播渠道下内容生产逻辑的差异性。因此，即使采用短视频的形式并通过移动互联网平台传播，也并非真正意义上的短视频产品。传统媒体要重新认识短视频的创作特点，深入探索竖屏的视觉传达、网感和人格化的叙事风格，制作出具有吸引力的内容。此外，互联网环境下，短视频是集资讯、娱乐、社交、服务、消费功能于一体的媒介产品，然而许多传统媒体仍然把短视频的定位局限于宣传品或作品，传统媒体要实现短视频盈利，就要适时地将其视为商业范畴的产品，考虑和发展短视频运营变现。只有全面把握短视频的功能，深化产品思维，才能改进生产和经营。

另一方面，传统媒体缺乏联结用户的意识，遵循以往以"传者为中心"的操作规则，做短视频往往只从生产视角来思考，对短视频传播和消费知之甚少，忽略对用户特性的调研与了解。互联网和大数据技术的到来，使曾经单向接收传统媒体信息的受众转变为具有自我能动性的用户，"互联网＋"的本质是重构了供需关系，以往所强调的"内容为王"的生产逻辑已不再能完全契合用户需求。面对短视频消费对象的多元需求，如何通过创设新的消费情境生产服务式、体验式、互动式的优质短视频，将成为未来该行业突破发展瓶颈必须考虑的问题。传统媒体需要重视用户数据，深入把握新媒体用户的心理与需求，转而以"用户为中心"建立联结，强化反馈、互动和服务，变革内容生产。

（二）受旧有体制机制束缚，商业变现困难

体制与机制问题属于媒体融合面临的深层次问题，传统媒体短视频的运营和变现同样受制于这两方面。传统媒体长期以来形成的复杂格局，使传统媒体的条块分割模式难以被突破，组织架构分散导致资金、技术、人力等资源难以聚合。[①]

[①] 黄楚新、邵赛男：《跨越与突破：媒体融合纵深发展的路径》，《中国编辑》2021年第3期。

　　传统媒体短视频发展受到旧有体制的束缚。1978 年，我国确立新闻媒体"事业单位、企业化管理"的体制，基本明确了此后 40 年媒体运营体制的基本模式①，这一模式如今面临颠覆性的挑战。现阶段，我国部分媒体在混合所有制改革的背景下积极探索资本模式和管理体制，但由于我国传媒业的意识形态属性以及受历史因素影响，即使创办的互联网及新业务企业经历了公司制改造、成立了企业法人，但仍没有实行"自主经营、自负盈亏"，难以真正成为市场主体并从根本上建立现代企业制度。部分传统媒体延续较多原有的运作模式，在短视频生产领域基本上仍采取体制内的运作方式，主要体现在：短视频制作运营是基于现有内容优势的延伸，一味沉溺于对传统媒体已有内容资源的路径依赖，忽视"内容＋技术＋渠道＋市场＋人才"的全产业链运作；分配上采取平均主义，并未建立股权等长期激励约束制度；人员上以采编人才为主导，缺少市场化配置，缺乏对高素质经营管理者队伍的培养；考核上以传统媒体自身的营业收入和净利润为 KPI 指标，新媒体业务指标在考核机制中体现不足或缺失。我国传统媒体的新闻业务不以营利为目的，变现就无从谈起，目前这种方式明显不符合互联网媒体的发展需要，其结果就是短视频发展乏力。互联网媒体与传统媒体现有业务存在本质区别，需要全新的与市场对接的体制，传统媒体要实现短视频变现，将其发展为具有蓬勃生机的产业，就需要深耕非新闻类短视频，部分实现企业化经营，成立面向市场的专业公司。

　　传统媒体的运作机制亟待创新，"需要解决短视频生产的激励问题，短视频收益的分配问题，短视频发展的资金问题，这些都需要需要制定一系列改革措施"。② 2016 年在党的新闻舆论工作座谈会上，习近平总书记在讲话中强调"媒体竞争关键是人才竞争，媒体优势核心是人才优势"③，由于传统媒体尚未建立针对短视频平台运营的人才培养与管理机制，目前传统媒体人才的结构和种类无法满足短视频发展的人才需求。一方面，在体制内发展的新媒体，在人才激励上存在先天缺陷，其对人才的吸引力与

　　① 陈国权：《谁为媒体提供经济支持？——1949 年以来中国媒体经济体制变迁与趋势》，《新闻与传播研究》2018 年第 10 期。

　　② 谭天、武静：《传统媒体转型之道：短视频变现》，《新闻战线》2021 年第 10 期。

　　③ 新华社：《习近平：坚持正确方向创新方法手段 提高新闻舆论传播力引导力》，华网，http://www.xinhuanet.com/politics/2016-02/19/c_1118102868.htm，2016 年 2 月 19 日。

体制外的民营新媒体企业相比，存在明显劣势，因此传统媒体人纷纷离职转型，多向互联网企业流动；另一方面，传统媒体团队中现有符合新媒体内容制作与运营要求的人才较少。人才的短缺正导致我国传统媒体短视频发展面临瓶颈。

二、传统媒体受到发展新样态的阻碍

传统媒体发展短视频，一方面受到传统媒体业务向新媒体转型期间来自"传统"的制约；另一方面，短视频作为互联网的新业态和网络视听的新样态，不可避免地成为传统媒体短视频生产、传播及营销探索过程中的发展阻碍。

（一）短视频运作机制尚未建立完善

短视频作为移动互联网产品，具有不同于传统媒体作品的生产流程。传统媒体要尝试打造出一套标准化的运作机制，为生成有影响力的短视频账号和品牌、灵活高效地生产短视频内容提供有力支撑。

首先，传统媒体的短视频内容生产思维守旧。传统媒体应该积极转变思路，将自己从宣传品、作品的内容生产者转变为短视频产品运营者，深入研究平台和用户特征，根据市场需求和用户偏好，增强内容社交属性，构建人和内容的联结。其次，传统媒体的短视频内容生产机制不健全。传统媒体过去主要以专业生产内容（PGC）的模式为主，在 Web2.0 技术的推动下，社交媒体出现用户生产内容（UGC）的模式，但传统媒体调动社会化协作生产短视频的能力较弱，尚未形成较为稳定的"专业生产＋用户生产"（PGC+UGC）模式，对 UGC 资源的吸纳、UGC 内容的开发与利用不足。走向 Web3.0 阶段，传统媒体需要重视技术变革，把握即将到来的算法生成内容（AAC）。再次，传统媒体的短视频内容分发模式不完善。传统媒体时代的内容分发是媒体生产端决定的"点对面"式的分发，然而如今需要采用"点对点"式的分发策略，以满足大众个体的细化需求。传统媒体对短视频分发平台的定位不够清晰，并没有根据不同分发平台的特色精准定位短视频内容并进行定制化和差异化生产，从而导致内容与分发平台的用户需求之间匹配度不高，无法达成与用户的深度互动。最后，传统媒体对短视频的经营模式不完善。传统媒体短视频要想盈利，就要探索更为丰富多元的"短视频＋X"商业模式，如"短视频＋电商""短视频＋政务""短视频＋资讯""短视频＋知识""短视频＋旅游"，实现"注意力经济"的有效转化。

（二）盈利模式单一制约制作和分发

从国内外成功的互联网企业如腾讯、谷歌的实践历程看，企业发展大都需要历经长期的发展培育过程，以及大量的资金投入。我国传统媒体长期以来以"二次销售"的商业模式为基础盈利，然而数字化浪潮来临，广告主大量转移到互联网，传统媒体广告份额受到新媒体的强烈冲击，这种依赖广告收入盈利的单一模式增加了传统媒体的经营风险，阻碍其长足发展。在融合转型过程中，许多传统媒体面临受众流失、广告收入锐减的经济困境，尚未探索出新的盈利模式，自身造血能力不足，过度依赖政府财政拨款的支持和专项经费资助等外部"输血"。

首先，资金来源匮乏导致传统媒体难以建成平台型媒体。对一些资源丰富、用户基础良好的传统主流媒体，进行自主可控的"平台化"建设有助于发展短视频，然而搭建起一个能够有效沉淀用户的技术平台需要高昂的资金投入，对绝大多数省级媒体、地市级媒体和县级媒体来说，在当前生存日趋困难的情况下，不具备资金实力搭建自己的技术平台。其次，原创短视频的制作也需具备充分的经济基础。《新京报》旗下"我们视频"的负责人王爱军表示，短视频业务需在经营良好和相对稳定的环境中进行孵化，其制作门槛和要求并不低。结合"我们视频"发展状况而言，短视频制作的要求和复杂度普遍高于单纯的图文生产。[①] 截至 2020 年 6 月，"我们视频"已投入过亿元资金用于搭建团队，由此可见短视频业务对设备、网络和运营的高标准和硬需求。[②]

---

① 腾讯传媒：《新京报副总编辑：我们视频还没想做 APP，传媒业缺好内容不缺平台》，全媒派微信公众号，https://mp.weixin.qq.com/s/ia1q6pC83OhAsCz6J47cxg，2020 年 5 月 27 日。

② 腾讯传媒：《为什么会有越来越多传统媒体成了短视频"搬运工"？》，全媒派微信公众号，https://mp.weixin.qq.com/s/l3UzTUEOjtFcRW5IrDEGFw，2020 年 11 月 11 日。

第三节　促进传统媒体短视频发展的路径

遵循短视频生产、传播、营销及管理等全流程链条，针对我国传统媒体的短视频发展策略，可以从传播主体、传播内容、传播渠道、营销策略、规制管理等五个方面着力进行提升。

一、传播主体

全媒体时代，就我国传统媒体短视频的传播主体方面，从纵向看，包含中央级、省级、市级、县级等各级媒体的划分，从横向看，包含同一级别上的不同媒体机构、同一媒体机构的不同短视频账号，且由媒体机构主导的内容生产不断呈现出向社会化生产拓展的趋势。

（一）整合账号矩阵，打造品牌标识

总体上看，传统媒体短视频发展现状呈现出"有内容无品牌"、传播力分散的局面，具体表现在：一是部分区域性传统媒体缺少人气大号、爆款内容和知名度高的主播；二是传统媒体的短视频账号数量众多，但缺乏整体规划和品牌意识，缺少相对统一、辨识度高的短视频品牌形象。[1] 针对上述不足，传统媒体应致力于增强短视频传播合力，不囿于单个账号的经营管理，而是要从全局出发，对区域性传统媒体的所有短视频账号进行

---

[1] 杨旭东：《浅谈区域性广电媒体的短视频竞争策略》，《当代电视》2020 年第 8 期。

统筹规划，增强品牌意识，整合全账号传播矩阵，形成"1+1>2"的传播效果。

首先，"媒体的品牌效应，体现在媒体自身的品牌和其旗下经验丰富的人力资源团队，包括资质深厚的主持人、采编播人员、运营人才的专业团队，及其内容产品和品牌栏目"。[①]传统媒体打造短视频品牌标识，可以从具体发挥这些资源优势着手。一是挖掘媒体自身的品牌价值。可以借鉴湖南广电的成功经验，湖南广电一方面在自有平台芒果 TV 开设短视频版块，并自建短视频平台茄子短视频 App，另一方面湖南娱乐 MCN 在抖音快手等短视频平台上打开市场，扩大在网络阵地的影响力，在多终端形成资源互补；二是打造固定的专业团队，成立一支人员稳定精良、分工明确有序的队伍，培养团队合力，打造鲜明的品牌风格，不断加深用户对这一团队生产内容的亲切感；三是打造王牌产品，前期致力于在少数几个短视频账号上生产吸睛的内容，形成系列产品，塑造出品牌感后再联动更多账号进行延伸导流。其次，进一步深化落实国家广播电视总局印发的《关于加快推进广播电视媒体深度融合发展的意见》，"精办频率频道、优化节目栏目、整合平台账号，对定位不准、影响力小、用户数少的坚决关停并转。打通各个领域、统筹各种资源、形成建设新型主流媒体的整体合力"[②]。再次，当创作者将思想情感与价值观注入短视频中时，作品具备的审美价值和思想性会对用户产生强烈的吸引力，并增强"粉丝"忠诚度。因此在账号维度上，传统媒体要挖掘"粉丝经济"的巨大潜力，打造具有"偶像"气质或其他优质人设风格的短视频账号，吸引用户成为"粉丝"群体。譬如，共青团中央在抖音账号首页的介绍——"没错，我就是团团"，旨在树立爱国青年人设，打造一个青春向上有能量的正面形象，"团团"不时以生动的卡通形象出现在作品中，目前该账号已积累了超过 700 万的"粉丝"，获赞数达到 1.7 亿。

① 卿清：《融媒时代广电媒体与 MCN 的融合发展》，《中国广播电视学刊》2021 年第 2 期。

② 国家广播电视总局：《国家广播电视总局印发〈关于加快推进广播电视媒体深度融合发展的意见〉的通知》，国家广播电视总局，http://www.nrta.gov.cn/art/2020/11/26/art_113_53991.html，2020 年 11 月 13 日。

（二）推进各级媒体差异化定位、协同联动

全媒体时代，信息传播渠道更加多元、传播速度更快，传播虚假信息、网络情感极化等现象时有发生，因此要通过传统媒体巩固壮大主流舆论阵地、传播正能量，就要打造新型媒体格局，不同地域、不同类型的传统媒体应当进行差异化定位和发展，发挥各层级优势，实现资源互补、互联互通，使网络传播能力最大化。中央级传统媒体是重要的新闻舆论阵地，其短视频应发挥主流舆论引领力，咬住正向引导舆论不放松，放大主流媒体引导力，因此新闻资讯类短视频是其主攻的方向，同时也需进一步加强影视剧、综艺、生活服务、体育等垂类内容。

区域性传统媒体相较于中央级媒体，具有地域性优势和接近性强的特点，更加契合地方用户的需求，可以从以下几方面考虑开拓短视频传播阵地的方法：第一，贴近地方用户推动本地新闻短视频发展。首先，区域性媒体应当充分整合频道、频率及本地机关单位、学校、医疗单位、企业、社区等资源，在遇到地方性公共事件时，利用短视频提供及时、全面、准确、贴心的新闻资讯，注重平民化的报道视角和生活化的信息基调。其次，注重区域性短视频矩阵建设。以河南日报为例，"大河报"是全国地方报纸媒体抖音账号"粉丝"量排名第五的账号。此外，该报社地市级新闻中心开设"大河报洛阳新闻""大河报三门峡新闻"等16个地市级抖音号，主要聚焦当地新闻资讯和社会热点，推动本地新闻短视频在全网平台传播。第二，发挥不同地方传统媒体的品牌优势和区域特色。一方面，充分利用本土优质的媒介资源，比如湖南省广电媒体背靠湖南卫视、芒果TV等优质头部卫视及网络平台资源，依托众多知名的品牌栏目和节目开设官方短视频账号，在传播娱乐类资讯方面的影响力尤为显著；另一方面，把握地域文化特色创新短视频内容，比如河南省广电媒体发挥地方历史文化底蕴优势，在短视频领域深耕传统文化类内容，通过音乐、舞蹈、戏曲、武术等形式展现华夏文明，爆款内容频出，在增强本土受众认同感的同时，提升了地方媒体的传播力和吸引力。第三，地方媒体要增强短视频的服务属性，一方面要从人民生活的各方面需求入手，发布具有服务性的短视频，提供政务、住房、交通、就业、法律等各类便民信息，构建社区信息枢纽，使短视频既能承担基层党建的宣

传思想工作任务，又能发挥服务功能；另一方面，在自有平台上搭载服务功能，不断畅通群众参与社会治理的渠道，比如开通舆论监督、消费维权、投诉爆料等话题，用户根据需求选择对应话题上传短视频，推动相关部门解决实际问题。

（三）媒体内容生产机制向社会化生产拓展

传统媒体短视频要增强用户黏性，就要思考如何建立媒体与用户之间的深度联结。简单的点赞、分享、评论模式已不能满足用户日益增长的互动需求，需要开辟和拓宽两者的沟通交流渠道。短视频战略成功的关键在于打造有机的媒介生态系统，既需要平台作为基础的传播渠道，又需要大量来自开发者和内容创作者发布的传播内容。只有平台上的内容丰富多样、创新优质，才能提升用户留存率和活跃度，从而吸引更多的广告主和用户付费下单，真正形成商业闭环。抖音、快手等短视频平台都大量挖掘和引入优质内容创作者，并通过发起内容创作者扶持计划鼓励用户生产内容，增强平台内视频内容和服务的多样性和丰富度，进而增强用户的参与度和使用黏性。在账号维度上，传统媒体做短视频，可以吸纳普通用户为媒体提供线索和素材，乃至参与到内容创作和传播中。在平台维度上，建立自有短视频平台的传统媒体应"开门运营"，广泛吸纳机构以外的优秀创作者，吸引其入驻传统媒体机构的短视频平台，或建立一个专门的账号发布 UGC 内容，以开放平台吸引广大用户参与信息生产传播，利用自身资源帮助其提升传播范围。一方面向社会输出优质内容，生产人民群众更喜闻乐见的作品，另一方面也可以提升传统媒体的关注度和影响力。传统媒体可以借鉴梨视频拍客网络的组织结构，在自有平台建立 UGC 或拍客团队。梨视频作为资讯类短视频内容生产平台，现有拍客超过七万名，构建起一个遍布国内各城市甚至海外各地的全球拍客网络，依托拍客的资源关系和组织背景，实现生产网络的资源整合，充分利用社会协作生产资讯。①

---

① 黄伟迪：《再组织化：新媒体内容的生产实践——以梨视频为例》，《现代传播（中国传媒大学学报）》2017 年第 11 期。

二、传播内容

内容建设是传统媒体短视频发展的核心，《关于加快推进媒体深度融合发展的意见》中指出，"要推进内容生产供给侧结构性改革，更加注重网络内容建设，始终保持内容定力，专注内容质量，扩大优质内容产能，创新内容表现形式，提升内容传播效果"。[①]

（一）创新"资讯流"、拓展"生活流"

从内容上划分，短视频总体上主要包含泛资讯类和泛生活类两大类。目前，传统主流媒体生产的短视频主要属于泛资讯类，新闻资讯是其拓展短视频领域的重要资源。一方面，传统媒体资源丰富、专业扎实、公信力强，在移动端新闻产品创新方面具有得天独厚的优势，其生产的新闻类内容具有核心竞争力。传统媒体要依托其权威、可靠的信源渠道优势，重视专业内容生产的改革，特别是在时政新闻领域。2019年7月，《主播说联播》一上线便引发热议、广受好评。这是一档由中央广播电视总台制作的资讯类短视频子栏目，新闻主播利用"网感十足"的通俗化语言对当日《新闻联播》节目中的热点、要点和重大事件进行解读与延伸，通过对新闻内容再创作实现价值最大化，也进一步扩大了受众群体。特别是进入疫情防控时期，传统媒体短视频成为网民获取信息的主要渠道之一，围绕疫情防控等主题发布权威信息，对社会关注的话题进行及时有效的回应，有利于保障民生、维护社会和谐稳定。

另一方面，短视频各内容类型中，泛生活类内容增长迅速，因此传统媒体在巩固泛资讯类短视频优势的同时，应积极开辟阵地，嵌入人们生活的方方面面，形成具有主流媒体色彩的生活流内容，实现与资讯流内容的同频共振。在用户以放松休闲为核心观看诉求的泛娱乐内容领域，此类型短视频大多由 MCN 机构和自媒体生产，其海量内容和轻松诙谐的表达受到众多用户青睐，然而，传统媒体短视频总体而言在贴近性方

---

① 新华社：《中共中央办公厅 国务院办公厅印发〈关于加快推进媒体深度融合发展的意见〉》，新华网，http://www.xinhuanet.com/politics/2020-09/26/c_1126542716.htm，2020年9月26日。

面存在内容缺位的问题，应当从深入思考"垂直"入手谋划布局生活流内容，加快开拓短视频垂直类内容制作，填补其在泛生活类领域的空缺，满足受众多层次的消费需求。卡思数据发布的《2020短视频内容营销趋势白皮书》表明，抖音平台垂类越小，KOL的内容类别年度增长幅度越大；快手小类别增幅虽比抖音小，但也呈现出显著的内容多元化趋势，多领域的垂类账号在快手上加快布局。① 因此，传统媒体应加大探索短视频在垂直领域的多样化布局，在泛生活类别下细分美妆、时尚、美食、情感、母婴、汽车、游戏、二次元、萌宠科技等品类，尤其重视美食、情感等用户黏性超强的类型。

（二）深度、持续挖掘垂直细分领域

在同质化竞争日趋激烈的传媒市场中，垂直细分化已成为短视频发展的一大趋势。一般而言，受网民欢迎的短视频账号专注于某领域中的一个细分领域精耕细作。比如，短视频运营者选择专攻电影解说领域里的悬疑恐怖片，就是在打造垂类内容的基础上做出进一步的细分。垂直细分化会使短视频账号形成自身较为稳定的风格，有利于增强用户的黏性，并且相对而言更容易获得资本和短视频平台的扶持。因此，传统媒体要想长期稳定地输出内容，应深度挖掘"垂直"领域下的"细分"内容，发布聚焦于某一特定方向的内容，且逐渐形成短视频较为统一的包装风格，持续创作、强化IP属性。在细分领域展开差异化竞争，要从现有类型中另辟蹊径，如许昌交通广播凭借主打"二手车买卖"的细分化内容策略，在众多成熟的交通广播抖音账号中脱颖而出。

传统媒体打造的综合类短视频账号，则可以借鉴栏目化模式，做成具有独立单元特征的短视频栏目，通过打造分主题、成系列的短视频实现内容细分。比如新京报"我们视频"打造的"陈迪说"快评类短视频栏目、"央视新闻"抖音号主页置顶的"岩松有话说""揭秘航天员太空生活"等内容合集。从栏目纬度上管理账号，可以在综合型定位下实现对细分领域的探索；在账号内部，分类、整理形成视频合辑，有利于内容沉淀；采用

---

① 卡思数据：《卡思数据重磅发布〈2020短视频内容营销趋势白皮书〉》，卡思数据微信公众号，https://mp.weixin.qq.com/s/uhXAu5mvN7Kzxuoi05c5wg，2020年3月3日。

推出新栏目的方式探索内容创新，有利于减少对已有"粉丝"黏度的伤害。一方面，传统媒体可以拆解原有的精品栏目内容，通过精细加工形成符合短视频用户口味的"微栏目"，将大屏价值延伸至小屏。以湖南广电为例，背靠电视端品牌节目IP，通过剪辑热门节目精彩片段，短视频账号迅速积累起"粉丝"，推动短视频扩散和节目传播。另一方面，传统媒体可以创办特色短视频栏目。区域性传统媒体打造长期固定的短视频栏目可以涵盖地方人物、旅游文化、农业产业、政务来访等群众关心的话题。广电媒体可以发挥专业创作优势，探索布局"微综艺""微电视剧""微动画""微纪录片""微专题片"等领域，基于短视频平台上受众的观看偏好，塑造个性化的"微栏目""微频道"，培养用户常态化的观看习惯，从而促进短视频账号的"粉丝"留存。

此外，传统媒体应注重对短视频的栏目包装，鲜明的包装特色会让栏目具有较高的辨识度，有助于用户产生好感、深化印象。比如在李子柒的短视频中通常包含古风扮相的女子和色调饱满、展现乡村田园生活的画面，并配以清雅的音乐，使其短视频蕴含独特鲜明的"田园"审美风格。

（三）打造个人IP、注重人格化传播

在当前"粉丝"经济时代，相较于内容机构，社交媒体上的用户对个人IP展现出更强的忠诚度，后者因其人格化属性成为吸引用户观看及消费的重要因素。因此，打造"网红记者""网红主播""网红评论员"等个人IP逐渐成为传统媒体推进融合发展的有力途径。传统媒体可以发挥其拥有的主播、主持人、记者、评论员等人才资源优势，打造一批在互联网平台中具备强大"粉丝"吸引力、影响力和号召力的个人IP，在舆论场中作为意见领袖承担社会责任。一方面，可以鼓励主流媒体中已经具备一定社会影响力与社会认可度的记者、主持人转战短视频生产领域，比如在《新闻联播》中正襟危坐、严肃严谨的中央广播电视总台播音员康辉，在短视频新闻评论栏目《主播说联播》中"一反常态"，使用如"荒唐得令人喷饭""no zuo no die"等轻松诙谐的网络语言并配合手势动作，"圈粉"无数，被网友称为"国家级段子手"。另一方面，传统媒体可以打造具有

新鲜面孔的、年轻化的个人 IP。

传统媒体打造个人 IP 应注重人格化传播策略，主要从外在形象、主播风格、内容 IP 三方面进行考量。第一，在形象方面，不同于以往传统媒体专业从业者单一、刻板的职业形象，呈现更为多元、更加鲜活的个人形象，有利于拉近与用户之间的距离。第二，在风格方面，除业务能力过硬以外，传统媒体打造 IP 应明确对个人的定位，塑造和强化个人风格，使其具备清晰的人格辨识度，形成 IP 差异化认知，在短视频创作中充分展示、不断加强和放大体现个人风格的内容，发挥人格魅力吸引用户，以温度和态度与用户建立深度情感联结。第三，个人 IP 的内容选择主要分为两大类：一是专注于提供新闻性、评论性的短视频内容，比如"央视新闻"抖音号中设立了专门的短视频栏目"岩松有话说"，白岩松作为总台著名新闻主持人、新闻评论员，其个人 IP 具有强大的号召力；二是找准垂直定位，聚焦多元议题，比如湖南、四川、浙江等多地广电传媒集团积极打造网红记者、网红主持人，账号内容注意垂直细分，包含时尚美妆、母婴育儿、健身、房地产等领域，通过在某个垂直领域持续输出短视频内容，建立主播在该领域作为意见领袖的形象。此外，主播通过垂直内容实现商品带货，可建立"粉丝"和产品间的关系，有利于推动商业变现。

（四）发挥资源优势，盘活历史内容

基于现实生活中实时素材创作的短视频内容越来越趋于饱和，导致结构化过剩、同质化竞争严重等问题层出不穷。针对此类问题，传统媒体可以发挥资源优势，重视媒体机构积累已久、尚未被充分挖掘的历史资源。一方面，在前互联网时代，传统媒体积累了海量的图文、音频、视频等历史内容，这些内容不易被用户获取，因此具有宝贵的观看价值，传统媒体应当增强策划意识，考虑如何将历史素材与现实生活进行联动，对这些珍稀资源进行生动鲜活的呈现；另一方面，历史资料通常难以被大规模用户主动地进行回溯，因此传统媒体可以筛选出那些经过历史长河沉淀的精品内容，使宝贵的存量内容焕发生机，在丰富自身内容生产的同时，提升用户的观看体验。

（五）运用先进技术，驱动内容生产

信息技术革命催生了 5G、大数据、云计算、物联网、区块链、人工智能等成果，这些技术将构成未来短视频传播新时代的图景。传统媒体应当强化"文化＋科技"的深度融合，将先进技术运用到短视频生产、传播的各个流程，助力短视频内容生产和提升短视频传播效能。首先，运用大数据精准分析用户，关注用户消费行为习惯和场景变化，进而通过挖掘"粉丝"需求细分市场，增强用户在产品供应、内容传播和服务上的黏性，提高内容与平台契合度。其次，探索人工智能技术助力内容生产的提质增效。2020 年全国两会报道中，中央广播电视总台在我国首次采用 5G+8K 实时传输和快速剪辑集成制作方式，供给以央视新闻、央视频为主要平台的近 500 个"两微"、短视频及其他第三方新媒体账号的融合媒体矩阵，累计发稿量 2 万余条。再次，重视智能算法推荐技术推进精准分发，具体包括完善账号信息、强化社会关系图谱、重视智能分发技巧三个方面。一是要优化短视频账号的特征，主要包括用户标签和内容标签，人工智能通过对这些信息进行提取识别账号特征，因此需要提升识别度，通过推荐算法提高和用户的匹配度，如政务抖音号"浙有正能量"定位精准、特征鲜明，其用户标签为"为中国正能量发声！"，而短视频内容一般由标题、动态画面和声音组成，"浙有正能量"发布的短视频中，均采用网络语言概述社会正能量事件并搭配同期声和具有感染力的音乐，形成了其稳定的内容标签，目前积累了超过 2000 万的"粉丝"，具备较强的正向内容传播力；二是相同类型或相同兴趣领域的短视频账号之间可以通过互相关注和互动尽可能建构社交关系图谱，形成同一传播矩阵，增加叠加推荐的概率，形成传播合力；三是注意发布频次、发布时段等对分发效果的影响，可以加强对热点事件的跟进，帮助账号吸引"粉丝"。最后，运用 4K、5G 技术推进高清、移动传播，运用 VR、AR、MR 等虚拟现实技术探索新的影像语言，打造更具沉浸感的视觉体验，激发消费者需求，推动高新视听产业持续发展。

三、传播渠道

互联网的到来打破了传统媒体对传播渠道的垄断优势，在当下的传播

环境中，传统媒体要利用短视频传递主流声音、传播优质内容，一方面要利用多元渠道进行内容分发，另一方面要注重短视频平台布局与建设。

（一）多元渠道分发内容

媒介融合背景下，信息素材通过加工能够实现在多渠道分发，传统媒体发展短视频要注重同一内容或关联内容在多元渠道的传播，以实现传统媒体端与新媒体端合作共赢，传统媒体端可以为短视频提供丰富的内容，短视频平台可以为传统媒体导流。这一点较好地体现在传统广电媒体向新型主流媒体转型之路的短视频实践中，具体表现为广电媒体重视推进大小屏的相互联动，使大屏资源助力开拓小屏、小屏传播效果反哺大屏。2019年黑龙江广播电视台在抖音发布短视频《铲车车主勇救村民》。该视频在一天内浏览量超过一亿，在新媒体端首发后，电视大屏端持续跟进，黑龙江广播电视台通过电视大屏、手机小屏的融媒体传播，不仅极大地激发了网络空间正能量，还带动电视端创造年度收视率新高。

传统电视媒体在视频领域基础牢固，丰富的资源积累为其向短视频转型提供了有力的支持，但"大屏"向"小屏"的转型也面临诸多问题。能否充分利用传统优势进行资源整合与升级，也是传统电视媒体视频生产力得以释放的密钥。伴随用户信息消费场景移动化、内容选择碎片化趋势，广电媒体应实施台网联动，推进内容在 App 端、微信微博端、PC 端、OTT 电视端、频道频率端、公共交通端等多平台分发，努力形成全网、全渠道覆盖传播矩阵。广电媒体要注意传播渠道的不同属性，推进电视屏与网络屏"双屏"延展。一条途径是将电视内容分发至新媒体端，通过对同一来源信息的多样化生产在产品端打造"长视频＋短视频"融合内容模式，对优质的传统端内容进行特色化编辑，使之适应短视频碎片化、场景化的传播特征。比如不少电视台、节目官方短视频账号播放自家节目的剪辑片段。另一条途径是大小屏联动生产内容，共同孵化与打造节目 IP。山东广电在这方面做出了很多积极尝试，2019 年推出的全国首档短视频聚合节目《好看时间》，是实现大小屏合力效应的佳作。节目采用"演播室主播＋抖音直播"双屏互动的形式，在大屏端对全网精选的短视频进行呈现。《问政山东》更是开启了"短视频＋电视"的全媒体政务服务模式，节目官方抖音号通过"问政追踪"系列短视频回应电视节目中报道的问题。大屏小屏相互联动实现传统广电端口的"大众传播"与基于短视频社交属性的"人际传播"的结合，并借助智能分发技术实现"智能传播"。

（二）传播平台布局建设

对短视频传播平台，传统媒体既要"借船出海"，积极入驻各大商业短视频平台，又要"造船出海"，努力实现自有平台建设。

1. 全面进驻主要短视频平台

抖音、快手等短视频平台均已通过商业化运作，积累了大量的用户，传统媒体入局短视频要在这些具有相当规模日活跃用户的平台上全面布局。首先，传统媒体在短视频平台发布新闻类的、突发性的资讯内容具有得天独厚的优势，因商业性平台并不具备传播新闻内容的牌照，且由个人账号发布的此类内容受众难以确定其信息的真实性，而传统媒体具有新闻采编资质并具备专业性和公信力。其次，传统媒体可以把握不同平台及用户的差异化特征，进行个性化短视频的生产分发，不同的短视频平台具有不同的用户市场和用户消费习惯，传统媒体可以与商业化平台合作，获取用户画像以及端内爆款视频内容，研究各平台的推荐机制、调性和用户的观看偏好，挖掘用户需求，从而在不同平台进行有针对性的账号布局以及内容生产，提高生产内容与平台特性的契合度，获得平台流量加持。再次，传统媒体在第三方短视频平台的发展需要借助政府力量对平台进行管理调控。作为国家经济社会发展的重要组成部分，这些提供信息服务的企业与平台能否承担新时代赋予的社会责任就显得极其重要。因此，政府与企业之间必须保持互联互通，增进互相信任，深化合作机制，共谋未来发展。

2. 积极尝试自有平台建设

不少传统媒体虽已布局短视频商业平台，"但随着新媒体融合实践的不断深入，媒体能在多大程度上连接用户、开展更具自主性的运营及盈利模式探索，最终取决于自有平台沉淀用户、影响用户的能力"。[1] 相比第三

---

① 李金宝、顾理平：《短视频盛宴中的媒介变革与价值发现》，《传媒观察》2021年第2期。

方短视频平台，传统媒体在自建平台中具有更大的自主可控性，用户能够在其中直接及时地获取重要、权威的视频资讯，因此有实力的传统媒体应努力聚合各方资源，对互联网商业平台的建设路径进行借鉴，积极尝试建设自有平台。2019 年 11 月，由中央广播电视总台创立的"央视频"App 正式上线，成为主流媒体建设的首个短视频社交媒体平台。在连接用户方面，"央视频"的成功经验提供了可资借鉴的模板，一方面其依托于传统媒体内部视频资源、品牌节目、知名主持人，采用 PGC 生产模式，另一方面引入 UGC 生产模式，聚合技术及资源优势吸引创作者入驻平台，并为其提供品质推动、流量激励、国家及地方级媒体渠道加持；平台还可开发拍摄工具或策划主题征集活动，为公众参与提供入口。在技术平台方面，媒体机构可以和互联网公司建立合作，获取技术和人力层面的支持，借助 AI 和大数据技术进行智能识别、个性分发，提高传播触达率，用主流价值驾驭"算法"，让最有价值的内容获得最大流量。

3. 优化国际传播战略布局

2021 年 5 月 31 日，习近平总书记在中共中央政治局就加强我国国际传播能力建设进行第三十次集体学习时强调，"讲好中国故事，传播好中国声音，展示真实、立体、全面的中国，是加强我国国际传播能力建设的重要任务"。[1] 从当前发展形势看，"西强我弱"的国际话语格局依然存在，我国传统媒体要把握短视频在对外信息传播中的优势，利用这一重要载体打造全方位、多主体的海外传播渠道，优化国际传播战略布局。在国内国际重大议题上，发挥短视频"轻骑兵"的作用，在国际话语格局中及时发声，阐明中国立场，引导国际舆论；另一方面，针对不同区域、不同国家受众的文化习惯，打造差异化、定制化生产短视频内容的账号矩阵，展现中国形象，传播中国文化。

首先，传统媒体应重视短视频在海外新媒体尤其是社交媒体上的强大作用。各级媒体应加大全球主流社交媒体平台上的账号布局，多平台、多语言、多维度推动国际微传播。其次，传统媒体应积极拓宽我国短视频平

---

[1] 新华社：《习近平在中共中央政治局第三十次集体学习时强调 加强和改进国际传播工作 展示真实立体全面的中国》，新华网，http://www.xinhuanet.com/politics/2021-06/01/c_1127517461. htm，2021 年 6 月 1 日。

台的海外布局。除 Facebook、YouTube、Twitter、Instagram 外，抖音短视频海外版 TikTok 目前已覆盖超过 150 个国家和地区，积累了数量庞大的海外受众，传统媒体充分利用海外商业化短视频平台的传播力，可占据对外传播的有利地位。再次，传统媒体应提供渠道鼓励多元主体参与传播中国声音，调动文化机构、自媒体、高校、企业、组织、个人等民间力量共同讲述中国故事。李子柒短视频走红海外，有力推动了中国优秀传统文化的对外传播，因此传统媒体应当挖掘和鼓励我国更多的优质短视频创作者涉足海外视频平台。另外，传统媒体可通过举办短视频海外征集活动，或与商业化短视频平台合作发起国际短视频赛事，推动文明交流互鉴，提升我国的国际话语权和影响力。

四、营销策略

现阶段，传统媒体短视频的盈利模式仍处于商业化探索的"试水"阶段，尚未建立较为成熟的变现模式，成为传统媒体短视频实现可持续发展的瓶颈。运营对新媒体发展至关重要，传统媒体要咬住"两个效益"不放松，跳出以广告收入为主的传统商业模式，借鉴新媒体平台的营销策略，"调整产业布局，以'迭代'思维链接多元业态，高效链接内容方、平台方和品牌方，为传统媒体创收，拓展短视频、电商直播等多种创收经营模式，形成循环赋能"[①]，实现社会效益和经济效益的同步增长。在媒体融合战略的持续推进下，传统媒体以多种形式布局新经济业态，其中包括 MCN 机构与传统媒体的融合发展，这成为传统媒体转型的新思路。

（一）探索 MCN 模式

MCN 伴随着内容电商、直播带货等行业的崛起而出现，成为传统媒体转型的重要模式。面对新的商业红利，传统媒体应立足原有优势，通过进军 MCN 行业发展短视频，驱动自身重焕生机。如今不少广电媒体尝试以 MCN 轻量化改革为突破口深耕短视频领域，再造适合融合发展的组织

---

① 卿清：《融媒时代广电媒体与 MCN 的融合发展》，《中国广播电视学刊》2021 年第 2 期。

架构，主要采取自建短视频平台、自建 MCN 机构、与头部 MCN 机构合作或借鉴 MCN 模式组建融媒体工作室四种路径。与广电媒体 MCN 相比，报纸媒体的劣势较为明显，前者具备短视频制作和视频直播的天然优势，而后者缺乏知名主持人资源和视频制作经验，因而报纸媒体入局 MCN 较晚且探索较少，内蒙古巴彦淖尔日报社是目前全国鲜见的纸媒 MCN。总体上看，传统媒体转型 MCN 呈现出竞争力欠缺、内容生产能力不足、孵化能力有限、市场化程度不足等问题。针对上述不足，本研究对传统媒体以 MCN 运营短视频的模式提出以下发展策略。

一是盘活传统媒体内部资源。通过 MCN 机构，吸纳传统媒体旗下已有的优质资源，比如广电媒体的知名主持人和栏目品牌，排查梳理旗下新媒体账号，明确自身特色，进行个性鲜明的定位设计，明确垂类领域。传统媒体可以建立工作室机制，打造一批工作室，开发内部资源，建立形成一批具有强大原创能力的运营团队，孵化垂直类新媒体品牌 IP，通过提升服务性、趣味性和实用性增强用户黏性。二是聚合社会资源。挖掘可持续合作的各类社会资源，如互联网企业、电商企业、政务新媒体、高校、自媒体。传统媒体 MCN 在横向形成以媒体人转型和社会招募的并行孵化模式，在全社会范围内招募有潜质的素人，并建立奖励机制提升孵化达人的效果；纵向与互联网公司、高校等共建孵化基地，打造人才培训、IP 孵化、内容运营一站式整合营销分发体系；建设"MCN 的 MCN"基地，为区域内 MCN 机构提供培训指导、流量扶持等服务。三是以建设好自主可控的平台为长期目标。从整体上看，媒体机构创立 MCN 是顺应发展的适应性反应；但另一方面，MCN 作为内容生产商，并不能解决主流媒体在互联网中缺乏自主平台、分发能力和对平台整体控制力的问题，因此以打造具有绝对控制权的自主平台为长远规划，有助于推动传统媒体"开展 MCN 全产业链建设，实现从内容生产、网红孵化，到信息发布、流量管理，以及移动端建设和平台号推广等环节的全流程参与"[1]，提升传统媒体在互联网空间的话语权。

---

① 韩诚、韩轶青：《论广电媒体 MCN 转型的现状、困境与发展策略》，《电视研究》2020 第 8 期。

（二）构建多元产业格局

传统媒体探索资本融合新路径需要进行多元业务发展，基于"城市＋"的定位逻辑，区域性传统媒体的短视频可与地方产业进行深度结合，积极探索电商带货、广告植入、流量付费、知识付费等盈利模式，结合城市产业品类与链条，对应建立传播矩阵。如今，传统媒体短视频已介入诸多行业，探索出"短视频＋直播带货""短视频＋教育""短视频＋农业""短视频＋文旅""短视频＋网红"等商业模式。

直播带货是我国传统媒体迈向媒体深度融合的推进器，其核心逻辑是塑造新的产业链和价值，短视频＋直播的组合方式将成为推动传统媒体融合的有效方式。传统媒体发展短视频应当积极借助媒体电商直播这股时下正热的东风，与电商平台合作，对接地方政务和产业资源，以培育扶持新产品发展为增长点。2020年被称为媒体机构电商直播新元年，在新冠肺炎疫情期间产生了巨大的正向社会影响力。"直播带货"需要主播、商品、场景相结合。为更好发展"直播带货"，传统媒体需要不断培养平台的网络红人、整合平台资源、寻找自己的群体优势，需要探索形成规模化、批量化、可持续的盈利模式，形成相对完整的运作体系。

短视频既是内容产品，又是服务型产品，将传统媒体业务从传播层延伸至服务层也可以成为媒体突破经营困境的关键路径。传统媒体要加强"服务化"意识，布局开发线上线下打通的服务型产品。比如健康类的短视频不仅传播相关信息，还能够基于医疗资源打造类似于"丁香医生"的产品，或通过自有短视频平台接入优质服务和优势服务资源，提供办理民生事项的渠道，构建一站式便民服务平台，在服务层面探索知识付费、远程诊疗、电商销售、内容营销等多种商业盈利模式。

五、管理与规制策略

传统媒体为引领短视频产业健康长效发展，需要直面其发展短视频遇到的阻碍，从顶层设计出发推动传统媒体深化体制机制改革、在短视频实践中建立试错机制、优化资源配置，并加强对自身的督查治理。

（一）深化体制机制改革

要推进传统媒体与新兴媒体的融合发展，打造具有强大引领力、传播力和影响力的新型主流媒体，体制机制的创新是关键因素。2020年9月，中共中央办公厅、国务院办公厅印发的《关于加快推进媒体深度融合发展的意见》中指出，要深化主流媒体体制机制改革，建立适应全媒体生产传播的一体化组织架构，构建新型采编流程，形成集约高效的内容生产体系和传播链条。在国家政策支持下，传统媒体应突破传统体制机制局限，大胆变革原有的媒体组织架构，引入先进的市场管理理念，建立更具现代性特征的管理模式。

在网络时代，传统媒体要跳出工业时代传统媒体的框架，"以'创新'意识探索管理机制、组织工作流程、考核方式的再造，通过扁平化管理，市场化运作"①，探索符合全媒体发展的新型主流媒体的体制框架与机制体系。可以进行深化改革的具体方向有：一是打破体制壁垒，建立跨体制的新型综合性媒体发展集团。部分广电媒体采用"体制内＋体制外"两套运作方式，比如浙江广电黄金眼MCN依托于民生休闲频道下属的浙江黄金眼文化传媒有限公司开展运营，频道和公司"一个目标、两套体制"。二是调整内部组织设置，由中心制、频道制，逐步转向项目部制、产品事业部制或工作室模式，尝试以混合型考核体系替代原先单一的考核方式，提供有利于激发优秀人才创新创造活力的良性土壤。三是完善内部体系建设和资源配置，构建扁平化管理，以用户需求为基础、以各类服务为驱动等，整合并优化人财物资源配置。四是加速打通业务流程。"中央厨房"类项目的建设，打通了我国新闻业生产流程，如今非新闻类产品与服务的流程也亟须打通，需要聚拢各方资源，将上游与下游、网上与网下、内容与运营进行深度融合，形成深度融合的发展合力。

（二）建立试错机制

在传媒生态发生急剧变迁的背景下，传统媒体发力短视频，应对竞争压力应以快制胜，快速做出反应，但囿于相对固化的体制和长期的运营惯

---

① 卿清：《融媒时代广电媒体与MCN的融合发展》，《中国广播电视学刊》2021年第2期。

性，体制机制的改革不可能一蹴而就，而要在动态发展的过程中完成，因此为平衡决策的"及时"和"准确"，可以建立试错机制，找准切口进行小范围的改革尝试。应在把握正确舆论导向的基础上，明确市场方向，制定合理战术，建立"轻骑兵式"的项目运营小分队。在多个领域同时布局，开设多个账号同步运营，分析反馈的数据，对数据不理想的账号应立即要求改变方向或收回账号。经过试错、总结、调整，最终以优胜劣汰的法则沉淀出优质的账号和内容，进而寻找内容发展的突破点。在这个过程中，应配套适合短视频管理和运营的评估机制，以制度保障催生内驱动力，完善管理闭环，优化新媒体发展布局。

传统媒体 MCN 的发展逻辑也是如此，传统媒体以 MCN 轻量化改革为突破口，通过探索再造适合媒体融合发展的组织架构，重塑内容生产流程。媒体机构内部可打造一个包含内容生产、渠道运维、产品供应链的团队，同步涉及内容生产流程、资源配置模式、利润分配模式等多个层面的改革，传统媒体可以鼓励具有敏锐嗅觉和内容创作能力的人率先尝试市场化生存，方案被证明有效后，再推行大范围的改革。[1]

（三）优化资源配置

传统媒体要占据短视频主场阵地，应当以互联网思维优化资源配置，把更多优质内容、先进技术、专业人才、项目资金向互联网主阵地汇集、向移动端倾斜。

2020 年 6 月 30 日，中央全面深化改革委员会通过了《关于加快推进媒体深度融合发展的指导意见》，特别强调将"深化体制机制改革、加大全媒体人才培养力度"作为下一步改革的基础性工作和重点抓手。短视频下一步的发展将从过去粗放式自然增长阶段转入主流化、专业化、高质量发展的新阶段，其发展动力将从人口红利转向人才红利。传统媒体应当投入更多资源推动社会中坚力量、具备一定专业知识的人士成为视频化表达的主力军。

第一，通过加强外部性、硬件性的人事制度改革，形成科学有效的选

---

① 燕晓英：《后疫情时代省级电视媒体融合策略探析》，《新闻与写作》2021 第 4 期。

人用人机制，为优化生产关系、解放生产力提供环境保障。一方面，从现有组织结构中抽调、培训，提升存量人才素质；另一方面，有计划、有步骤地从社会引进人才，逐步搭建、完善人才成长路径，帮助员工实现技能的跨界转换。以创新机制全面激发人才转型动力和创作活力，培养一批传媒业务精专、运营管理灵活、适应全媒体发展要求的人才队伍。

第二，在组织内部，为培养专业人才、输出优质内容，传统媒体应当积极开展对在职员工的培训，完善测评考核标准，探索实施一套多元互动、开放跨界的社会化运作的新模式，不断加强与新兴媒体、企业、学校等相关专业领域组织机构的合作。比如 5G 新技术催生了传统媒体对生产制作类技术人才的需求，传统媒体可以和商业化短视频平台企业和技术提供公司进行广泛接触、洽谈，邀请商业平台专家对媒体机构人员进行培训，使其更好地理解短视频平台内容和技术特性，补足新技术形态下内容生产与技术实现的短板，为短视频发展夯实基础。

第三，传统媒体要强化发展短视频的资金保障，投入更多财力用于建立激励政策、设立保障基金、配置先进技术等。建立科学合理的人才激励机制和晋升机制，如以股权激励管理层和骨干；对员工采取长期的考核方式，综合短视频各维度数据如用户数、活跃用户数和流量等维度设立 KPI 指标；薪酬上按贡献大小分配。传统媒体应加大对制作短视频的资金支持力度，精良的内容制作需要在设备、拍摄网络、运营等方面投入更多的财力。另外，在技术引进与开发等方面也需要大量资金的支持，传统媒体要优化短视频生产及分发工具，开发虚拟现实特效等工具以增强用户的体验；运用大数据和智能推荐算法等技术，分析用户行为数据，驱动精准智能推送，从而提高流量变现能力；提升人工智能技术在短视频智能审核方面的科学性与准确性，推动实现短视频产业全链条产品智能化，实现生产端与消费端更精准的联结。

（四）加强监管治理

传统媒体应加强自身短视频生产流程上各个环节的监管及自有平台建设的治理，突破商业化平台唯流量至上的生产机制，以价值含量驾驭信息流量，坚持正确舆论导向和价值取向。

　　如何坚守主流媒体的阵地，占据舆论引导、思想引领、文化传承、服务人民的传播制高点，考验着主流媒体改革转型，深度融合发展的能力。以广告、电商为核心的营收方式极易使创作者在"流量"逻辑中迷失。首先，传统媒体肩负主流媒体职责，应当坚持创作精细化、品质化的短视频内容，坚守主流价值阵地，从内容规范方面推动行业自律。其次，在自有平台建设中，传统媒体要完善信息内容审核制度、提升平台的智能化管理水平。在内容层面，2021年12月15日，中国网络视听节目服务协会发布了《网络短视频内容审核标准细则》(2021)，"为各短视频平台一线审核人员提供了更为具体和明确的工作指引，有利于进一步提高短视频平台对网络视听节目的基础把关能力和水平"[1]；在技术层面，充分借助5G、大数据、区块链等新兴技术，加强对用户上传内容的把关力度，加大对网络监控和舆情分析技术的研发与应用，对短视频生态进行综合治理，加强短视频内容与传播的全程监管，启用法律和技术相结合的方式对违规内容进行监管、对不良信息进行过滤，提升研判预警和应急处理能力，确保直播、短视频等内容安全可控；另一方面，传统媒体要建立健全平台的投诉举报机制，强化实时监控、事后追责等相关责任，鼓励用户对短视频账号、内容进行外部监督，形成多元主体治理格局，优化短视频传播环境。

　　当前短视频处在传媒业发展的风口，传统媒体受到来自新媒体的挑战，也迎来新的发展机遇，以积极态势发展短视频业务成为其探索媒体融合的一种重要表达形式。传统媒体应摆脱思维定式、打破路径依赖，适应新媒体传播规律，在守正创新中激活短视频精品化基因，努力推进传播模式的创新，重塑媒介格局和舆论生态，努力打造成为具有强大影响力、竞争力的新型主流媒体。

---

　　[1] 中国网络视听节目服务协会：《〈网络短视频内容审核标准细则〉修订版发布》，中国网络视听节目服务协会网站，http://www.cnsa.cn/home/infomation/dynamic_details/id/217/type/1.html，2021年12月15日。

主要参考文献

（中文部分按姓氏首字母排序）

［1］毕书清，李婷婷．传播变革：新时期传统媒体的变革与发展 [M]．南京：江苏凤凰科学技术出版社，2017．

［2］蔡雯．媒体融合与融合新闻 [M]．北京：人民出版社，2012．

［3］陈昌凤．媒体融合：策略与案例 [M]．北京：中国社会科学出版社，2019．

［4］陈昌凤．智能传播：理论、应用与治理 [M]．北京：中国社会科学出版社，2021．

［5］陈莹．媒介融合背景下传统新闻媒体转型研究 [M]．长春：吉林科学技术出版社，2020．

［6］崔保国．走进日本大报 [M]．广州：南方日报出版社，2007．

［7］崔亚娟．数字化时代公共电视的发展研究：日本 NHK 的危机与变革 [M]．北京：北京大学出版社，2013．

［8］邓建国．媒体融合：基础理论与前沿实践 [M]．上海：复旦大学出版社，2017．

［9］董庆文，白贵，赵树旺，等．美国社交媒体的冲击与影响 [M]．北京：中国传媒大学出版社，2016．

［10］段鹏．中国主流媒体融合创新研究 [M]．北京：中国传媒大学出版社，2018．

［11］冯广圣.转型与重生：传统报业经营实践与探索［M］.桂林：广西师范大学出版社,2018.

［12］辜晓进.重走美国大报：美国报业转型：颠覆与重生［M］.广州：南方日报出版社,2018.

［13］官建文,等.传统媒体移动化转型路径与策略［M］.北京：中国社会科学出版社,2021.

［14］郭春光,杨岚.抖音运营一册通：视频创作＋营销攻略＋引流变现［M］.北京：人民邮电出版社,2019.

［15］郭全中,等.新媒体环境下传统媒体的转型战略研究［M］.广州：中山大学出版社,2019.

［16］胡怀福,周劲编.王者融归：媒体深度融合56个实战案例［M］.北京：人民日报出版社,2019.

［17］胡晓军.当IP遇见直播：直播＋IP［M］.北京：民主与建设出版社,2017.

［18］胡智锋,等.电视艺术新论［M］.北京：中国社会科学出版社,2016.

［19］胡智锋.年度对话：中国传媒发展的回顾与展望［M］.北京：中国传媒大学出版社,2015.

［20］黄楚新.新媒体：融合与发展［M］.北京：人民日报出版社,2015.

［21］黄会林.世界文化格局与中国文化机遇——"第三极文化"论丛（2013）［M］.北京：北京师范大学出版社,2013.

［22］靳戈.中国网络视频产业发展战略研究［M］.北京：光明日报出版社,2019.

［23］孔昭林.微电影的创作与传播［M］.北京：同心出版社,2013.

［24］快手研究院.直播时代［M］.北京：中信出版社,2021.

［25］郎劲松.韩国传媒体制创新［M］.广州：南京日报出版社,2006.

［26］雷蔚真.电视传播的数字化转型［M］.北京：中国广播电视出版社,2017.

［27］黎斌.电视融合变革：新媒体时代传统电视的转型之路［M］.北京：中国国际广播出版社,2011.

［28］李良荣,钟怡.互联网新闻制作［M］.上海：复旦大学出版社,2020.

［29］李宇.传统电视与新兴媒体：博弈与融合［M］.北京：中国广播电视出版社,2015.

［30］李宇.电视的未来：关于电视媒体发展与变革的思考［M］.北京：中国广播影视出版社,2018.

［31］李宇.美国电视研究：历史、产业、技术与国际传播视角的系统阐释［M］.北京：中国广播影视出版社,2016.

［32］梁玉峰.融合趋势下的媒体发展策略研究［M］.北京：光明日报出版社,2016.

［33］柳剑能,张志安.媒体深度融合实务［M］.广州：中山大学出版社,2019.

［34］刘强,汤茜草.新旧媒体的价值演进与传统媒体战略转型［M］.上海：学林出版社,2021.

［35］刘瑞一.中国网络视频的缘起与流变：1996-2020［M］.北京：人民日报出版社,2021.

［36］王垂林,张志安,刘颂杰,曹斯,张纯.英国媒体数字化转型：案例与模式［M］.广州：南方日报出版社,2017.

［37］刘涛,等.融合新闻学［M］.北京：高等教育出版社,2021.

［38］龙锦.日本新媒体产业［M］.北京：中国国际广播出版社,2012.

［39］娄炜利.如何打造新型主流媒体［M］.北京：中国社会科学出版社,2020.

［40］陆地.中国电视产业的危机与转机［M］.北京：中国人民大学出版社,2002.

［41］陆地,靳戈.中国网络视频史［M］.北京：中国广播影视出版社,2017.

［42］陆生.走进美国电视［M］.上海：复旦大学出版社,2007.

［43］陆晔,赵民.当代广播电视概论［M］.上海：复旦大学出版社,2010.

［44］栾轶玫.融媒体传播［M］.北京：中国金融出版社,2014.

［45］麦尚文.媒体融合十年：全媒体融合传播的轨迹、理论与战略［M］.北京：社会科学文献出版社,2021.

［46］麦尚文.全媒体融合模式研究：中国报业转型的理论逻辑与现实

的选择 [M]. 北京：中国人民大学出版社 ,2012.

［47］苗棣 , 等 . 美国有线电视网 [M]. 北京：中国广播电视出版社 ,2008.

［48］苗棣 , 等 . 中美电视艺术比较 [M]. 北京：文化艺术出版社 ,2004.

［49］彭兰 . 网络传播学 [M]. 北京：中国人民大学出版社 ,2009.

［50］彭兰 . 网络多媒体新闻 [M]. 长沙：中南大学出版社 ,2006.

［51］彭兰 . 中国新媒体传播学研究前沿 [M]. 北京：中国人民大学出版社 ,2009.

［52］仇勇 . 新媒体革命 2.0: 算法时代的媒介、公关与传播 [M]. 北京：电子工业出版社 ,2018.

［53］人民日报社 . 融合体系：中国媒体融合发展年度报告：2018-2019[M]. 北京：人民日报出版社 ,2020.

［54］史可扬 . 影视文化学 [M]. 重庆：西南师范大学出版社 ,2018.

［55］司若 , 许婉钰 , 刘鸿彦 . 短视频产业研究 [M]. 北京：中国传媒大学出版社 ,2018.

［56］孙玉胜 . 十年：从改变电视的语态开始 [M]. 北京：生活·读书·新知三联书店 ,2003.

［57］唐绪军 , 黄楚新 , 彭韵佳 . 中国媒体融合发展报告 .2016-2017[M]. 北京：中国社会科学出版社 ,2018.

［58］万小广 . 媒体融合新论 [M]. 北京：新华出版社 ,2015.

［59］王勇 . 媒介融合背景下我国广电全媒体发展研究 [M]. 北京：中国广播影视出版社 ,2017.

［60］王正鹏 . 报纸突围：数字时代传统媒体变身记 [M]. 广州：中山大学出版社 ,2010.

［61］魏颖 . 玩赚短视频：内容策划 + 营销推广 + 流量变现 [M]. 北京：清华大学出版社 ,2020.

［62］快手研究院 . 被看见的力量：快手是什么 [M]. 北京：中信出版集团 ,2020.

［63］吴小坤 , 吴信训 . 美国新媒体产业 [M]. 北京：中国国际广播出版社 ,2012.

［64］许颖 . 媒介融合的轨迹 [M]. 北京：中国人民大学出版社 ,2010.

［65］闫勇，李瑶.电视媒体融合发展的探索与实践 [M].北京：九州出版社,2018.

［66］杨乘虎.中国电视节目创新研究 [M].北京：中国传媒大学出版社,2013.

［67］杨继红.新媒体融合与数字电视 [M].北京：清华大学出版社,2008.

［68］杨嘉嵋.我国短视频新闻的发展与传播研究 [M].成都：四川大学出版社,2018.

［69］姚志明.快手、抖音短视频运营与推广从入门到精通 [M].北京：清华大学出版社,2020.

［70］于丹.形象·品牌·竞争力——电视包装实战攻略 [M].北京：中国广播电视出版社,2006.

［71］张滨阳.全媒体战略：海外媒体融合发展新探 [M].北京：新华出版社,2019.

［72］张桂萍.转型与升级：传统媒体的互联网 +[M].广州：南方日报出版社,2015.

［73］张洪忠.转型期的中国传媒公信力 [M].南京：南京师范大学出版社,2013.

［74］张蓝姗.媒介融合：电视＋互联网的跨界与转型 [M].北京：清华大学出版社,2019.

［75］张锐.视听变革：广电的新媒体战略 [M].北京：新华出版社,2015.

［76］张同道.媒介春秋：中国电视观察 [M].北京：中国电影出版社,2002.

［77］张晓菲.中国广播数字化转型策略研究 [M].北京：中国传媒大学出版社,2019.

［78］张智华.中国网络影视发展报告 [M].北京：中国电影出版社,2020.

［79］郑峰.新媒体时代短视频监管与产业融构 [M].厦门：厦门大学出版社,2021.

［80］郑昊，米鹿.短视频：策划、制作与运营 [M].北京：人民邮电出版社,2019.

［81］中共中央文献研究室.习近平关于全面深化改革论述摘编 [M].

北京：中央文献出版社，2014.

［82］中共中央宣传部新闻局.中国媒体融合的实践与探索［M］.北京：学习出版社，2015.

［83］钟沈军.媒体的演进趋势与战略转型［M］.北京：人民出版社，2012.

［84］周逵.融合与重构：中国广电媒体发展新道路［M］.北京：中国传媒大学出版社，2017.

［85］周星，王宜文，等.影视艺术史［M］.桂林：广西师范大学出版社，2005.

［86］周志平.媒体融合背景下数字内容产业创新发展研究［M］.杭州：浙江工商大学出版社，2015.

［87］朱春阳.中国媒体产业 20 年：创新与融合［M］.上海：复旦大学出版社，2019.

［88］朱磊，等.数字时代的场景传播［M］.广州：暨南大学出版社，2019.

［89］史密斯，祖克.新营销实操：从新手到高手［M］.丁晓松，宋冰玉，李晓飞，译.北京：中国人民大学出版社，2018.

［90］奎因.融合新闻报道［M］.张龙，侯娟，曾嵘，译.北京：北京大学出版社，2015.

［91］奎因，费拉克.媒介融合：跨媒体的写作和制作［M］.任锦鸾，译.北京：人民邮电出版社，2009.

［92］弗卢.新媒体 4.0［M］.叶明睿，译.北京：人民日报出版社，2019.

［93］延森.媒介融合：网络传播、大众传播和人际传播的三重维度［M］.刘君译.上海：复旦大学出版社，2012.

［94］爱德华兹，等.传播时代：第 3 版［M］.龙思思，译.北京：清华大学出版社，2020.

［95］詹金斯.融合文化：新媒体和旧媒体的冲突地带［M］.杜永明，译.北京：商务印书馆，2012.

［96］阿洛卡.刷屏：视频时代的疯传法则［M］.侯奕茜，何语涵，译.北京：中信出版社，2018.

［97］克里奇.电子媒体的法律与管制［M］.王大为，于晗，李玲飞，等，译.北京：人民邮电出版社，2009.

［98］萨福科.互联网时代营销圣经 社会化媒体营销全流程策划指南[M].郭书彩，朱丽梅，陈曦，译.北京：人民邮电出版社,2015.

［99］艾因霍恩.媒体、技术和版权：经济与法律的融合[M].赵启杉,译,北京：北京大学出版社,2012.

［100］史密斯，特朗.流媒体时代：新媒体与娱乐行业的未来[M].鲁冬旭，译.北京：中信出版社,2019.

［101］尼葛洛庞帝.数字化生存[M].胡泳，范海燕，译.海口：海南出版社,1997.

［102］谢尔顿.社交媒体：原理与应用[M].张振维，译.上海：复旦大学出版社,2018.

［103］卡内尔，特拉维斯.创意短视频策划、推广、引流、爆粉与变现全能攻略[M].陈巧丽，译.天津：天津科学技术出版社,2020.

［104］多米尼克.大众传播动力学：转型中的媒介[M].黄金，蔡骐，译.北京：中国人民大学出版社,2014.

［105］卡斯特.网络社会的崛起[M].夏铸九，等，译.北京：社会科学文献出版社,2001.

［106］吉尔.营销的终结：社交媒体与人工智能时代的品牌人性化[M].梁若乔，译.北京：社会科学文献出版社,2021.

［107］DWYER T. Media Convergence[M]. Maidenhead: Open University Press, 2010.

［108］GRACIE L B. Media Organizations and Convergence Case Studies of Media Convergence Pioneers[M]. Mahwah: Lawrence Erlbaum Associates, 2006.

［109］NIENSTEDT H W, STEPHAN R M. WILCZEK B. Journalism and Media Convergence[M]. Berlin : De Gruyter, 2013.

［110］VIRGINIA N, DWYER T. New Media Worlds : Challenges for Convergence[M]. South Melbourne: Oxford University Press, 2007.

［111］JOHANNES F, WERNER S. Adaptation in the Age of Media Convergence[M]. Amsterdam: Amsterdam University Press, 2019.

［112］JENSEN K B. Media Convergence the Three Degrees of Network,

Mass, and Interpersonal Communication[M]. London : Routledge, 2010.

[113] ITHIEL D S P. Technologies of Freedom[M]. Cambridge: Harvard University Press, 1983.

后 记

在我步入大学校门时的新世纪之初，广电媒体还是当之无愧的第一媒体。正是在广播电视对当代社会政治、经济和文化领域具有深刻影响力的感召下，我将学习与研究方向确定为广播电视学。而20余年后的今天，在新媒体飞速发展的环境中，一方面，包括报纸、广播电视在内的传统媒体已深感寒意袭来之凛冽，部分传统媒体面临生死存亡的危机，甚至不少已关停、落幕，消失在时代浪潮之中；另一方面，近10年间，在资本和智能技术的推动下，带有强大互联网基因的短视频平台异军突起，成为我国传媒生态中的重要力量。媒体创新与迭代之迅速，超乎人们的想象。虽然当下短视频平台的发展水平还参差不齐，但它已集聚了海量受众，市场占有率节节攀升。我国短视频用户规模目前已突破9亿，且仍在持续壮大中。媒体变局的路在何方，传媒发展现状或已悄然揭示。在这场以互联网为主战场的传媒变局中，潜心思考如何推进我国传统媒体与新媒体平台的深度融合，以实现向新型主流媒体的跨越式转型，不仅是传统媒体管理者和从业者亟须解决的难题，而且是传媒研究者义不容辞的责任。

本书是国家广播电视总局部级社科研究项目"全媒体时代广电媒体的短视频发展策略研究"（项目编号：GD2014）的成果，感谢国家广播电视总局对本课题的资助。在写作此书的过程中，黄会林资深教授、于丹教授、胡智锋教授、王宜文教授、张同道教授、张洪忠教授、周雯教授、徐敬宏教授等恩师与好友在事业与生活上给予我许多关爱与扶持，在此表示深切的谢意。感谢艺术与传媒学院各位领导、影视传媒系各位老师多年来对我工作的支持。我的几位研究生参与了课题研究和部分书稿的初稿撰写与数据统计工作，他们是：薛羽佳、辛笑颖、李蓉蓉、于佳歆、赵雪瞳、刘志嘉、张叶、童欣悦。感谢项目团队对课题研究的热情和辛勤付出。受时间所限，本书还有很多疏漏之处，恳请读者不吝指正。

本书出版期间，中国广播影视出版社的责任编辑吴茜茜女士、责任校对张哲女士为本书的出版付出了大量心血，如果没有她们的细致工作，就没有本书的如期出版。

还要感谢我亲爱的家人。他们理解高校教学科研工作没有明确的上班时间和下班时间的特殊性，帮我分担了许多家庭事务，让我在卸任已从事6年的学院行政工作后，终于有充足的时间专注科研。感恩勤劳善良的母亲。时光飞逝，似水流年。恍然间，她已逾古稀之年。在病床前依次送走外公、外婆和家父后，她的黑发渐变成银丝，本就瘦小的身体大不如从前。"谁言寸草心，报得三春晖"，希望今后能够用更多的爱陪伴她。

王 韵

2022 年 3 月于北京太阳宫